SCM协定
补贴实体规则研究

李仲平　著

人民出版社

责任编辑：陆丽云
封面设计：滢　心

图书在版编目（CIP）数据

SCM 协定补贴实体规则研究 / 李仲平　著 . —北京：人民出版社，2023.10
ISBN 978－7－01－025803－4

I. ① S⋯　　II. ①李⋯　　III. ①世界贸易组织－补贴－贸易协定－研究 ②反倾销法－
　研究－中国　　IV. ① F743 ② F744 ③ D922.294.4

中国国家版本馆 CIP 数据核字（2023）第 119671 号

SCM 协定补贴实体规则研究
SCM XIEDING BUTIE SHITI GUIZE YANJIU

李仲平　著

人 民 出 版 社　出版发行
（100706　北京市东城区隆福寺街 99 号）

北京汇林印务有限公司印刷　新华书店经销

2023 年 10 月第 1 版　2023 年 10 月北京第 1 次印刷
开本：710 毫米 × 1000 毫米 1/16　印张：22
字数：248 千字

ISBN 978－7－01－025803－4　定价：108.00 元

邮购地址 100706　北京市东城区隆福寺街 99 号
人民东方图书销售中心　电话（010）65250042　65289539

目　录

导　论

一、研究背景和意义

补贴既是一国政府促进经济发展、实现社会目标的政策工具，同时又可能引起资源错配从而扭曲国际贸易。补贴具有双面性，所以既应肯定并保护正当有益的补贴行为，同时又应对补贴进行必要的规制，使其不至沦为扭曲国际贸易的不正当竞争工具。因此，世界贸易组织（WTO）框架下的《补贴与反补贴措施协定》（以下简称"SCM协定"）将补贴纳入法律规制的范畴，并根据补贴对经济扭曲的不同程度进行分类识别与区别对待。

SCM协定中的补贴分为可诉性补贴、禁止性补贴与不可诉补贴。在不可诉补贴失效后，SCM协定规制的补贴事实上仅仅包括可诉性补贴与禁止性补贴。尽管SCM协定指出了可诉性补贴与禁止性补贴的构成要素，但并未对每一种构成要素的法律含义与判断标准进行明确的说明或解释。补贴含义及其判断标准的模糊乃至缺失，无疑会削弱提供补贴的经济体利用补贴促进经济与社会发展的正当权利。补贴规则与实践中的此类困境，随着中国战略性新兴产业的发展愈发凸显。

为了应对全球经济危机、转变经济增长方式并调整经济结构，中国政府提出了发展战略性新兴产业的构想，并将补贴作为促进战略性新兴产业发展的重要举措之一。然而，中国战略性新兴产业补贴政策已经遭到国际"双轨制"反措施的挑战或威胁。尤其是，随着全球经济步入后全球化与多极化的新时代，以美国、欧盟、日本为代表的世界主要经济体，联合指责中国向以《中国制造 2025》为代表的战略性新兴产业提供的补贴违反 SCM 协定，甚至试图通过改革 SCM 协定来限缩中国向战略性新兴产业提供补贴的权利。因此，如何通过澄清和完善 SCM 协定补贴实体规则的模糊与缺陷，防止其他经济体针对中国战略性新兴产业制定并实施歧视性的补贴规则，成为中国持续推进战略性新兴产业发展亟待解决的问题之一。

本书以 WTO 争端解决机构专家组和上诉机构所作的法律解释、法律推理及法律适用为指导，试图对 SCM 协定中的补贴实体规则作出新的、更为深入的阐述，有助于揭示 SCM 协定补贴实体规则的学理基础、法律精神、价值取向及发展趋势。此外，本书结合 SCM 协定补贴实体规则的要求与战略性新兴产业的特点，试图对中国战略性新兴产业补贴的法律机制、约束边界、基本倾向与未来导向作出更为全面、有益的探索，有助于修正、弥补中国既有战略性新兴产业补贴政策中的法理误区和法律盲点，进而为中国建立一套既不违背战略性新兴产业成长规律、又与 SCM 协定补贴实体规则相兼容的补贴机制提供思路与建议。

二、国内外研究现状

国内外学界已经对 SCM 协定中的补贴实体规则进行了卓有成效的研究，涌现出一批高水平的理论研究成果。尤其是，部分研究成果已经论及中国产业补贴方式变革的必要性，并提出了相关变革的原则性建议。但就总体而言，尚存在如下不足：

第一，多数研究尚未对补贴构成要素的基本含义与判断标准进行深入、具体的探讨，以至于补贴理论的研究尚不足以对补贴实践提供有效的指导。比如，就补贴构成要素之一的财政资助而言，究竟何谓"资金直接转移"，"资金直接转移"与"潜在的资金直接转移"有何区别，以及使用何种标准判断"资金直接转移"，学界的相关研究成果并不多见。此外，就补贴构成要素之二的利益而言，在补贴提供者与利益获得者分离的情形下，尚未有学者系统地探究补贴利益传递必须证明而不可推定的经济学原理与法律依据。

第二，既有研究成果尽管已对政府补贴战略性新兴产业的必要性达成了共识，并且都与战略性新兴产业补贴政策有一定的关联，但在经济一体化和贸易自由化仍是国际经济与贸易发展趋势的情形下，在中国继续作为多边贸易体制维护者、建设者和贡献者的现实下，直接将 SCM 协定补贴实体规则与中国战略性新兴产业自身特点相结合，讨论中国政府如何实现战略性新兴产业补贴有效性与

SCM 协定合规性有机平衡的专门性研究成果尚不多见。

第三，国内部分学者提出中国为了降低战略性新兴产业补贴风险应尽可能使用非专向性补贴的策略，但由于对 SCM 协定中专向性规则的研究均限于理论基础、概念由来及分类标准等一般性介绍，尚未关注法律专向性判断边界拓展的新近动态，也未及时跟踪研究世界主要经济体关于事实专向性判断的最新争议，尤其是关于地区专向性判断标准的深入研究成果更是寥寥，致使上述补贴策略仅具有原则性，无法满足中国政府究竟该如何补贴才不会被认定专向性的现实需求。

三、研究思路和方法

（一）研究思路

以 WTO 补贴争端成案和世界主要经济体对华反补贴实践为依托，以可诉性补贴与禁止性补贴构成要素为主线，在对 SCM 协定补贴实体规则进行深入研究的基础上，结合 WTO《关于争端解决规则与程序的谅解》（以下简称"DSU"）及《中国入世议定书》的有关规定，探讨中国既有战略性新兴产业补贴政策与 SCM 协定补贴实体规则之间的潜在冲突，然后借鉴已被 WTO 争端解决结构认定合规的世界主要经济体补贴新兴产业的经验，提出中国构建既顺应战略性新兴产业成长规律、又与 SCM 协定实体规则相契合的战略性新兴产业补贴思路与建议。

(二) 研究方法

第一，案例分析法。由于 WTO 争端解决报告具有"事实上的先例"效力，因此，案例分析法是研究国际补贴规则惯常采用的方法之一。通过剖析 WTO 争端解决机构专家组和上诉机构报告中的法律解释、法律推理与法律适用，可以较为连续、系统且全面地理解 SCM 协定补贴实体规则的基本含义与判断标准，从而为中国完善或变革战略性新兴产业补贴政策提供理论基础与法律依据。

第二，规范分析法。SCM 协定补贴实体规则是 WTO 各成员之间利益博弈与立场妥协的产物。因此，规则本身存在大量语焉不详、甚至空白之处。采用规范分析法，根据 WTO 的基本宗旨和 SCM 协定的目标与目的，可以在澄清与补足 SCM 协定补贴实体规则模糊与缺失的同时，有效识别 SCM 协定中"不能解释的模糊"，以防止随意解释破坏 WTO 各成员之间业已达成的权利与义务的平衡。

第三，比较分析法。基于美国是全球补贴规则与实践最为完备和丰富的国家，SCM 协定补贴实体规则及 WTO 争端解决不可避免地受到美国规则及实践的影响。因此，对 SCM 协定与美国补贴实体规则（部分涉及欧盟补贴规则）进行比较分析[①]，尤其是对 WTO 争端解决机构和美国商务部所作的法律解释和相关裁决进行比较分析，可以更好地理解 SCM 协定补贴实体规则的法律含义及其蕴含

---

① 需要说明的是，本书在涉及 WTO 争端时使用"欧共体"，在其他情形下则使用"欧盟"。

的法律理念，从而可以为中国合规补贴战略性新兴产业提供方向与指引。

四、研究的主要内容

补贴是一国政府为促进经济和社会发展而通常使用的政策工具。在经济全球化和贸易自由化依然是国际经济未来发展趋势的情形下，补贴的提供必须以符合 SCM 协定要求的方式进行。由于不可诉补贴失效后，SCM 协定规范的补贴事实上仅仅包括可诉性补贴与禁止性补贴，所以本书的研究主要关注可诉性补贴与禁止性补贴。

全书分为导论和正文两部分。导论部分主要涉及本书的研究背景和意义、研究现状、研究思路和方法及主要内容。正文一共七章，以下分述之。

第一章主要概述 SCM 协定补贴实体规则的基本内容。本章主要阐述 WTO 框架下补贴实体规则的演变过程及 SCM 协定关于补贴的法律界定，以便为后续的研究划定基本框架。

第二章主要研究补贴的财政资助要素。本章结合 WTO 争端解决成案的既有实践，在对 SCM 协定所涉四种财政资助进行解释的基础上，提出每一种财政资助的判断标准。

第三章主要研究补贴的利益要素。本章在解释 SCM 协定所涉利益含义的基础上，分别探究每一种财政资助是否授予利益的判断标准。此外，本章特别探讨了财政资助接受者与利益获得者发生分离的情形下进行利益传递分析的经济学原理与法律依据。

第四章主要研究补贴的专向性标准。本章首先回顾了补贴专向性的历史沿革并澄清了专向性的若干概念，然后在剖析专向性判断逻辑的基础上探究法律专向性、事实专向性及地区专向性的判断标准。

第五章主要研究补贴的不利影响。本章在介绍 SCM 协定关于补贴不利影响规则的基础上，重点探讨严重侵害的形式、判断方法及其他技术标准。

第六章主要研究禁止性补贴的法律含义与判断标准。本章主要研究出口补贴和进口替代补贴的法律含义与判断标准，尤其是对法律上和事实上的出口补贴及进口替代补贴进行了较为深入的探讨。

第七章主要研究不可诉补贴。本章首先论证了在新一轮世界贸易组织改革中恢复研发补贴与落后地区补贴的合理性、必要性与可行性，然后在指出相关恢复可能面临的困境基础上，提出中国在具体谈判中突破这一困境的具体策略与修订文本。

第一章　WTO 补贴规则概述

本章主要结合国际多边贸易规则的法律规定及争端解决实践，阐述 WTO 框架下 SCM 协定补贴实体规则的演变过程及基本内容。

第一节　WTO 补贴规则的沿革

一、SCM 协定的产生背景

补贴的双面性使其一直都是国际社会极具争议性的问题之一。具体而言，补贴既是一国政府促进与实现经济社会发展的政策工具，同时补贴又可能对国际贸易产生一定的负面影响。补贴所具有的双面效应使得既应肯定并保护正当、有益的补贴行为，借此保证主权国家享有使用补贴的正当权利，同时又应对国家使用补贴的行为进行一定的规制，以防止其沦为破坏国际贸易秩序的不正当竞争手段。为此，国际社会首次在《1947 年关税与贸易总协定》（以下简称"GATT1947")第 16 条中肯定补贴合法性的同时，对补贴提供方施以一定的法律义务。

然而，由于 GATT1947 第 16 条的规定比较简单，部分关键概念没有被明确界定，导致补贴提供方极易规避其在 GATT1947 第 16 条下承担的义务，所以补贴仍然是引发国际贸易争端的主要领域之一。[①] 为了更有效地规范各缔约方使用补贴的行为，国际社会继而在东京回合谈判中达成了《关于解释与适用关税与贸易总协定第 6 条、第 16 条和第 23 条的协定》(以下简称《补贴守则》)。《补贴守则》明确禁止对初级产品与非初级产品提供出口补贴，然而对于国内补贴却模棱两可，语焉不详。

《补贴守则》关于国内补贴的模糊，源于美国与其他缔约方对补贴所持的根本矛盾的态度。美国认为国内补贴通常会扭曲国际贸易，因此必须予以限制或禁止。而其他缔约方则认为国内补贴是一国促进经济和社会发展的正当手段，因此需要保留。经过艰难的谈判，双方最终达成妥协：承认国内补贴是各国广泛使用的、实现经济与社会政策目标的重要工具，因此不限制各缔约方为追求此类及其他重要政策目标而使用国内补贴的权利，但各缔约方在使用国内补贴时应力求避免损害其他缔约方的国内产业，或根据 GATT1947 所享有的权益。[②]

---

① 参见单一：《WTO 框架下补贴与反补贴法律制度与实务》，法律出版社 2009 年版，第 43 页。

② 参见甘瑛：《国际货物贸易中的补贴与反补贴法律问题研究》，法律出版社 2005 年版，第 12 页。

然而，尽管《补贴守则》对补贴作出了较为系统的规范，并且根据补贴的扭曲程度对补贴进行了初步分类，但仍然存在一定的局限性。比如，没有界定何谓补贴，仅仅是提供了一份出口补贴的例示清单，这导致各缔约方在识别补贴时缺乏适当的指导；此外，未就国内补贴制定类似于出口补贴的例示清单，从而未能就如何规制国内补贴提供明确的指引。因此，东京回合《补贴守则》事实上未能对各缔约方使用补贴的行为进行有效地规范。

为了切实有效地规范补贴的使用，国际社会再次在乌拉圭回合谈判中达成了 SCM 协定。作为 WTO 一揽子协定的一部分，SCM 协定对 WTO 所有成员均具有约束力，并且对补贴规定了更为明确、严格的纪律。与《补贴守则》相比，SCM 协定通过列举加概括的方式规定了补贴的定义，对补贴进行分类识别与区别对待，并为不同性质的补贴创设了争端解决的特别规则。本质上，从 GATT1947 到《补贴守则》再到 SCM 协定，国际社会关于补贴规制的演进无不反映了世界主要经济体之间的力量制衡与利益博弈。

二、SCM 协定的目标和目的

明确 SCM 协定的目标和目的，对于理解 SCM 协定补贴实体规则具有重要的指导意义。然而，SCM 协定并未就其目标和目的作出任何说明或解释。

初始，WTO 争端解决机构认为，SCM 协定的目标和目的是对扭曲国际贸易的补贴施以多边纪律的约束。比如，"加拿大诉巴西支线飞机出口融资项目案"专家组指出，SCM 协定的目标和目的是针对扭曲国际贸易的补贴施加多边纪律的约束。正是由于这个原因，SCM 协定禁止两种类型的补贴，即出口补贴与进口替代补贴，因为这两种补贴特别旨在影响贸易。[①] 此外，"巴西诉加拿大影响支线飞机出口措施案"专家组也认为，基于某些政府干预形式潜在地会扭曲国际贸易，SCM 协定因此确立了多边纪律。[②]

需要指出的是，SCM 协定对于补贴的规范，并非源自经济学意义上补贴的概念。换言之，并非在经济学上可能扭曲国际贸易的每一项政府干预措施，都构成 SCM 协定意义上的补贴。相反，仅仅那些具备特定要素的补贴才受 SCM 协定的规制，这意味着并非市场中的每一项政府干预措施都可被归于 SCM 协定的约束范围。[③] 就此而言，似乎不能将 SCM 协定的目标和目的仅仅理解为约束具有贸易扭曲效果的补贴。

值得关注的是，WTO 争端解决机构随后对 SCM 协定的目标和目的作出了其他解释。比如，"韩国诉日本动态随机存储器反补贴税案"专家组根据 SCM 协定第 32.1 条提及"根据本协定解释 GATT1994"，以及 SCM 协定第 11.2 条提及"属于由本协定解释的 GATT1994 第 6 条范围内的损害"的措辞，认为 SCM 协定的目标

---

① See Brazil Export Financing Programme for Aircraft（Complainant: Canada），WT/DS46/R，14 April 1999, para.7.26.

② See Canada Measures Affecting the Export of Civilian Aircraft（Complainant: Brazil），WT/DS70/R，14 April 1999, para.9.119.

③ See United States Measures Treating Export Restraints as Subsidies（Complainant: Canada），WT/DS194/R，29 June 2001, para.8.63.

和目的之一是解释并澄清 GATT1994 的概念。[①]

事实上，SCM 协定不仅界定并划定了补贴的概念与边界，而且为利益受损的成员提供了相应的救济。尤其是，SCM 协定第五部分还规定了征收反补贴税的实质要件及基本原则。质言之，SCM 协定不仅增强并改善了补贴的使用纪律，也增强并改善了反补贴的使用纪律。[②] 因此，SCM 协定通过规范补贴与反补贴的使用向 WTO 成员提供了有法律约束力的保证，借此反映了试图对补贴使用寻求施加更多纪律的成员与对反补贴使用寻求施加更多纪律的成员之间的微妙平衡。[③]

SCM 协定目标和目的的明确，为解释或澄清 SCM 协定补贴实体规则提供了指引。比如，"加拿大诉美国软木案"上诉机构援引 SCM 协定的目标和目的拒绝了加拿大对 SCM 协定第 1.1 条（a）（1）（iii）所涉"货物"的解释[④]；"欧共体诉美国外销公司税收待遇案（第21.5 条）"专家组通过考虑 SCM 协定的目标和目的，拒绝了美国对 SCM 协定第 1.1 条（a）（1）（ii）所涉"放弃或未征收在其他情况下

---

① See Japan Countervailing Duties on Dynamic Random Access Memories from Korea （Complainant: Republic of Korea）, WT/DS336/R, 13 July 2007, footnote 605.

② See United States Countervailing Duties on Certain Corrosion-Resistant Carbon Steel Flat Products from Germany（Complainant: European Communities）, WT/DS213/AB/R, 3 July 2002, paras.73–74.

③ See United States Countervailing Duty Investigation on Dynamic Random Access Memory Semiconductors from Korea（Complainant: Republic of Korea）, WT/DS296/AB/R, 27 June 2005, para.115.

④ See United States Countervailing Duty Determination with Respect to Certain Softwood Lumber from Canada（Complainant: Canada）, WT/DS257/AB/R, 19 January 2004, para.64.

本应征收的政府税收"的解释①。尤其是，"中国诉美国对部分产品征收反倾销税和反补贴税案"专家组，从符合 SCM 协定目标和目的角度出发，将 SCM 协定第 1.1 条（a）（1）所涉"公共机构"解释为被政府控制的任何实体②；而该案上诉机构同样通过考虑 SCM 协定的目标和目的推翻了专家组的这一解释③。WTO 争端解决机构利用 SCM 协定目标和目的解释相关规则的既有实践，无疑为本研究进一步澄清和完善 SCM 协定补贴实体规则提供了有益的启示。

第二节　SCM 协定对补贴的界定

SCM 协定在界定补贴时采用了财政资助加利益的"两部分"定义法，因此判断政府措施是否属于应受 SCM 协定规制的补贴，应以财政资助和利益作为出发点。

一、SCM 协定对补贴采用"两部分"定义法

SCM 协定第 1 条开宗明义地对补贴进行了界定。其中，第 1.1

---

① See United States Tax Treatment for Foreign Sales Corporations-Recourse to Article 21.5 of the DSU by the European Communities, WT/DS108/RW, 20 August 2001, para.8.39.

② See United States Definitive Anti-dumping and Countervailing Duties on Certain Products from China（Complainant: China），WT/DS379/R, 22 October 2010, para.8.94.

③ See United States Definitive Anti-Dumping and Countervailing Duties on Certain Products from China（Complainant: China），WT/DS379/AB/R, 11 March 2011, paras.301–303.

条规定：

　　就本协定而言，如出现下列情况应视为存在补贴：

　　（a）（1）在一成员（本协定中称"政府"）领土内，存在由政府或任何公共机构提供的财政资助，即如果：

　　（ⅰ）涉及资金的直接转移（如赠款、贷款和投股）、潜在的资金或债务的直接转移（如贷款担保）的政府做法；

　　（ⅱ）放弃或未征收在其他情况下应征收的政府税收（如税收抵免之类的财政鼓励）；

　　（ⅲ）政府提供除一般基础设施外的货物或服务，或购买货物；

　　（ⅵ）政府向一筹资机构付款，或委托或指示一私营机构履行以上（ⅰ）至（ⅲ）列举的一种或多种通常应属于政府的职能，且此种做法与政府通常采用的做法并无实质差别；或（a）（2）存在 GATT1994 第 16 条意义上的任何形式的收入或价格支持；及（b）因此而授予一项利益。①

　　根据上述规定，SCM 协定意义上的补贴包括财政资助与利益两大要素，此即补贴的"两部分"定义法。"加拿大诉巴西支线飞机出口融资项目案"上诉机构认为："财政资助和利益是 SCM 协定第 1.1 条中两个彼此独立的法律要素，它们共同决定补贴是否存

---

① 石广生主编：《乌拉圭回合多边贸易谈判结果：法律文本》，人民出版社 2002 年版，第 179 页。

在。"① 依据这一思路，"加拿大诉美国视出口限制措施为补贴案"上诉机构特别强调财政资助与利益的不同："SCM 协定第 1.1 条清晰地表明补贴包含两个要素：第一，财政资助与收入或价格支持②；第二，授予一项利益……本案专家组错误地将财政资助与利益混为一谈。"③ 由此，当且仅当政府措施既构成财政资助，又授予利益时，政府措施才属于应受 SCM 协定规制的补贴。④

二、财政资助和利益是判断补贴的起点

SCM 协定关于补贴的定义表明，其所关注的补贴是经由政府转移的经济资源是否向接受者提供了竞争优势。其中，经由政府转移的经济资源表明此类资源应属于财政资助，向接受者提供了竞争优势则强调财政资助应授予利益。

判断一项政府措施是否属于财政资助，核心在于评估政府转移经济资源的交易的性质。SCM 协定第 1.1 条（a）（1）列举了可能构成财政资助的四种类型的政府措施。其中，第 1.1 条（a）（1）

---

① See Brazil Export Financing Programme for Aircraft（Complainant: Canada）, WT/DS46/AD/R, 2 August 1999, para.157.

② 需要说明的是，为行文方便，本书借鉴 WTO 争端解决机构的表述，将财政资助与收入或价格支持统称为"财政资助"。

③ See United States Measures Treating Export Restraints as Subsidies（Complainant: Canada）, 29 June 2001, para.8.20.

④ See United States Final Countervailing Duty Determination with Respect to Certain Softwood Lumber from Canada（Complainant: Canada）, WT/DS257/AB/R, 19 January 2004, para.51.

（i）（ii）涉及政府转移资金或者放弃本应征收的税收等货币性措施；第 1.1 条（a）（1）（iii）指出，除货币性措施之外，具备财政价值的其他非货币性经济资源，也可能由政府以提供货物、或服务、或购买货物的形式予以提供；第 1.1 条（a）（1）（iv）则进一步确认，除政府直接提供之外，其还可能向筹资机构付款，或委托、或指示私营机构提供前述货币性和非货币性的经济资源，因此特别规定政府间接提供经济资源的行为也构成财政资助。概言之，SCM 协定第 1.1 条（a）（1）（i）至（iii）概括了政府直接转移经济资源（金钱、货物或服务）的措施，第 1.1 条（iv）则确保相同类型的转移不会因为政府授权中间机构间接提供而被规避。① 此外，SCM 协定第 1.1 条（a）（2）通过提及收入或价格支持，进一步拓宽了可能构成补贴的政府措施的范围。②

值得关注的是，SCM 协定第 1.1 条（a）（1）（i）至（iii）仅仅规定了金钱、货物或服务三种类型的财政资助。但是，WTO 成员提供的补贴措施显然要比 SCM 协定规定的要宽泛得多。那么，在 SCM 协定第 1.1 条（a）（1）规定范围之外的其他政府措施，是否应受 SCM 协定的规制呢？对此，"欧共体诉美国影响大型民用飞机贸易措施案"（以下简称"美国波音公司补贴案"）专家组认为，SCM 协定第 1.1 条（a）（1）是一个定义性条款，列出了构成财政

---

① See United States Measures Treating Export Restraints as Subsidies（Complainant: Canada）, WT/DS194/R, 29 June 2001, paras.8.65–8.73.

② See United States Final Countervailing Duty Determination with Respect to Certain Softwood Lumber from Canada（Complainant: Canada）, WT/DS257/AB/R, 19 January 2004, para.52.

资助的详尽的、封闭性的交易类型清单。① 由此，只有构成 SCM 协定第 1.1 条（a）（1）所涉财政资助的政府措施才受 SCM 协定的规制。

本质上，SCM 协定采用"两部分"定义法界定补贴，旨在限制可被认定补贴的政府措施的种类。换言之，对有限的政府措施附加授予利益的额外条件，可以防止对任何类型的（正式的、可执行的）政府措施都可以进行抵消所带来的不利后果。②"加拿大诉美国软木案"上诉机构对 SCM 协定特别采用"两部分"定义法界定补贴的意图也进行了类似的表述。③ 因此，关于 SCM 协定补贴实体规则的探究，应以财政资助和利益作为起点。

---

① See United States Measures Affecting Trade in Large Civil Aircraft-Second Complaint（Complainant: European Communities），WT/DS353/R, 31 March 2011, para.7.955.

② See United State Measures Treating Export Restraints as Subsidies（Complainant: Canada），WT/DS194/R, 29 June 2001, para.8.65 and para.8.73.

③ See United State Final Countervailing Duty Determination with Respect to Certain Softwood Lumber from Canada（Complainant: Canada），WT/DS257/R, 29 August 2003, footnote 35.

第二章 补贴构成要件之一：财政资助

财政资助是否存在，需要评估政府转移经济资源的交易的性质。[1]SCM 协定第 1.1 条（a）（1）（i）至（iv）规定了四种财政资助，本章试图阐明每一种财政资助的法律含义及其判断标准。

第一节 "资金直接转移"的法律含义与判断标准

SCM 协定第 1.1 条（a）（1）（i）规定，涉及资金直接转移（如赠款、贷款和股本投资）、潜在的资金或债务直接转移（如贷款担保）的政府做法构成财政资助，但并未对何谓"资金直接转移"及"潜在的资金直接转移"的含义与判断作出界定与说明。

---

[1] See United States Final Countervailing Duty Determination with Respect to Certain Softwood Lumber from Canada（Complainant: Canada），WT/DS257/AB/R, 19 January 2004, para.52.

一、"资金直接转移"指政府直接转移资金的货币性实践

WTO 争端解决实践表明，SCM 协定中的"资金直接转移"具有包容性与开放性，通常指政府直接向接受者转移资金的一种货币性实践。

（一）"资金直接转移"具有包容性

"资金直接转移"的关键词是"资金"。WTO 争端解决机构在实践中对"资金"所做的扩张性解释，较为符合政府提供资金的实践。

具体而言，"美国波音公司补贴案"专家组认为："资金"指股票、款项或财政资源。[①] 不同于"美国波音公司补贴案"专家组对"资金"所作的相对狭窄的解释，"韩国诉日本动态随机存储器反补贴税案"上诉机构对"资金"所作的解释要宽泛得多："资金"这一概念不仅包含金钱，而且包括通常的财政资源与其他金融债权。[②] 据此，"资金"不限于增强了补贴接受者资本净值的资金增量流情形，而且囊括"通常的财政资源"与"其他金融债权"。

应该说，"韩国诉日本动态随机存储器反补贴税案"上诉机构对"资金"所作的扩大解释有一定的合理性。因为，如果仅仅将"资

---

① See United States Measures Affecting Trade in Large Civil Aircraft-Second Complaint（Complainant: European Communities）, WT/DS353/R, 31 March 2011, para.7.954.

② See Japan Countervailing Duties on Dynamic Random Access Memories from Korea（Complainant: Republic of Korea）, WT/DS336/AB/R, 28 November 2007, para.250.

金"局限于"金钱"的话，实际上是对"资金"的一种机械化理解，忽视了金融交易经过财政资源的自然增长而导致补贴提供方的义务实质上被修改的情形。本质上，"资金直接转移"概指政府直接向接受者转移货币性支付的一种通常实践。这一定义包含以下五层含义：

第一，"资金直接转移"是一项政府实践。此处的政府，包括一般意义上的政府和公共机构。政府实践这一措辞，旨在强调实践的实施者而非实践的性质。因此，政府实践涵盖所有政府和公共机构的行为，不考虑其是否拥有制定规章或行使职能的权力。[1] 需要说明的是，对政府实践的宽泛解释并不会扩大反补贴的使用范围，因为财政资助的存在仅是识别补贴的第一步，随后的利益和专向性判断都充当着"过滤网"的作用，可以确保并非政府所有的资金直接转移行为都受到 SCM 协定的规制。

第二，"资金直接转移"指资金确定地发生了转移。与"潜在的资金直接转移"并不必然涉及资金转移相比，"资金直接转移"囊括资金确定发生转移的情形。正是在此意义上，"资金直接转移"授予的利益是已经发生了转移的资金本身，而非"资金直接转移"所引起的其他后果。

第三，"资金直接转移"与资金是否归政府所有无关。"资金直接转移"中涉及的资金，不限于政府的自有资金。政府自有资金之外的其他资金，只要经由政府之手被转移给了接受者，就不可避免

---

① See Republic of Korea Measures Affecting Trade in Commercial Vessels（Complainant: European Communities），WT/DS273/R, 7 March 2005, para.7.29.

地带有政府的意志，其意欲实现的就是政府的目的而非商业目的，从而可能构成"资金直接转移"。质言之，判断"资金直接转移"的重点是资金的流向而非资金的所有权。

第四，"资金直接转移"与资金是否真实地发生了转移无关。"资金直接转移"是否意味着资金实际上发生了转移？换言之，尚未转移的资金是否构成"资金直接转移"？"加拿大诉巴西支线飞机出口融资项目案"专家组认为：并非仅当政府实际完成了资金直接转移或潜在的资金直接转移才可认定补贴存在。如果仅当资金转移或潜在的资金转移完成之后补贴才能被视为存在，那么 SCM 协定将完全失效，甚至 WTO 的救济（停止侵害）也将变得不可能。① 考虑到 SCM 协定规制的是政府行为本身，而非政府行为所产生的结果，因此尚未真实转移的资金，似乎不应被排除在"资金直接转移"的范围之外。

第五，"资金直接转移"仅与政府直接转移资金有关。"美国波音公司补贴案"专家组认为："转移"前面加了一个限定词——直接，意味着资金从政府这一转让者手中被提供给受让者时没有第三方的介入，从而与 SCM 协定第 1.1 条（a）（1）（iv）所涉政府通过筹资机构或私营机构间接提供资金相区别。② 据此，"资金直接转移"仅关涉政府直接转移资金的情形，与政府间接转移资金无关。

---

① See Brazil Export Financing Programme for Aircraft（Complainant: Canada），WT/DS46/R, 14 April 1999, para.7.13.

② See United States Measures Affecting Trade in Large Civil Aircraft-Second Complaint（Complainant: European Communities），WT/DS353/R,31 March 2011,para.7.954.

（二）"资金直接转移"具有开放性

SCM 协定第 1.1 条（a）（1）（i）在规定"资金直接转移"时枚举了赠款、贷款和股本投资作为示例，但这些示例仅仅旨在说明何谓"资金直接转移"，并不排除其他类型的交易构成"资金直接转移"的可能性。[①] 质言之，SCM 协定第 1.1 条（a）（1）（i）是一个开放性条款。

"欧共体诉韩国影响商船贸易措施案"专家组明确指出，构成"资金直接转移"的政府措施不限于枚举示例的三种情形，与枚举示例性质相同的其他政府措施也可能构成"资金直接转移"类型的财政资助。[②] 此外，需要注意的一个细节是，SCM 协定第 1.1 条（a）（1）（i）在枚举赠款、贷款和股本投资时加了一个修饰词——如，进一步表明赠款、贷款和股本投资仅是 SCM 协定第 1.1 条（a）（1）（i）枚举的交易示例，所以与这些明确枚举的示例相类似的其他交易也应被纳入 SCM 协定的约束范围。[③]

因此，"资金直接转移"的范围，并不限于 SCM 协定枚举的赠款、贷款和股本投资三种情形。尤其是，在 WTO 争端解决机构将"资金"宽泛地解释为包含"通常的财政资源"与"其他金融债权"

---

① See Republic of Korea Measures Affecting Trade in Commercial Vessels（Complainant: European Communities）, WT/DS273/R,7 March 2005, paras.7.411–7.413 .

② See Republic of Korea Measures Affecting Trade in Commercial Vessels（Complainant: European Communities）, WT/DS273/R,7 March 2005, para.7.420.

③ See Japan Countervailing Duties on Dynamic Random Access Memories from Korea（Complainant: Republic of Korea）, WT/DS336/AB/R, 28 November 2007, paras.250–252.

的情形下，由于"通常的财政资源"与"其他金融债权"的内涵和外延均具有较大的不确定性与延展性，使得"资金直接转移"成为一个完全开放的概念。需要注意的是，SCM 协定第 1.1 条（a）（1）（i）除了规定"资金直接转移"之外，还提及"潜在的资金直接转移"。①"资金直接转移"的包容性与开放性，为区分"资金直接转移"与"潜在的资金直接转移"带来了一定的困难。

二、"潜在的资金直接转移"指政府偿还资金的货币性承诺

"潜在的资金直接转移"的字面含义包括两部分：存在"资金直接转移"，并且"资金直接转移"是潜在的。那么，何谓"潜在的资金直接转移"呢？或者说，"资金直接转移"与"潜在的资金直接转移"有何区别呢？

与"资金直接转移"意味着资金发生转移的一种确定性相比，"潜在的资金直接转移"指资金未来发生转移的一种可能性。但是，将"潜在的资金直接转移"仅仅理解为资金未来发生转移的一种可能性，似乎仍然未能说明"潜在的资金直接转移"的确切含义。

首先，如果"潜在的资金直接转移"指政府未来提供资金的一种可能性的话，几乎所有的"资金直接转移"在早期阶段都可以被界定为"潜在的资金直接转移"。如此一来，SCM 协定第 1.1 条（a）

---

① 需要说明的是，本书以"潜在的资金直接转移"为例所得出的结论同样适用于"潜在的债务直接转移"的情形。

（1）（i）同时提及"资金直接转移"与"潜在的资金直接转移"将变得没有任何意义。其次，如果将"潜在的"理解为一种可能性，判断"潜在的资金直接转移"将不得不依赖政府提供资金的可能程度。倘若如此，那么 SCM 协定的起草者将会选择比"潜在的"这一措辞有更高可能性暗示的其他修饰词。[①] 因此，"潜在的"不能被简单地解释为一种可能性。那么，"潜在的资金直接转移"中"潜在的"这一措辞，究竟该如何理解呢？

"欧共体诉韩国影响商船贸易措施案"专家组给出了有益的提示："SCM 协定第 1.1 条（a）（1）（i）枚举示例中的交易媒介，对于划定资金直接转移的范围具有启发意义。"[②] 因此，在探究"潜在的资金直接转移"的含义时，不妨考察 SCM 协定枚举的"潜在的资金直接转移"的交易媒介，即贷款担保。贷款担保是 SCM 协定规定"潜在的资金直接转移"时枚举的唯一示例。作为政府提供财政资助的措施之一，贷款担保通常指政府以专项预算等资金为企业借款或发行债券提供担保。在贷款方逾期拒绝偿还贷款的情形下，由提供担保的政府承担偿还贷款责任的一种承诺。就此而言，贷款担保是一项设置了意外触发事件的金融工具。换言之，如果一项预定义的情形发生，即贷款人到期无法偿还款项，那么作为担保人的政府必须向贷款担保的接受者转移资金。那么，"潜在的"这一限

---

① See Brazil Export Financing Programme for Aircraft（Complainant: Canada）, WT/DS46/R,14 April 1999, para.7.69.

② See Republic of Korea Measures Affecting Trade in Commercial Vessels（Complainant: European Communities）, WT/DS273/R, 7 March 2005, para.7.41.

定词，究竟指的是触发事件——贷款人到期无法偿还款项的发生与否，还是触发事件发生后资金转移的发生与否呢？

　　欧共体和美国曾在"美国波音公司补贴案"中对这一问题展开激烈的争论。"美国波音公司补贴案"涉及美国华盛顿州通过《华盛顿州留住和吸引航天航空工业法》（以下简称《HB2294法》）向波音公司提供一揽子税收激励，并在《华盛顿州与波音公司关于奥林巴斯项目选址协定》之下向波音公司提供"法律改变时的豁免，或者相当于被减少或被撤销承诺或义务相同经济效果的救济"。欧共体诉称，这两项措施构成 SCM 协定第 1.1 条（a）（1）（i）意义上的"潜在的资金直接转移"，因为美国政府未来极有可能直接向波音公司提供资金。① 由此，欧共体理解的"潜在的资金直接转移"，强调资金在未来发生转移的一种可能性。换言之，只要政府根据一项确定的触发事件的发生，存在未来转移资金的可能性，则此类政府措施就构成"潜在的资金直接转移"。

　　然而，美国认为，"潜在的"这一措辞指建立在当前状态或情况基础上的一种未来的不确定性，而不是一种可能性或推测性。因此，为了证明政府措施构成 SCM 协定第 1.1 条（a）（1）（i）中"潜在的资金直接转移"，申诉方就必须证明存在确定的承诺，即政府向财政资助的接受者作出其将直接转移资金的保证。② 换言之，在

---

① See United States Measures Affecting Trade in Large Civil Aircraft-Second Complaint（Complainant: European Communities），WT/DS353/R, 31 March 2011, paras.7.84–7.85.

② See United States Measures Affecting Trade in Large Civil Aircraft-Second Complaint（Complainant: European Communities），WT/DS353/R, 31 March 2011, para.7.110.

美国看来，仅当政府在确定的情况下作出了转移资金的承诺，政府措施才构成"潜在的资金直接转移"。因此，不考虑资金未来发生转移的可能性，"潜在的资金直接转移"强调触发事件发生与否的一种不确定性。

本质上，美国和欧共体关于"潜在的资金直接转移"的分歧，关涉"潜在的资金直接转移"界定范围的宽窄。欧共体认为"潜在的资金直接转移"指触发事件发生后资金直接转移的发生与否，这一理解将极大地扩展 SCM 协定第 1.1 条 (a) (1) (i) 的范围。因为，欧共体的观点意味着，只要政府根据一项确定的触发事件的发生，向企业或产业作出了提供资金的一般承诺，就可能构成"潜在的资金直接转移"。由此导致的结果是，在政府与企业作为合同相对方形成的公私合作关系中，只要政府违反合同导致私人一方向政府提出金钱损害赔偿请求，则此类请求极有可能构成"潜在的资金直接转移"。

需要忆及的是，SCM 协定旨在对补贴使用试图寻求施加更多纪律的成员与那些对反补贴使用试图寻求施加更多纪律的成员之间保持平衡。[①] 而欧共体对"潜在的资金直接转移"所作的广义解释，恰恰扩大了反补贴使用方的权利，并且也与通常的贷款担保的含义相悖。因为贷款担保这一概念本身表明，倘若贷款方违约，担保人向借款方偿还款项将是一项确定的责任。质言之，在贷款担保的语

---

① See United States Countervailing Duty Investigation on Dynamic Random Access Memory Semiconductors from Korea（Complainant: Republic of Korea）, WT/DS296/AB/R, 27 June 2005, para.115.

境下，不确定的是贷款方是否违约，而非作为担保人的政府是否承担担保责任。在贷款方违约的情形下，政府承担担保责任将变得毫无悬念。就此而言，美国对"潜在的资金直接转移"所作的法律解释似乎较为可取。

事实上，"美国波音公司补贴案"专家组最终认可了美国的观点。[①] 因此，"潜在的资金直接转移"关涉触发事件发生与否的一种不确定性，而非资金转移与否的一种可能性。资金是否以及在何种程度上转移，仅与确定"资金直接转移"相关，与"潜在的资金直接转移"无关。质言之，与"资金直接转移"关注政府是否提供资金这一事实不同，"潜在的资金直接转移"关注政府是否作出转移资金的承诺本身。

三、根据不同情形使用不同标准判断"资金直接转移"

"资金直接转移"在内涵上的宽泛和外延上的不确定，意味着"资金直接转移"的判断应视争议所涉措施的不同情形使用不同的标准。

（一）"对号入座法"

如果争议所涉措施本身就是 SCM 协定第 1.1 条（a）（1）（i）枚举的赠款、贷款和股本投资，那么一般无须进行额外的分析，

---

① See United States Measures Affecting Trade in Large Civil Aircraft-Second Complaint（Complainant: European Communities），WT/DS353/R, 31 March 2011, para.7.164.

即可直接认定争议所涉措施构成"资金直接转移",此即"对号入座法"。

(二)"性质检测法"

如果争议所涉措施并非 SCM 协定第 1.1 条(a)(1)(i)枚举的示例,比如,二者在具体名称、表现形式及运行机制等方面不尽相同,但在一定程度上又存在或多或少的联系,则相关判断应分析争议所涉措施的性质是否与 SCM 协定第 1.1 条(a)(1)(i)枚举的示例相同,此即"性质检测法"。

界定争议所涉措施的性质,应重点探究其设计与运营以识别该措施的所有特征,并确认哪一个特征对于界定措施的性质具有决定性的作用。换言之,通过识别争议所涉措施的核心特征,可以确定该项措施的性质,进而判断其究竟构成 SCM 协定中的哪一类财政资助。[①]WTO 争端解决机构使用"性质检测法"的典型案例,是"欧共体诉韩国影响商船贸易措施案"。

韩国和欧共体在"欧共体诉韩国影响商船贸易措施案"中就利率降低、贷款展期及贷款利息免除是否构成"资金直接转移"产生了争议。该案专家组认为,贷款利率降低与贷款展期都涉及对初始贷款条件的再协商,从而类似于一项新贷款。换言之,无论贷款利率降低还是贷款展期,均与贷款本身并无不同,因此属于 SCM 协

---

① See China Measures Affecting Imports of Automobile Parts(Complainant: European Communities),WT/DS339/AB/R, 15 December 2008, para.171.

定意义上的"资金直接转移"。① 而就贷款利息免除而言，该案专家组认为其相当于现金拨款，因为之前作为贷款被提供的资金需要支付利息，但在被免除偿还利息的义务后，这笔资金在事实上相当于被免费使用，所以构成"资金直接转移"。②

本质上，贷款利率降低、贷款展期及利息免除，都是对贷款条件的修改，均可被视为向贷款者提供了一项新的权利，即贷款者的旧权利被新权利取代。在这个意义上，政府修改条件后的贷款可被视为一项新贷款，从而向贷款者提供了一项新的权利。尤其是，贷款利息免除解除了贷款者偿还贷款债务的部分义务，相当于其获得了免费使用资金的权利，而贷款展期则使贷款者获得了在更长时间内使用资金的权利。由于此类交易中被转移的权利具备货币价值，并可被计入个人资产，所以此类交易可被视为"资金直接转移"。③ 就此而言，判断政府措施是否构成"资金直接转移"，不应拘泥于交易形式，而应关注争议措施的性质。④

本质上，识别 WTO 涵盖协定的哪一个规则适用于既定措施，必须建立在对争议所涉措施的性质进行正确理解的基础之上。因

---

① See Republic of Korea Measures Affecting Trade in Commercial Vessels（Complainant: European Communities）, WT/DS273/R, 7 March 2005, para.7.412.

② See Republic of Korea Measures Affecting Trade in Commercial Vessels（Complainant: European Communities）, WT/DS273/R, 7 March 2005, para.7.413.

③ See Japan Countervailing Duties on Dynamic Random Access Memories from Korea（Complainant: Republic of Korea）, WT/DS336/R, 13 July 2007, para.7.442.

④ See Japan Countervailing Duties on Dynamic Random Access Memories from Korea（Complainant: Republic of Korea）, WT/DS336/AB/R, 28 November 2007, paras.251–252.

此，是政府行为的性质①，而非其在国内法之中被界定的交易类型②，对于判断 SCM 协定中的财政资助具有决定性的作用③。

（三）"效果检测法"

如果争议所涉措施与 SCM 协定第 1.1 条（a）（1）（i）枚举的示例不仅在名称、表现形式及运作机制等方面完全不同，而且在性质上也大相径庭，此时就应重点关注争议所涉措施的效果。在争议所涉措施的效果与 SCM 协定第 1.1 条（a）（1）（i）枚举示例的效果相同的情形下，则可认定争议所涉措施构成"资金直接转移"，此即"效果检测法"。

WTO 争端解决机构使用"效果检测法"的典型案例，是"美国波音公司补贴案"。在该案中，美国航天航空局通过与波音公司签订采购合同向波音公司提供研发资金。针对美欧双方关于这一措施是否构成"资金直接转移"的争议，该案上诉机构首先分析了美国航天航空局与波音公司签订的采购合同的效果。详言之，在输入端，美国航天航空局向波音公司从事的研发提供资金，同时波音公

---

① See United States Measures Affecting Trade in Large Civil Aircraft-Second Complaint (Complainant: European Communities), WT/DS353/R, 31 March 2011, paras.5.9–5.13.

② See United States Final Countervailing Duty Determination with Respect to Certain Softwood Lumber from Canada (Complainant: Canada), WT/DS257/AB/R, 19 January 2004, para.56. See also United States Measures Affecting Trade in Large Civil Aircraft-Second Complaint (Complainant: European Communities), WT/DS353/R, 31 March 2011, para.7.1131.

③ See United States Measures Affecting Trade in Large Civil Aircraft-Second Complaint (Complainant: European Communities), WT/DS353/AB/R, 12 March 2012, para.586.

司自身也提供部分资金，并且双方共同商定研发主题；在输出端，波音公司获得研发成果（包括科技信息、发现和数据等）的知识产权，而美国政府则获得免费的、非独占且无限制的使用许可权。所以，双方之间不存在使用货币资金获取非货币对价的直接交换关系；相反，双方之间相当于合资企业中的合资各方，存在研发成本分摊与研发成果共享的合资关系[1]，从效果上类似于SCM协定第1.1条（a）（1）（i）枚举的股本投资[2]，构成财政资助[3]。

事实上，"美国波音公司补贴案"并非WTO争端解决机构使用"效果检测法"的唯一个案。在"欧共体诉韩国影响商船贸易措施案"中，韩国曾主张调查所涉债转股并没有向接受者转移货币价值，所以不构成"资金直接转移"。然而，该案专家组却认为债转股与股本投资具有相同的效果，所以构成"资金直接转移"。[4]"欧共体诉韩国影响商船贸易措施案"专家组的这一裁决，得到"韩国诉日本动态随机存储器反补贴税案"上诉机构的认可。[5]

---

[1] See United States Measures Affecting Trade in Large Civil Aircraft-Second Complaint（Complainant: European Communities）, WT/DS353/AB/R, 12 March 2012, paras.595–597.

[2] See United States Measures Affecting Trade in Large Civil Aircraft-Second Complaint（Complainant: European Communities）, WT/DS353/AB/R, 12 March 2012, paras.621–623.

[3] See United States Measures Affecting Trade in Large Civil Aircraft-Second Complaint（Complainant: European Communities）, WT/DS353/AB/R, 12 March 2012, para.625.

[4] See Republic of Korea Measures Affecting Trade in Commercial Vessels（Complainant: European Communities）, WT/DS273/R, 7 March 2005, para.7.420.

[5] See Japan Countervailing Duties on Dynamic Random Access Memories from Korea（Complainant: Republic of Korea）, WT/DS336/AB/R, 28 November 2007, para.252.

本质上，债转股是用股权代替债务。当债转股旨在改善或处理接受者的不良财务状况时，被政府豁免的债务相当于政府向接受者提供的"资金直接转移"。此外，"美国诉欧共体及其成员国影响民用大飞机贸易措施案"（以下简称"欧共体空客公司补贴案"）专家组通过使用"效果检测法"认定政府转让股份和放弃债务均构成"资金直接转移"。①

基于补贴仍然是现今世界上多数经济体促进经济和社会发展的重要政策工具，尤其是补贴并不必然扭曲国际贸易，因此争议措施是否构成财政资助的判断，需要严格限定在 SCM 协定的范围之内。在争议措施的性质与 SCM 协定第 1.1 条（a）（1）（i）枚举示例的性质不同时，"效果检测法"既不会任意扩大反补贴的使用范围，又能使得事实上产生"资金直接转移"效果的政府措施受到规制，因而具有一定的合理性。

第二节 "政府放弃本应征收的税收"的 法律含义与判断标准

SCM 协定第 1.1 条（a）（1）（ii）规定，政府放弃或未征收"其他情形下本应"征收的税收（以下简称"政府放弃本应征收的税收"）构成财政资助。本节主要依托 WTO 争端解决实践，探讨"政府放

---

① See European Communities and Certain Member States Measures Affecting Trade in Large Civil Aircraft（Complainant: United States），WT/DS316/R, 30 June 2010, para.7.1318.

弃本应征收的税收"的法律含义与判断标准。

一、政府未来放弃的税收构成"政府放弃本应征收的税收"

一般而言，"政府放弃本应征收的税收"中的税收，指过去已经真实发生了的税收。然而，WTO 争端解决实践表明，政府未来放弃的税收也可能构成"政府放弃本应征收的税收"。

（一）政府未来放弃的税收的性质之争

世界主要经济体关于政府未来放弃的税收是否构成"政府放弃本应征收的税收"的争议，首次出现于"美国波音公司补贴案"。

"美国波音公司补贴案"涉及美国华盛顿州通过《HB2294 法》向波音公司提供建筑服务与设备销售税、使用税、租赁特许权税及财产权税的豁免。但事实上，波音公司从未使用过这些豁免。欧共体诉称，即使波音公司尚未使用此类豁免，但由于税收措施具有强制性，并且波音公司在未来仍然有获得该项豁免的资格，进而可能会继续享有此类豁免优惠，因此美国政府未来放弃的税收构成"政府放弃本应征收的税收"。①

然而，美国抗辩称，政府未来放弃的税收不构成"政府放弃本应征收的税收"。原因在于：

---

① See United States Measures Affecting Trade in Large Civil Aircraft-Second Complaint （Complainant: European Communities）, WT/DS353/R, 31 March 2011, para.7.69.

第一，SCM 协定第 1.1 条（a）（1）（ii）关注的是补贴的存在而非补贴的数量。当一项被诉称的补贴涉及政府未来可能放弃的税收时，其本身就不符合 SCM 协定第 1 条关于补贴的定义，因为政府措施是否构成财政资助是分析补贴是否存在及计算补贴数量的因素之一，而政府未来放弃的税收不可能构成财政资助，也就不能被视为补贴或被包括在补贴数量之内。①

第二，SCM 协定第 1.1 条（a）（1）（ii）的英文版本暗示仅仅已经实际放弃的税收才应受到规制。英文版的 SCM 协定在表述"政府放弃本应征收的税收"时使用的时态是一般过去时，因此其所指的税收仅仅是政府过去已经放弃或在事实上没有征收的税收，而非政府未来可能放弃或不予征收的税收。尤其是，如果政府未来放弃的税收属于"政府放弃本应征收的税收"的范围，则 SCM 协定第 1.1 条（a）（1）（ii）将会进行明确的表示。美国提出，SCM 协定第 1.1 条（a）（1）（i）规定"潜在的资金或债务直接转移"时明确考虑了未来可能发生的资金转移，因而未来的资金转移可能构成财政资助。但是，SCM 协定第 1.1 条（a）（1）（ii）规定"政府放弃本应征收的税收"的措辞与之截然相反，其并没有作出政府未来放弃的税收也应受到规制的预测。②

第三，既有 WTO 争端解决实践表明，政府放弃在其他情形下

① See United States Measures Affecting Trade in Large Civil Aircraft-Second Complaint （Complainant: European Communities）, WT/DS353/R, 31 March 2011, para.7.105.

② See United States Measures Affecting Trade in Large Civil Aircraft-Second Complaint （Complainant: European Communities）, WT/DS353/R, 31 March 2011, para.7.106.

本应征收的税收，可被视为强制性立法而直接被诉至 WTO 争端解决机构。①

由上，欧共体和美国对于政府未来放弃的税收是否构成"政府放弃本应征收的税收"存在较大的分歧。那么，政府未来放弃的税收究竟是否构成"政府放弃本应征收的税收"呢？

（二）政府未来放弃的税收应受 SCM 协定的规制

综合考察政府税收的性质、SCM 协定的规制对象及其目标与目的，政府未来放弃的税收构成"政府放弃本应征收的税收"。

第一，税收措施的强制性决定了政府未来放弃的税收应受 SCM 协定的规制。一国政府对于向谁征税、征多少税以及如何征税有着绝对性的权力。换言之，政府制定的税收措施具有完全的强制性。一旦这些税收措施被制定出来，政府在实践中是否以及如何征税都不影响这些措施的性质。就此而言，政府未来放弃的税收具备税收措施的强制性。

根据既有 WTO 争端解决实践，政府制定的强制措施本身可以单独构成对 WTO 相关义务的违反。详言之，政府制定的措施并非一定具有强制性，而是有强制性与任意性之分。任意性措施一般不会单独构成对 WTO 相关义务的违反。② 此类措施是否违反 WTO，

---

① See United States Measures Affecting Trade in Large Civil Aircraft-Second Complaint （Complainant: European Communities）, WT/DS353/R, 31 March 2011,para.7.107.

② See United States Section 211 Omnibus Appropriations Act of 1998（Complainant: European Communities）, WT/DS176/AB/R, 2 January 2002, para.259.

取决于执行机关如何行使决定权。① 而直接规定了违反 WTO 义务的立法、执行等普遍适用的强制性措施，通常会产生某种后果。因此，强制性措施本身可以脱离其在个案中的具体应用，单独构成对 WTO 相关义务的违反。正是在此意义上，政府未来放弃的税收应受 SCM 协定的规制。

第二，SCM 协定对政府行为的约束决定了政府未来放弃的税收应受到规制。SCM 协定试图规制的是政府行为本身，而非政府行为所导致的后果。正是在此意义上，"加拿大诉巴西支线飞机出口融资项目案"专家组认定尚未实际完成的资金转移构成"资金直接转移"。需要注意的是，这一法律推理同样适用于政府未来放弃的税收是否构成"政府放弃本应征收的税收"的判断。比如，一国政府为促进出口，规定出口退税金额可以超过实际征收税额。通常情形下，仅当出口实际完成之后，出口商才可以得到出口国政府退还的已征税额。但是，在出口商尚未实际完成出口的情形下，该项出口退税措施如果不被视为财政资助的话，SCM 协定岂不沦为一纸空文？

第三，SCM 协定的目标与目的决定了政府未来放弃的税收应受到规制。SCM 协定试图对扭曲国际贸易的补贴施加多边纪律的约束，而政府未来放弃的税收无疑会影响并不享有此项权利的市场竞争者的竞争行为，从而影响正常的市场竞争条件。质言之，尽管

---

① See United States Countervailing Measures Concerning Certain Products from The European Communities（Complainant: European Communities）, WT/DS212/AB/R, 9 December 2002, para.159. See also United States Sections 301–310 of the Trade Act 1974（Complainant: European Communities）, WT/DS152/R, 27 January 2000, paras.7.53–7.54.

尚未实际发生，但政府未来放弃税收这一措施本身就足以对市场产生一定程度的"冷冻"效应，因此应该受到 SCM 协定的规制。

　　基于一国的税收体制可被政府用来获得相当于提供直接支付效果的工具，SCM 协定将"政府放弃本应征收的税收"界定为财政资助具有一定的合理性。但是，SCM 协定同时也承认，WTO 成员在决定本国税收体制的结构和税率时享有主权。而且，由于税收体制并非静止不变，各成员必须享有对国内税收体制作出调整的灵活性。① 那么，为了在承担 SCM 协定规定的义务与维护本国税收主权之间保持平衡，究竟该如何判断政府是否放弃了本应征收的税收呢？这一问题涉及"政府放弃本应征收的税收"的判断标准。

二、判断"政府放弃本应征收的税收"的"若非检测法"

　　判断"政府放弃本应征收的税收"的"若非检测法"，主要适用于争议措施构成一般课税规则例外的特定情形。然而，囿于"若非检测法"存在并非总能识别一般税收规则及其例外的局限性，因此不具有普遍适用性。

（一）"若非检测法"适用于争议措施构成一般课税规则例外的情形

　　为了判断政府是否放弃本应征收的税收，"欧共体诉美国外销

---

① See United States Measures Affecting Trade in Large Civil Aircraft-Second Complaint（Complainant: European Communities），WT/DS353/AB/R, 12 March 2012, para.890.

公司税收待遇案"专家组创设了"若非检测法",通过审查"若非争议所涉措施则原本会存在的情形",判断政府放弃的税收是否属于"其他情形下本应"征收的税收。①

换言之,"若非检测法"建立在"其他情形下本应"这一措辞的基本含义基础之上。"其他情形下本应"是"若非争议所涉措施则原本会存在的情形"的识别基础。如果不存在争议所涉措施时被调查企业将负担较高的纳税义务,则争议所涉措施构成"政府放弃本应征收的税收"。因此,"其他情形下本应"意味着争议所涉被调查经济体内存在一般的税收规则,而政府放弃的税收则构成对该一般税收规则的例外。换言之,在"若非检测法"之下,"其他情况下本应"征收的税收的比较基础,"必须是争议所涉成员方适用的税收规则"。②判断"政府放弃本应征收的税收",需要在政府放弃征税所依据的例外规则与业已存在的一般税收规则之间进行比较。WTO 争端解决机构使用"若非检测法"的典型案件是"美国波音公司补贴案"。

"美国波音公司补贴案"涉及美国华盛顿州通过《HB2294 法》向波音公司提供营业税减免的优惠。具体而言,从 2005 年 10 月 1 日至 2007 年 7 月 1 日,波音公司的营业税税率从 0.484% 降至 0.4235%;从 2007 年 7 月 1 日至 2024 年,波音公司的营业税税

---

① See United States Tax Treatment for Foreign Sales Corporations(Complainant: European Communities), WT/DS108/R, 8 October 1999, para.7.45.

② See United States Tax Treatment for Foreign Sales Corporations(Complainant: European Communities), WT/DS108/AB/R, 24 February 2000, para.90.

率将从 0.4235％ 进一步降至 0.2904％；如果大型民用飞机的组装到 2007 年 11 月 30 日还未开始，则波音公司的营业税税率恢复至 0.484％。

针对华盛顿州的这一税收激励措施是否构成"政府放弃本应征收的税收"，该案专家组主要探究如果不存在争议所涉措施的话，则波音公司是否会适用更高的营业税税率。由于制造业的一般营业税税率是 0.484％，因此波音公司原本应适用 0.484％ 的营业税税率。但是，在《HB2294 法》提供优惠税率的情形下，波音公司仅适用 0.2904％ 的税率，因此波音公司的营业税税率构成对一般营业税税收规则的例外。[①] 据此，该案专家组最终认定华盛顿州的营业税税率优惠构成"政府放弃本应征收的税收"。[②]

（二）"若非检测法"存在识别一般税收规则及其例外的困境

"若非检测法"的使用以能够识别调查所涉经济体内的一般税收规则及其例外作为前提条件。然而，这一条件导致其不可避免地存在下述不足：

第一，为了解决争端，WTO 争端解决机构可能人为地创设一般税收规则及其例外；第二，较多关注税收措施引起的改变，可能导致在判断"政府放弃本应征收的税收"时适用于被调查方的税率

---

① See United States Measures Affecting Trade in Large Civil Aircraft-Second Complaint（Complainant: European Communities），WT/DS353/R, 31 March 2011, para.7.121.

② See United States Measures Affecting Trade in Large Civil Aircraft-Second Complaint（Complainant: European Communities），WT/DS353/R, 31 March 2011, para.7.133.

会变得更低；第三，一国国内税收体系可能充满了太多的例外，以至于对一般收入类别适用的税率在事实上再也无法代表一般税收规则；第四，仅仅识别与基准相关的一般税收规则可能太过狭窄；第五，极易导致被调查经济体通过改变税收体制而规避其在 SCM 协定下承担的义务；第六，仅仅依据历史税率识别比较基准可能未必合适，因为之前适用较高税率的事实并非当下确定比较基准的决定因素；第七，仅仅强调需要比较一般收入类别的税率与该收入子类别的税率，没有考虑例外的范围是否破坏了一般规则。①

考虑到"若非检测法"可能存在的上述不足，"欧共体诉美国外销公司税收待遇案"上诉机构对"若非检测法"是否是一个适用于所有情形的一般方法表示了保留。② 而"欧共体诉美国外销公司税收待遇案（第 21.5 条）"上诉机构不仅明确指出"若非检测法"仅仅适用于争议所涉措施构成对一般税收规则的例外的特定情形，并且基于识别一般税收规则及其例外存在的现实困难，对"若非检测法"的普遍适用性作出了同样谨慎的表示。③ 基于"若非检测法"不具有普遍适用性，那么在无法识别被调查成员的一般税收规则及其例外时，又该如何判断政府是否放弃了"其他情形下本应"征收的税收呢？

---

① See United States Measures Affecting Trade in Large Civil Aircraft-Second Complaint （Complainant: European Communities）, WT/DS353/AB/R, 12 March 2012, para.894.

② See United States Tax Treatment for Foreign Sales Corporations （Complainant: European Communities）, WT/DS108/AB/R, 24 February 2000, para.91.

③ See United States Tax Treatment for Foreign Sales Corporations-Recourse to Article 21.5 of the DSU by the European Communities, WT/DS108/AB/RW, 14 January 2002, paras.91.

三、判断"政府放弃本应征收的税收"的"可比收入税收待遇比较法"

"可比收入税收待遇比较法"通过比较"争议所涉收入的税收待遇"与"合法可比收入的税收待遇"判断政府是否放弃了本应征收的税收。由于"合法可比收入的税收待遇"取决于 WTO 成员自行确立的税收规则，由此导致"可比收入税收待遇比较法"的使用具有一定的不确定性。

（一）"可比收入税收待遇比较法"以确定"合法可比收入的税收待遇"为条件

"可比收入税收待遇比较法"的使用以确定"合法可比收入的税收待遇"为基础，而确定"合法可比收入的税收待遇"却不得不因每个 WTO 成员税收体制的不同而有所不同。

"政府放弃本应征收的税收"中的放弃一词，暗示政府放弃了"其他情形下本应"享有的征税权。但无论如何，这不可能是一项抽象的权力，因为在理论上，政府有权对所有的收入征税，所以肯定存在某些确定的规范性基准，以此基准为基础，可以在政府实际征收的税收与"其他情形下本应"征收的税收之间进行比较。换言之，判断政府是否放弃或未征收"其他情形下本应"征收的税收，可以在政府实际征收的税收和"其他情形下本应"征收的税收之间进行比较。考虑到"其他情形下本应"取决于每一个成员自行选择所确立的税收规则，因此"其他情形下本应"的比较基准是争议所涉成员的税收规则。①

正是在此意义上，"欧共体诉美国外销公司税收待遇案（第21.5条）"上诉机构指出，"政府放弃本应征收的税收"的判断应比较争议所涉措施和某个"确定的、规范性的基准"，而这一"确定的、规范性的基准"即为"合法可比收入的税收待遇"。② 由此，判断政府是否放弃本应征收的税收，应比较"争议所涉收入的税收待遇"与"合法可比收入的税收待遇"，此即"可比收入税收待遇比较法"。

"可比收入税收待遇比较法"的具体使用包括三个步骤：第一步，确定被诉补贴接受者的收入的税收待遇。识别此类税收待遇，需要考虑政府提供此类待遇的客观理由，并在涉及成员税收规则的改变时，评估此类改变背后所蕴含的理由。③ 第二步，识别比较基准。识别可比纳税人的可比收入的税收待遇，需要审查 WTO 成员国内税收体制的结构和组织原则。质言之，判断政府是否放弃"其他情形下本应"征收的税收，应以提供补贴的成员国内税收体制的税收结构和组织原则为基础，然后据此确定构成纳税人可比收入税收待遇的合理基础。④ 第三步，比较争议所涉税收待遇与基准税收

---

① See United States Tax Treatment for Foreign Sales Corporations（Complainant: European Communities）, WT/DS108/AB/R, 24 February 2000, para.90.

② See United States Tax Treatment for Foreign Sales Corporations-Recourse to Article 21.5 of the DSU by the European Communities, WT/DS108/AB/RW, 14 January 2002, para.91and 98.

③ See United States Measures Affecting Trade in Large Civil Aircraft-Second Complaint（Complainant: European Communities）, WT/DS353/AB/R, 12 March 2012, para.891.

④ See United States Measures Affecting Trade in Large Civil Aircraft-Second Complaint（Complainant: European Communities）, WT/DS353/AB/R, 12 March 2012, para.892.

待遇。如果可比纳税人的可比收入的税收待遇优于争议所涉税收待遇，则可认定政府没有放弃本应征收的税收，反之则反然。①

（二）"合法可比收入的税收待遇"应视争议具体情形而定

基于被诉补贴接受者的税收待遇是明确的，所以使用"可比收入税收待遇比较法"的关键，是确定"合法可比收入的税收待遇"。"合法可比收入的税收待遇"被"美国波音公司补贴案"专家组细化为"可比情形下、可比纳税人的可比收入的税收待遇"。②

澳大利亚认为，"可比情形下、可比纳税人的可比收入的税收待遇"关注从事类似复杂性或附加值水平商业活动的其他行业中纳税人的税收待遇。在此情形下，判断相关税收措施是否代表了对本应适用于该部门的一般税收规则的例外变得至关重要。③"美国波音公司补贴案"上诉机构指出，为了在整个税收体制内评估争议所涉措施的性质，应审查这些措施的设计或这些措施表现出的基本形式与原理。④ 由此，究竟如何确定"可比情形下、可比纳税人的可比收入的税收待遇"，可能还需要 WTO 争端解决机构在实践中进一步明确。但无论如何，这类"确定的、规范性的基准"可能无法

---

① See United States Measures Affecting Trade in Large Civil Aircraft-Second Complaint（Complainant: European Communities），WT/DS353/AB/R, 12 March 2012, para.893.

② See United States Measures Affecting Trade in Large Civil Aircraft-Second Complaint（Complainant: European Communities），WT/DS353/R, 31 March 2011, para.7.120.

③ See United States Measures Affecting Trade in Large Civil Aircraft-Second Complaint（Complainant: European Communities），WT/DS353/R, 31 March 2011, para.7.113.

④ See United States Measures Affecting Trade in Large Civil Aircraft-Second Complaint（Complainant: European Communities），WT/DS353/AB/R, 12 March 2012, para.814.

一概而论，而应视具体案件的具体情形而定。

值得提及的是，"日本诉加拿大影响汽车工业某些措施案"曾涉及"确定的、规范性的基准"的选择。该案涉及《加拿大机动车辆关税令》免除了加拿大汽车制造商从享有最惠国税率待遇的国家进口机动车辆的进口关税。该案上诉机构认为，加拿大为进口机动车辆确立的最惠国待遇税率构成"确定的、规范性的基准"。通过比较最惠国税率待遇与加拿大机动车辆进口关税的豁免待遇可知，如果没有进口关税的豁免，加拿大汽车制造商原本应根据最惠国税率缴纳进口关税。换言之，争议所涉措施的实施导致加拿大政府放弃了"其他情形下本应"征收的税收。因此，加拿大为进口机动车辆提供的进口关税豁免构成"政府放弃本应征收的税收"。[①]

然而，该案上诉机构的推理融合了"若非检测法"的逻辑，似乎表明判断"政府放弃本应征收的税收"的"若非检测法"与"可比收入税收待遇比较法"的使用之间存在一定的联系。

四、"若非检测法"与"可比收入税收待遇比较法"没有顺序与优劣之别

WTO 争端解决实践表明，"若非检测法"与"可比收入税收待

---

① See Canada Certain Measures Affecting the Automotive Industry（Complainant: Japan），WT/DS139/AB/R, 31 May 2000, para.91.

遇比较法"没有使用顺序与优劣之别。① 具体使用哪种方法，应视具体案件的具体情形而定。

就"若非检测法"与"可比收入税收待遇比较法"的使用顺序而言，虽然"欧共体诉美国外销公司税收待遇案"专家组与上诉机构均未明确提及，但"美国波音公司补贴案"专家组却特别指出，在无法辨别一般课税规则及其例外的情形下，应比较争议所涉措施收入的税收待遇与"合法可比收入的税收待遇"，② 似乎表达了优先使用"若非检测法"的倾向。

需要指出的是，美国曾在"美国波音公司补贴案"中主张，专家组将"若非检测法"提升到一般规则的地位，是对 SCM 协定第 1.1 条（a）（1）（ii）的误解，进而强调"若非检测法"仅使用于特定、有限的情形。③ 面对美国的这一观点，"美国波音公司补贴案"上诉机构特别指出："专家组称可以使用'若非检测法'，表明其意识到一般规则的识别并不总是导致仅仅使用该方法……我们并不认为专家组的方法不符合 SCM 协定第 1.1 条（a）（1）（ii）。"④ 据此，本案上诉机构一方面否定了美国关于优先使用"可比收入税收待遇比较法"的主张；另一方面则建议，即使对调查所涉经济体内税收体制

① See United States Measures Affecting Trade in Large Civil Aircraft-Second Complaint (Complainant: European Communities), WT/DS353/AB/R, 12 March 2012, para.894.

② See United States Measures Affecting Trade in Large Civil Aircraft-Second Complaint (Complainant: European Communities), WT/DS353/R, 31 March 2011, para.7.120.

③ See United States Measures Affecting Trade in Large Civil Aircraft-Second Complaint (Complainant: European Communities), WT/DS353/AB/R, 12 March 2012, para.895.

④ See United States Measures Affecting Trade in Large Civil Aircraft-Second Complaint (Complainant: European Communities), WT/DS353/AB/R, 12 March 2012, para.897.

的审查表明存在一般税收规则及其例外从而使得"若非检测法"的使用成为可能，该方法也不应成为最后的分析，专家组仍应进一步审查争议所涉经济体内税收体制的结构与组织原则。①

由此可知，WTO 争端解决机构无意就这两种方法的优劣进行评判。这两种方法之间的关系，也并非非此即彼的二元选择。具体使用哪种方法，应视具体案件的具体情形而定。而无论采用哪种方法，政府是否放弃了"其他情形下本应"征收的税收的判断，都必须以"确定的、规范性的基准"作为比较基准。因此，SCM 协定第1.1条（a）（1）（ii）意义上的财政资助，不会仅仅因为政府没有增加其原本能够增加的收入而产生。换言之，从财政资助的角度而言，仅仅税收没有支付的事实对于该税收是否构成"政府放弃本应征收的税收"并不具有决定性。②

然而，问题在于，"确定的、规范性的基准"依赖于每一个WTO 成员自行选择并创设的税收规则。理论上，政府可以对所有的收入课税，并制定任何在其看来适合本国国情的税收体制。无疑，不同的税收体制或税则设计在识别"确定的、规范性的基准"时有着不同的意义。如果对某一税种设置了统一的税率，则可认为存在一般课税规则，任何减免均构成对该一般课税规则的例外。因此可以使用"若非检测法"判断政府是否放弃了本应征收的税收。

---

① See United States Measures Affecting Trade in Large Civil Aircraft-Second Complaint（Complainant: European Communities）, WT/DS353/AB/R, 12 March 2012, para.894.

② See United States Tax Treatment for Foreign Sales Corporations-Recourse to Article 21.5 of the DSU by the European Communities, WT/DS108/AB/RW, 14 January 2002, para.88.

但是，倘若如"美国波音公司补贴案"所涉美国华盛顿州对不同产业规定不同的差别税率，这些不同的差别税率究竟应被视为一般税收规则的例外，还是仅仅体现了不同经济活动的不同征税范围和税收分类似乎并不明确。由于多重税率制在消费税和营业税的情形下实属常态，似乎税收规则的设计技巧成为了判断争议所涉税收措施是否构成财政资助的关键。

　　但应注意的是，尽管存在上述不合理之处，SCM 协定仍然承认 WTO 成员拥有决定各自税收体制结构和税率的主权权力。但同时，SCM 协定也承认一国的税收体制可被其用来获得相当于政府提供直接支付效果的工具，因此 SCM 协定将"政府放弃本应征收的税收"纳入财政资助的范围具有一定的合理性。相应地，WTO 成员由此承担了避免利用税收措施扭曲国际贸易的义务。因此，任何试图在 WTO 成员所享有的国家经济主权和 SCM 协定下所承担的国际义务之间达致平衡的努力，都要求无论是识别"若非检测法"中的一般税收规则及其例外，还是确定"可比收入税收待遇比较法"中的"确定的、规范性的基准"，都应谨慎审查调查所涉成员税收体制的组织结构和原则。

　　需要说明的是，在 WTO 框架下审查主权国家税收体制的组织结构和组织原则，并非旨在评判调查所涉成员的税收体制本身，而在于为判断争议所涉措施是否构成财政资助提供背景性指示，因此不会侵犯被调查成员的税收主权。当然，这个方法无法克服国家主权与国际义务相冲突的矛盾。而这一矛盾的根源，或可归于 SCM 协定第 1.1 条（a）（1）（ii）设置的"政府放弃本应征收的税收"规则本身。因为识别该项财政资助需要比较的争议所涉措施与"确定的、规范性的基准"都源自调查所涉成员政府自己确立的税收规则。所以，任何试图避免这二者冲突的努力可能都是徒劳的。

第三节 "政府提供货物"的法律含义与判断标准

SCM 协定第 1.1 条（a）（1）（iii）关注两类明显不同的交易。一类是政府提供除"一般基础设施"之外的货物或服务，另一类是政府购买货物。① 基于政府购买货物的争议较小，本节主要探讨政府"提供货物"的法律含义与判断标准。同时，由于政府提供"一般基础设施"构成财政资助的唯一例外，本章单列一节对"一般基础设施"的法律含义与判断标准进行专门探讨。

一、政府"提供"关注交易结果而非交易形式

根据 SCM 协定第 1.1 条（a）（1）（iii）的规定，当一项货物没有被政府"提供"时，不存在 SCM 协定意义上的财政资助。② 此处

---

① See United States Final Countervailing Duty Determination with Respect to Certain Soft-wood Lumber from Canada（Complainant: Canada），WT/DS257/AB/R, 19 January 2004, para.53.

② See European Communities and Certain Member States Measures Affecting Trade in Large Civil Aircraft（Complainant: United States），WT/DS316/AB/R, 18 May 2011, para.964.

的政府"提供"，关注的是交易结果而非交易形式。

政府提供货物所涉"提供"，是指政府行为只要使接受者能够使用或得到货物，还是政府行为必须直接地使接受者获得了货物呢？前一种观点意味着只要存在政府"提供"货物的行为就可以认定财政资助，至于政府行为是直接还是间接地导致接受者能够使用或获得货物，乃至接受者最终是否真正获得了货物，均在所不问。而后一种观点则强调，"提供"不仅要求具备政府提供货物的行为，还要求接受者实际上使用或享有了货物，并且二者之间存在合理的直接关联。

关于"提供"的上述争议，主要出现在"加拿大某些软木产品反补贴税调查仲裁案"中。在该案中，加拿大政府通过颁发伐木许可证的方式，授予伐木者在政府公有林地上砍伐立木的权利。被砍伐的原木被加工成软木出口至美国，美国遂对加拿大软木征收反补贴税。加拿大抗辩称，加拿大政府与伐木者签订的立木协定向后者提供的是伐木权而非软木，因此美国不能对加拿大软木征收反补贴税。然而，美国认为，"提供"这一词语指的是"供应或提供使用，使可用或得到"，因此无须考虑加拿大省级政府是提供了木材还是通过颁发伐木许可证的方式使得砍伐者获得了木材，接受者均获得了相当于 SCM 协定第 1.1 条（a）（1）（iii）规定的货物。[1]

---

[1]　See Issues and Decision Memorandum: Final Results of the Countervailing Duty Investi-gation of Certain Softwood Lumber Products from Canada, 67 Federal Register, 15545, 2 April 2002.

　　加拿大将美国的上述裁决诉至 WTO 争端解决机构。"加拿大诉美国软木案"上诉机构在查阅了"提供"的字典含义后认为，尽管政府必须对被"提供"的货物的可得性具有一定的控制，但加拿大所主张的政府行为与"提供"这一概念仍然相距甚远。[①] 换言之，加拿大的立木协定向任期持有者提供了进入政府林地并砍伐立木的权利，同时享有对这些砍倒的木材的所有权。通过授予砍伐立木的权利，加拿大各省级政府将特定立木置于木材砍伐者的处置之下，并且允许后者排他性地使用这些资源。因此，加拿大的立木协定表明加拿大各省级政府"提供"了木材。

　　质言之，判断 SCM 协定第 1.1 条（a）（1）（iii）意义上的政府"提供货物"，应关注交易的结果——伐倒木是砍伐者行使砍伐权利所产生的自然、不可避免的结果，即提供木材是立木协定试图实现的最终目标。正是通过授予砍伐立木的权利，加拿大各省级政府向木材砍伐者提供了立木。[②] "加拿大诉美国软木案"上诉机构的裁决表明，"提供"的界定并不依赖创设货物或服务的政府行为。换言之，政府"提供"货物或服务的行为，并不必然引发政府"提供"货物或服务的结果。那么，在评估被"提供"的内容时，政府的此类行为在什么条件下应予以排除呢？

[①] See United States Final Countervailing Duty Determination with Respect to Certain Softwood Lumber from Canada（Complainant: Canada），WT/DS257/AB/R, 19 January 2004, paras.69–74.

[②] See United States Final Countervailing Duty Determination with Respect to Certain Softwood Lumber from Canada（Complainant: Canada），WT/DS257/AB/R, 19 January 2004, para.75.

"欧共体空客公司补贴案"上诉机构以政府提供基础设施为例指出，"提供"的通常含义需要考虑政府在供给基础设施时所涉及的内容。① 换言之，政府建造基础设施是其"提供"基础设施的前提条件，并且因此必然"提供"了基础设施。因此，SCM 协定第 1.1 条（a）（1）（iii）使用"提供"这一词语，并不必然排除基础设施的建造对于正确界定"提供"内容的相关性。② 据此，尽管政府"提供"货物或服务的行为并不必然意味着存在政府"提供"，但却有助于界定政府"提供"的内容。

综上，SCM 协定第 1.1 条（a）（1）（iii）意义上的"提供"，指政府使得接受者获得或享有某种东西的一般行为，与该行为是直接还是间接地使接受者获得了争议所涉货物无关。换言之，交易的形式仅与"提供"内容的正确界定相关，而与"提供"本身界定相关的则是交易的结果。

二、"货物"不限于有形动产

通常而言，"货物"似乎仅指有形的动产。然而，WTO 争端解决机构却作出了"权利"也可能构成"货物"的裁决，借此扩大了"货物"的范围。

---

① See European Communities and Certain Member States Measures Affecting Trade in Large Civil Aircraft（Complainant: United States），WT/DS316/AB/R, 18 May 2011, para.963.

② See European Communities and Certain Member States Measures Affecting Trade in Large Civil Aircraft（Complainant: United States），WT/DS316/AB/R, 18 May 2011, para.965.

(一)"货物"包括无形的"权利"

"权利"可以构成"货物"的实践,表明"政府提供货物"中的"货物"包括无形的"权利"。"权利"可以构成"货物"的实践主要出现于"加拿大诉美国软木案"。

"加拿大诉美国软木案"专家组在查阅"货物"字典定义的基础上认为:虽然接受者获得的是砍伐木材的权利,但是行使砍伐权的结果——木材,却属于 SCM 协定第 1.1 条(a)(1)(iii)意义上的"货物"。① 考虑到字典定义在揭示一个术语的通常含义时无法克服的弊端,即 WTO 不同文本中所使用的同一术语的含义极易受到文本范围的影响②,"加拿大诉美国软木案"上诉机构考察了 SCM 协定的不同版本解释了"货物"的含义。详言之,法语版本的 SCM 协定提及"货物"使用的单词是"biens",西班牙语版本的 SCM 协定使用的是"bienes(货物的复数形式)",复数形式的使用表明"货物"的通常含义包括不动产在内的、宽泛意义上的财产。根据《维也纳条约法公约》第 33.3 条规定的条约解释的习惯规则,以不止一种语言认证的条款应被假定在每一种文本中都具有相同的含义。

---

① See United States Final Countervailing Duty Determination with Respect to Certain Softwood Lumber from Canada(Complainant: Canada),WT/DS257/R, 29 August 2003, para.7.23.

② See Canada Measures Affecting the Export of Civilian Aircraft(Complainant: Brazil),WT/DS70/AB/R, 2 August 1999, para.153. See also European Communities Measures Affecting Asbestos And Asbestos-Containing Products(Complainant: Canada),WT/DS135/AB/R, 12 March 2001, para.92.

因此，SCM 协定第 1.1 条（a）（1）（iii）的英文文本中"货物"的通常含义，不应被解读为不包括类似于与土地隔离的树木等有形的财产。①

可见，"加拿大诉美国软木案"上诉机构对"货物"所作的解释，较之于该案专家组更为宽泛。尤其是，除了从正面对"货物"作出解释之外，其还从反面强调对"货物"进行限制性解释会破坏 SCM 协定的目标和目的。②WTO 争端解决机构在"加拿大诉美国软木案"中创设了"权利"可以构成"货物"的先例。确切地讲，是"权利的对象"构成了 SCM 协定第 1.1 条（a）（1）（iii）意义上的"货物"。"货物"包括"权利"，既是对"货物"这一概念通常覆盖范围的突破，又大大扩张了反补贴的使用范围。可能是为了遏制这一扩张趋势，WTO 争端解决机构在后续的实践中对"权利"构成"货物"的解释进行了较为严格的限制。

（二）"权利"构成"货物"仅限于权利对象明确的情形

WTO 争端解决机构在"美国波音公司补贴案"中，将"权利"构成"货物"局限于权利对象明确的特定情形。

详言之，欧共体援引"加拿大诉美国软木案"上诉机构关于"权

---

① See United States Final Countervailing Duty Determination with Respect to Certain Soft-wood Lumber from Canada（Complainant: Canada）, WT/DS257/AB/R, 19 January 2004, paras.58–59.

② See United States Final Countervailing Duty Determination with Respect to Certain Soft-wood Lumber from Canada（Complainant: Canada）, WT/DS257/AB/R, 19 January 2004, para.64.

利"构成"货物"的裁决，在"美国波音公司补贴案"中诉称美国华盛顿州的道路改进与艾佛雷特市的港口改进向波音公司提供了改进规格的协商或咨询权①，此类权利构成 SCM 协定第 1.1 条（a）（1）（iii）意义上的"货物"②。然而，美国抗辩称，欧共体的申诉没有任何价值，因为其没有解释协商或咨询权如何构成了"货物"。③面对美国和欧共体的争议，该案专家组认为，欧共体并没有证明争议所涉道路和港口改进规格的协商或咨询权如何向波音公司提供了 SCM 协定第 1.1 条（a）（1）（iii）意义上的"货物"。由于权利的结果，即向波音公司提供了什么"货物"并不清楚，专家组最终否定了欧共体的主张。④

由此，"加拿大诉美国软木案"专家组和上诉机构关于"权利"构成"货物"的裁决，似乎并不足以支持下述一般命题：只要政府授予一个特定接受者任何类型的权利，此类"权利"就必然构成"货物"。本质上，是权利的对象解释了为什么"权利"的授予意味着"货物"的提供。如果"权利"所指向的对象并不明确，似乎不能作出"权利"构成"货物"的结论。

---

① See United States Measures Affecting Trade in Large Civil Aircraft-Second Complaint（Complainant: European Communities），WT/DS353/R, 31 March 2011, para.7.446.

② See United States Measures Affecting Trade in Large Civil Aircraft-Second Complaint（Complainant: European Communities），WT/DS353/R, 31 March 2011, paras.7.386–7.388.

③ See United State Measures Affecting Trade in Large Civil Aircraft-Second Complaint（Complainant: European Communities），WT/DS353/R, 31 March 2011, para.7.410.

④ See United States Measures Affecting Trade in Large Civil Aircraft-Second Complaint（Complainant: European Communities），WT/DS353/R, 31 March 2011, para.7.460.

需要指出的是，"加拿大诉美国软木案"是 WTO 争端解决机构迄今作出的唯一一起认为"权利"构成"货物"的案件。基于 SCM 协定旨在实现补贴使用方与反补贴使用方之间权利与义务的平衡，WTO 争端解决机构的谨慎值得赞许。

第四节　"一般基础设施"的法律含义和判断标准

SCM 协定第 1.1 条（a）（1）（iii）明确规定，"一般基础设施"不构成财政资助从而可被豁免采取反措施[①]，但却并未对"一般基础设施"的界定及判断作出任何说明。因此，本节专门探讨"一般基础设施"的法律含义与判断标准。

一、WTO 争端解决机构判断"一般基础设施"的实践

SCM 协定在规制政府向基础设施提供的补贴时，没有使用基础设施这一词语，而是特别创设了"一般基础设施"的概念。如何理解"一般基础设施"的法律含义，已经成为 WTO 争端的焦点之一。

---

① See United States Final Countervailing Duty Determination with Respect to Certain Softwood Lumber from Canada（Complainant: Canada），WT/DS257/AB/R, 19 January 2004, para.60.

（一）"欧共体空客公司补贴案"所涉"一般基础设施"的争议

"欧共体空客公司补贴案"是 WTO 争端解决机构首次就"一般基础设施"作出法律解释的案件。

在该案中，美国与欧共体对德国汉堡市的米尔博格湖改造、不来梅市的机场跑道拓展和法国图卢兹市的航空群选址及进入道路是否构成"一般基础设施"产生了激烈的争议。该案专家组依据《维也纳条约法公约》第 31.1 条的文义解释法，在分别查明"基础设施"和"一般"的字典定义后认为："'一般基础设施'指不是为了仅仅一个实体或有限一组实体的利益，而是对于所有或几乎所有实体都可以使用的基础设施。"① 由此，本案专家组根据基础设施的使用是否存在准入限制，指出了"一般基础设施"的特征，并特别强调此类限制既包括法律上的限制，又包括事实上的限制。②

通常而言，向社会公众提供"一般"性质的基础设施，被视为政府承担公共职责的一部分，是政府促进经济、社会和文化发展的重要工具之一。但无论如何，这并不排除政府将基础设施视为向特定接受者提供利益的工具。"欧共体空客公司补贴案"专家组强调"一般基础设施"指"不是为了仅仅一个实体或有限一组实体的利

---

① See European Communities and Certain Member States Measures Affecting Trade in Large Civil Aircraft（Complainant: United States），WT/DS316/R, 30 June 2010, para.7.1036.

② See European Communities and Certain Member States Measures Affecting Trade in Large Civil Aircraft（Complainant: United States），WT/DS316/R, 30 June 2010, para.7.1037.

益"而提供的基础设施，凸显了政府提供基础设施可能扭曲资源配置从而应受 SCM 协定规制的必要性。① 值得关注的是，在澄清"一般基础设施"的特征后，本案专家组直截了当地指出："抽象地界定'一般基础设施'即便不是不可能，也将非常困难。"② 考虑到即使经济学界也尚未就基础设施的概念达成共识，本案专家组的谨慎值得肯定。

此外，值得关注的是，SCM 协定第 1.1 条（a）（1）（i）和（ii）都通过枚举示例的方式，阐明了特定类型的财政资助的含义。比如，SCM 协定第 1.1 条（a）（1）（i）通过提及"赠款、贷款和股本投资"说明了"资金直接转移"的含义，通过提及"贷款担保"说明了"潜在的资金或债务直接转移"的含义；SCM 协定第 1.1 条（a）（1）（ii）通过提及"税收抵免"阐明了"政府放弃本应征收的税收"的含义。但是，SCM 协定第 1.1 条（a）（1）（iii）在规定"一般基础设施"时，却没有枚举任何具体的示例说明"一般基础设施"与"非一般基础设施"之间的区别。这一异乎寻常的举动似乎表明，SCM 协定的起草者也认为"一般基础设施"是一个非常抽象的概念，以至于无法用具体的示例予以说明。

由于"一般基础设施"的法律含义模糊不清，世界主要经济体不可避免地对如何判断"一般基础设施"存有分歧。美国认为，"普

---

① See Canada Measures Affecting the Export of Civilian Aircraft（Complainant: Brazil），WT/DS70/R, 2 August 1999, para.9.119.

② See European Communities and Certain Member States Measures Affecting Trade in Large Civil Aircraft（Complainant: United States），WT/DS316/R, 30 June 2010, para.7.1036.

遍使用"是判断"一般基础设施"的决定性因素①；而欧共体认为除"普遍使用"之外，还应考虑经济与社会发展目的和公共政策目标②。面对美国和欧共体的争议，"欧共体空客公司补贴案"专家组认为，SCM 协定第 1.1 条（a）（1）（iii）的文本规定不支持美国的标准③；而欧共体所称的"经济与社会发展目的和公共政策目标"是政府提供任何基础设施均会考虑的因素④，因而并非判断"一般基础设施"的适当标准。

在强调"不存在固有的、本身具备一般性质的基础设施"之后，该案专家组指出了基础设施准入限制之外的其他考虑因素，比如政府提供基础设施的条件和情形、基础设施的类型、使用基础设施的受益者以及相关法律制度，包括使用基础设施的限制和（或）进入基础设施的条款和条件。⑤ 在综合考虑上述因素的情形下，"欧共

---

① See European Communities and Certain Member States Measures Affecting Trade in Large Civil Aircraft（Complainant: United States）, WT/DS316/R, 30 June 2010, para.7.1015.

② See European Communities and Certain Member States Measures Affecting Trade in Large Civil Aircraft（Complainant: United States）, WT/DS316/R, 30 June 2010, para.7.1016.

③ See European Communities and Certain Member States Measures Affecting Trade in Large Civil Aircraft（Complainant: United States）, WT/DS316/R, 30 June 2010, para.7.1037.

④ See European Communities and Certain Member States Measures Affecting Trade in Large Civil Aircraft（Complainant: United States）, WT/DS316/R, 30 June 2010, para.7.1038.

⑤ See European Communities and Certain Member States Measures Affecting Trade in Large Civil Aircraft（Complainant: United States）, WT/DS316/R, 30 June 2010, para.7.1039.

体空客公司补贴案"专家组作出以下裁决：德国汉堡市米尔博格湖改造和图卢兹市飞机场建设均是为空客公司量身定做的①，不来梅市机场跑道拓展特别旨在满足空客公司的需要并且法律赋予其独占使用权②，因此，上述基础设施均不构成"一般基础设施"；图卢兹市飞机场进入道路的使用没有受到任何限制，因此构成"一般基础设施"③。

　　通常而言，一项根据同等条件向所有社会公众开放使用的基础设施不会改变任何使用者的市场竞争条件。因此，"普遍使用"实际上指出了基础设施作为公共物品供社会全体成员共同使用的本质。正是在此意义上，欧共体和美国均不反对"普遍使用"对于判断"一般基础设施"的相关性。但是，如果仅仅根据"普遍使用"判断"一般基础设施"，则可能忽略基础设施本身的特殊性。就此而言，"欧共体空客公司补贴案"专家组关于"普遍使用"之外其他因素的说明，尽管可以为判断"一般基础设施"提供有益的指引，但却并未深入探究"一般基础设施"的公共物品属性。

①　See European Communities and Certain Member State Measures Affecting Trade in Large Civil Aircraft（Complainant: United States），WT/DS316/R, 30 June 2010, pa-ras.7.1073–7.1084, 7.1177–7.1179.

②　See European Communities and Certain Member States Measures Affecting Trade in Large Civil Aircraft（Complainant: United States），WT/DS316/R, 30 June 2010, pa-ras.7.1113–7.1121.

③　See European Communities and Certain Member States Measures Affecting Trade in Large Civil Aircraft（Complainant: United States），WT/DS316/R, 30 June 2010, pa-ras.7.1194–7.1196.

（二）"美国波音公司补贴案"所涉"一般基础设施"的争议

继"欧共体空客公司补贴案"之后，美国和欧共体再次在"美国波音公司补贴案"中就如何界定"一般基础设施"展开了激烈的争论。

欧共体在该案中诉称，美国艾佛雷特市波音公司周围的道路改进与艾佛雷特市港口铁路驳船转运设施能力提升项目，均旨在提升波音公司接收 787 飞机零部件大型集装箱交货并将这些零部件运往波音 787 飞机组装地的便利性，因此不构成"一般基础设施"。① 在欧共体看来，"一般基础设施"的含义应在 SCM 协定的条款措辞、目标及目的基础上进行解释；尤其是，SCM 协定的谈判历史表明基础设施是否能为一般公众有效使用，对于其是否构成"一般基础设施"并不具有决定性。②

然而，美国抗辩称，根据"一般"与"基础设施"的通常含义，SCM 协定中的"一般基础设施"意味着设施和服务能被相关地区所有或几乎所有公众普遍获得。在美国看来，SCM 协定对基础设施补贴的规制，关注的是基础设施是否是"一般基础设施"，而不是基础设施是否以特定目的为动机。美国尤其强调 SCM 协定的措辞、谈判历史及目标与目的均不支持欧共体的观点，即在基础设施

---

① See United States Measures Affecting Trade in Large Civil Aircraft-Second Complaint（Complainant: European Communities），WT/DS353/R, 31 March 2011, paras.7.360,7.370–7.371.

② See United State Measures Affecting Trade in Large Civil Aircraftt-Second Complaint（Complainant: European Communities），WT/DS353/R, 31 March 2011, para.7.372.

对于多数公众可以使用并获得时仍然不构成"一般基础设施"。①

面对美国和欧共体的上述争议，"美国波音公司补贴案"专家组认为，欧共体没有证明艾佛雷特市道路改进项目是特别为了波音公司的利益而设计的②，也就没有证明其不构成 SCM 协定第 1.1 条 (a)（1）（iii）意义上的"一般基础设施"③；此外，波音公司享有艾佛雷特市铁路驳船转运设施的优先使用权④，因此该设施不构成"一般基础设施"⑤。本质上，与"欧共体空客公司补贴案"专家组相同，"美国波音公司补贴案"专家组也是着眼于基础设施使用或准入的非歧视性来判断"一般基础设施"。

WTO 争端解决机构关注基础设施在使用或准入层面的非歧视性，实际上是基础设施公共物品属性的具体体现。在经济学界已就基础设施的公共物品属性达成共识的情形下，"一般基础设施"的判断可在公共物品理论基础上探究政府行为是否以及如何限制了基础设施的使用。基于美国和欧共体是"一般基础设施"的主要争端方，并且均已对基础设施补贴采取了反措施，因此 SCM 协定所涉"一般基础设施"的判断尚需考察美国和欧共体的域内实践。

---

① See United States Measures Affecting Trade in Large Civil Aircraftt-Second Complaint （Complainant: European Communities）, WT/DS353/R, 31 March 2011, para.7.395.

② See United States Measures Affecting Trade in Large Civil Aircraftt-Second Complaint （Complainant: European Communities）, WT/DS353/R, 31 March 2011, para.7.431.

③ See United States Measures Affecting Trade in Large Civil Aircraftt-Second Complaint （Complainant: European Communities）, WT/DS353/R, 31 March 2011, para.7.456.

④ See United States Measures Affecting Trade in Large Civil Aircraftt-Second Complaint （Complainant: European Communities）, WT/DS353/R, 31 March 2011, para.7.465.

⑤ See United States Measures Affecting Trade in Large Civil Aircraftt-Second Complaint （Complainant: European Communities）, WT/DS353/R, 31 March 2011, para.7.467.

二、美国界定"一般基础设施"的"普遍使用"标准及缺陷

美国在多年的国内实践中逐渐形成了判断"一般基础设施"的"普遍使用"标准。虽然这一标准以基础设施的公共物品属性为基础具有一定的合理性,但同时也存在与 SCM 协定中的专向性标准相混同的缺陷。

(一)美国判断"一般基础设施"的"普遍使用"标准

美国判断"一般基础设施"的"普遍使用"标准,是国内专向性标准的翻版,因此极易与 SCM 协定中的专向性判断相混同。

第一,美国"普遍使用"标准是国内专向性标准的翻版。美国对基础设施补贴采取反措施的最早实践,可追溯至 1984 年"特立尼达和多巴哥碳钢盘条反补贴案"。美国商务部在该案中认为:"调查所涉航海站的建造主要是为了满足特立尼达和多巴哥钢铁公司的需要。因此,政府相关措施具有专向性并可被采取反补贴措施。"①需要说明的是,该案调查之时恰逢美国商务部主张以专向性标准判断国内补贴可否被采取反措施之时。② 由于专向性这一概念能够表达基础设施作为公共物品旨在使整个社会使用或获益的涵义,所以美国商务部在该案中创造性地提出了以专向性标准来判断基础设施补贴可否被采取反措施的初步思路。

---

① See Carbon Steel Wire Rod from Trinidad and Tobago,49 Federal Register, 480,482, 1984.

② See Certain Steel Products from Belgium, 47 Federal Register, 39328, 1982.

专向性作为判断基础设施补贴可否被采取反措施标准的正式确立，是1986年"沙特阿拉伯碳钢盘条反补贴案"①。在该案中，美国商务部提出了基础设施补贴可否被采取反措施的三大累积性要素：（1）政府不限制迁入基础设施所在区域的资格；（2）基础设施在事实上被不止一个或一组企业或产业使用；（3）位于该区域内的企业或产业根据中立和客观标准能够平等地获得基础设施带来的利益。在同期对"马来西亚纺织品和纺织厂产品案"②、"波兰液压硅酸盐水泥和水泥熟料反补贴案"③、"泰国大米反补贴案"④及"加拿大大西洋底栖息鱼类反补贴案"⑤中，美国商务部均使用这一标准，并在1989年修订《反补贴最终条例》时将这一行政实践上升为了法律规则⑥。

专向性作为判断基础设施补贴可否被采取反措施标准的进一步完善，是1993年"韩国钢铁产品反补贴案"。美国商务部在该案中认为，判断韩国政府向韩国浦项钢铁公司提供的"光阳海湾工业园"可否被采取反措施，应关注该工业园是否存在准入限制。虽然韩国极力主张韩国所有产业和企业都有资格进入韩国任一工业园，但美

---

① See Carbon Steel Wire Rod from Saudi Arabia,51 Federal Register, 4206, 4210, 1986.

② See Certain Textiles and Textile Mill Product from Malaysia, 50 Federal Register, 9852, 1986.

③ See Portland Hydraulic Cement and Cement Clinker from Mexico,51 Federal Register, 44500, 1986.

④ See Rice from Thailand, 51 Federal Register. 12356, 12360,1986.

⑤ See Certain Fresh Atlantic Ground-fish from Canada, 51 Federal Register, 10041, 10053, 10062,10065, 10067–68, 1986.

⑥ See Countervailing Duties: Final Rule, 63 Federal Register, 65348, 1989.

国商务部仍然作出了否定性裁决。美国商务部作出这一裁决的理由
包括：（1）基础设施补贴不会自动取得不可被采取反措施的资格；
（2）基础设施补贴可否被采取反措施的关键在于其能否使整个社会
获益；（3）判断基础设施能否使整个社会获益的方法是进行专向性
检测。① 美国商务部在该案中确立的规则至今仍完整地体现在国际
贸易运营处第 19 号《联邦纪事汇编》第 351 部分关于反补贴税规
则的序言中。②

第二，美国克制使用"普遍使用"标准。WTO 成立后，由于
SCM 协定吸纳美国的专向性概念作为可诉性补贴的构成要素，美
国不能再使用这一标准来判断基础设施补贴可否被采取反措施。因
此，从上个世纪末开始，美国对基础设施补贴采取反补贴措施渐趋
克制的同时，通过扩大解释"货物"概念的方式对基础设施补贴予
以规制，如 1999 年"加拿大活牛反补贴案"③、2001 年"泰国热轧
钢反补贴案"④、2003 年"韩国动态随机存储器反补贴案"⑤及 2007 年

---

① See Final Affirmative Countervailing Duty Determinations and Final Negative Critical Circumstances Determinations:Certain Steel Products from Korea,58 Federal Register,37346,37347, 1993.

② 参见中华人民共和国对外贸易经济合作部编：《世界贸易组织成员补贴措施选编》，中国对外经济贸易出版社 2002 年版，第 307 页。

③ See Final Negative Countervailing Duty Determination:Live Cattle from Canada, 64 Federal Register, 57040，57045,1999.

④ See Issues and Decision Memorandum for the Anti-dumping Investigation of Certain Hot-Rolled Carbon Steel Flat Products from Thailand, 66 Federal Register, 49622, 28 September 2001.

⑤ See Issues and Decision Memorandum for the Final Determination in the Countervailing Duty Investigation of Dynamic Random Access Memory Semiconductors from the Republic of Korea,68 Federal Register, 37122, 23 June 2003.

"中国新充气工程轮胎反补贴案"①。而在 2010 年"欧共体空客公司补贴案"中，美国创造性地提出了"普遍使用"标准。② 然而，唯一地依赖"普遍使用"，美国的新方法仍然无法与之前的专向性判断相区别。

（二）美国"普遍使用"标准极易与 SCM 协定中的专向性判断相混同

美国判断"一般基础设施"的"普遍使用"标准，本质上是 SCM 协定中专向性判断的翻版，因此不可避免地带有一定的弊端。

SCM 协定中的专向性旨在探究补贴是被提供给特定的企业或产业，还是可被全社会普遍获得。原则上，仅仅那些可被特定企业或产业获得的补贴才可能改变市场竞争条件从而应予谴责或否定，而那些可被全社会普遍获得的补贴并不会改变市场竞争条件，所以无需受到 SCM 协定的约束。正是在此意义上，专向性概念契合了"一般基础设施"应向社会公众开放的共识。但是，在 1995 年 SCM 协定生效之后，财政资助和专向性已成为补贴概念中两个彼此独立，但又前后相继的法律要素。因此，基础设施是否构成财政资助的判断，不同于基础设施是否具有专向性的判断。倘若用专向性标准来判断基础设施补贴是否构成财政资助，不可避免地产生以

---

① See Issues and Decision Memorandum for the Final Affirmative Countervailing Duty Determination: Certain New Pneumatic Off-the-Road Tires from the People's Republic of China,7 July 2008.

② See European Communities and Certain Member States Measures Affecting Trade in Large Civil Aircraft（Complainant: United States），WT/DS316/R,30 June 2010, para.7.1015.

下弊端：

第一，采用专向性标准将导致分析上的冗余与体系上的失衡，并且着眼于基础设施在法律上或事实上是否仅仅能被特定企业或产业使用，"一般基础设施"的识别将不可避免地承继专向性判断固有的模糊性与不确定性。

第二，采用专向性标准识别"一般基础设施"，将与 SCM 协定第 2.2 条规定的地区专向性相悖。地区专向性的概念表明，授予机关向管辖范围内指定地理区域内的企业或产业提供的补贴具有专向性。但是，基础设施的提供具有固定的地域性。使用专向性标准识别"一般基础设施"，意味着只要补贴提供经济体没有平等地发展该经济体内的每一寸土地，争议所涉政府措施都会被认定具有专向性，进而都可能被采取反措施。

第三，采用专向性标准判断"一般基础设施"，可能导致裁决的随意与不公。详言之，基础设施的第一个使用者是补贴利益的获得者，那第五个使用者呢？在其他使用者开始使用基础设施时，最初的补贴水平会下降吗？多少个企业或产业使用基础设施可被视为"一般基础设施"？在基础设施为满足特定使用者需求而建的情形下，直到大量企业或产业使用该基础设施之前，是否构成"一般基础设施"？① 尤其是，基础设施的固有特征决定了某些类型的基础设施不可能被全社会公众共同使用。因此，使用专向性标准识别

① See John A. Ragosta, Howard M. Shanker, "Specificity of Subsidy Benefits in U.S. Department of Commerce Countervailing Duty Determinations", *Law and Policy in International Business*, 1994.

"一般基础设施"极有可能带来裁决的随意与不公。

正是由于美国"普遍使用"标准存在缺陷，欧共体在"美国波音公司补贴案"中对美国的"普遍使用"标准提出了质疑，而"欧共体空客公司补贴案"专家组最终也对美国"普遍使用"标准持否定态度。

三、欧共体判断"一般基础设施"的"优势"标准及其缺陷

欧共体判断"一般基础设施"的"优势"标准，本质上是SCM 协定中利益标准的翻版，因此极易与 SCM 协定中的利益判断相冲突。

（一）欧共体判断"一般基础设施"的"优势"标准

欧共体将"一般基础设施"视为"不会授予特定企业优势"的基础设施，并且随着基础设施生产与提供的分离，将"一般基础设施"的识别拓展至基础设施的生产和运营层面。[①] 因此，欧共体意义上的"一般基础设施"指既不能授予基础设施使用者优势，又不能授予基础设施生产者和（或）运营者优势，更不能授予基础设施生产者和（或）运营者的股东优势。实践中，欧共体遵循差异化原则在不同层面识别"一般基础设施"。

---

① See Christian Koenig, Keifer Susanne,"Public Funding of Infrastructure Projects under EC-Sate Aid Law", *European State Aid Law Quarterly*,2005.

第一，在使用者层面使用公开使用原则识别"一般基础设施"。如果基础设施以平等条件对于所有使用者都可获得，即为"一般基础设施"。① 欧共体委员会在"法国佛兰德港口案"②、"波兰罗兹市机场设施建设案"③、"爱尔兰地区机场案"④、"爱尔兰德里机场案"⑤及大量道路基础设施案⑥中，认定基础设施构成"一般基础设施"。此外，在"英国威尔士商业基础设施开发案"⑦、"荷兰鹿特丹到德国鲁尔丙烯管道案"⑧、"巴伐利亚州乙烯管道案"⑨及"雅典国际机场航空燃料管道案"⑩中，欧共体委员会以调查所涉基础设施不符合公开使用原则为由，均否定其构成"一般基础设施"。

第二，在所有者和（或）运营者层面根据不同情形使用不同原则识别"一般基础设施"。由于基础设施投资成本高、回收期限长、

---

① See Christian Koenig, Andreas Haratsch,"The Logic of Infrastructure Funding under EC State Aid Control", *European State Aid Law Quarterly*,2004.

② See Commission Decisions N520/2003 on Financial Support for Infrastructure Works in Flemish Potts.

③ See Commission Decision N741/2006 on Aid for Infrastructure Construction and Purchase of Equipment forth Airport in Lodz.

④ See Commission Decision N353/2006 on Irish Regional Airport.

⑤ See Commission Decision N21/2006 on the City of Derry Airport.

⑥ See Commission Decisions N4-5/2008 Eiefsina Korinthos Patras Pirgos Tsakona Motorway. See also Commission Decisions N566/2007 on Korinthos Tipoli Kalamata Motorway and Lefktro-Sparti Branch Project. See also Commission Decisions N565/2007 Central Greece Motorway Project.

⑦ See Commission Decision N657/1999 on the Welsh Business Infrastructure Development.

⑧ See Commission Decision N2005/170 on Propylene Pipeline from Rotterdam via Antwerp to the German Ruhr area.

⑨ See Commission Decision N2007/385 on an Ethylene Pipeline in Bavaria.

⑩ See Commission Decision N527/2002 on Aviation Fuel Pipeline Supplying Athens International Airport.

沉淀成本大且收益不确定，私人投资者通常不愿意投资基础设施，因此基础设施不得不由国家所有并运营。在国家所有并运营基础设施的情形下，社会公众通常可以不受任何限制地使用此类基础设施。① 正是在此意义上，如果一项基础设施的提供属于国家承担的公共职责的话，则此类设施通常构成"一般基础设施"。

倘若国家所有的基础设施交由私营企业建设或运营，则此类私营企业通常通过公开竞争的招投标程序进行挑选。因此，欧共体委员会通常使用公开招投标原则识别"一般基础设施"。比如，在"比利时与荷兰火车路线建设案"②、"英国伦敦地铁案"③、"德国城市基础设施开发案"④ 及"英国威尔士公共网络规划案⑤"中，欧共体委员会均将公开招投标原则视为判断"一般基础设施"的主要标准。

倘若国家所有的基础设施交由私营企业建设或运营时没有采用公开竞争的招投标程序，也即不存在公开竞争的情形下，欧共体委员会使用私人投资者原则判断"一般基础设施"。私人投资者原则强调基础设施是否原本能被私人投资者在正常市场中以类似条件被提供。如果政府向基础设施提供补贴时不考虑未来的营利前景，则

---

① See Commission Decision N649/01 on Freight Facilities in the UK

② See Commission Decision N390/200 on Belgium De Bouw van over Slagfaciliteiten op de Spoorlijn Lanaken Maastricht.

③ See Commission Decision N264/2002 on United Kingdom London Underground Public Private Partnership.

④ See Commission Decision 2005/782 on German Aid for the Development of Municipal Infrastructure and the Construction of Business, Technology and incubator centers.

⑤ See Commission Decision N46/2007 on the Welsh Public Sector Network Scheme.

此类基础设施通常不构成"一般基础设施"。比如，欧共体委员会和欧共体法院分别在"德国慕尼黑机场终端案"及"林德诉欧共体委员会案"中使用并确认了这一原则。①

如果国家将基础设施的所有权和运营权均交给经由公开和非歧视程序挑选出的私人实体，并且给予基础设施建设和管理的补贴代表了市场价格试图实现的预期，则此类基础设施通常构成"一般基础设施"。质言之，对于私人所有并管理的基础设施，同样可以使用私人投资者原则和公开招投标原则识别"一般基础设施"。

第三，在所有者和（或）运营者的股东层面使用低利润原则识别"一般基础设施"。低利润原则指基础设施所有者和（或）运营者的股东负有不得谋利的义务，或仅能谋取最低限度的利润，或应将既有利润再投资到基础设施的维护之中。② 如果基础设施的所有者和（或）运营者的股东使用基础设施的价格低于其他使用者支付的价格，则此类基础设施不构成"一般基础设施"。

基础设施的所有者和（或）运营者的股东是否违反低利润原则通常考虑以下因素：首先，其是否根据自己的特殊需要影响了基础设施的规划；③ 其次，其获得的股息是否高于正常市场条件下的回

---

① See Commission Decision to Open the Investigation in State Aid C38/08 Measures in Favour of Munich Airport Ierminal T2.

② See Christian Koenig, Kuhling Jurgen,"EC Control of Aid Granted through State Resources", *European State Aid Law Quarterly*, 2002.

③ See Christian Koenig, Wetzel Julia, "Relevance of EC State Aid Control for PPP Infrastructure Funding", *European Public Private Partnership Law Review*, 2007.

报，或者其拥有的股份价值是否高于正常市场条件下类似股份的价值①；最后，其是否获得基础设施的使用特权②。通过避免政府补贴所刺激的利润渗漏到其他市场，低利润原则可以将市场交叉补贴的影响降至最低程度。

（二）欧共体的"优势"标准极易与 SCM 协定的利益判断混同

欧共体识别"一般基础设施"的重点是审查基础设施是否授予特定使用者、所有者和（或）运营者以及所有者和（或）运营者的股东"优势"。欧共体的"优势"标准事实上与 SCM 协定的利益判断相同。

第一，尽管欧共体官方和学界使用不同的词语表示"优势"，比如 advantage、favoring 以及 benefit，但均指接受者获得了在正常市场条件下原本不会获得的好处③，并且在具体案件中体现的含义均与 SCM 协定中利益的含义相同。

第二，欧共体委员会所识别的"优势"的授予形式，即允许企业收入超过正常市场条件下的费率④、免除股息⑤、税收⑥、销售或租

---

① See Commission Decision of 25 November 1998 on Measures by Germany to assist Infra Leuna Infrastruktur und Service Gmb H 01 1999 L 260/1（13）.

② See Commission Decision N356/2002 on Network Rail 2002.

③ See ECJ case C-39/94, SFEI, Judgment of 11.7.1996.

④ See Case C-64/98.

⑤ See Case T-228/99, West LB v Commission.

⑥ See Case T-67/94, Ladbroke v Commission.

赁货物、服务和财产的收入或租金①及直接给予客户或雇员资助②，均与 WTO 成员和争端解决机构认定的利益授予方式相同。尤其是，欧共体委员会识别"优势"的比较基准与 SCM 协定中利益的比较基准相同，均为正常市场中的市场竞争条件。不考虑成员政府提供资助的原因、目的或意图，仅仅探究政府资助的效果，欧共体的"优势"标准本质上与 SCM 协定中的利益标准相同。

然而，需要再次提及的是，补贴既可能提升接受者的利润水平，也可能降低其利润水平；既可能扭曲补贴提供成员的市场竞争条件，也可能促进其经济与社会发展；既可能实现政府的预期目标，也可能背离政府的初衷。因此，SCM 协定所规制的补贴，仅仅是那些造成了"不利影响"的补贴。换言之，正是为了确保并非所有授予利益的政府措施均构成可被采取反措施的补贴，SCM 协定才将财政资助和利益视为两个不同的判断要素。因此，在"一般基础设施"作为 SCM 协定中财政资助唯一例外的情形下，欧共体的"优势"标准采用补贴效果（利益）来判断补贴形式（财政资助），事实上与 SCM 协定的目标和目的相悖。尤其是，将补贴效果与补贴形式混为一谈，无视补贴在经济学意义和法学意义上的分野，导致补贴及其反措施的使用可能重新陷入乌拉圭回合谈判前的混乱状态。

综上，美国和欧共体均立足于基础设施的公共物品属性形成了各自判断"一般基础设施"的不同标准。由于这些标准均或多或少

---

① See Case C-70/85, van der Kooy v Commission.

② See Case C-5/0l, Belgium v Commission.

地存在一定程度的缺陷，所以国际社会有必要重构"一般基础设施"的判断标准。

四、运用公共物品理论重构"一般基础设施"的判断标准

基于基础设施的公共物品属性，运用公共经济学中的公共物品理论对基础设施进行分类识别，并在此基础上重构"一般基础设施"的判断标准，可以为 WTO 成员合规支持基础设施建设并减少补贴争端风险提供有效的指引。

（一）借助公共物品理论对基础设施进行分类

公共物品是公共经济学中的核心概念，通常指消费具有非竞争性和非排他性的物品。同时具备非竞争性和非排他性的物品构成"纯公共物品"。仅具备上述两项特点之一的物品构成"准公共物品"。其中，兼具竞争性和非排他性的物品构成"公共池塘资源物品"；兼具非竞争性和排他性的物品构成"俱乐部物品"。此外，兼具竞争性和排他性的物品构成"私人物品"。

根据物品的非竞争性和非排他性，基础设施可以相应地分成"纯公共基础设施""准公共基础设施"及"私人基础设施"。在"准公共基础设施"中，兼具非竞争性和排他性的基础设施构成"俱乐部基础设施"；兼具竞争性和非排他性的基础设施则构成"公共池塘资源基础设施"。

基础设施的公共物品属性，决定了基础设施的市场供给不可能实现帕累托最优。因此，现今世界各经济体都将提供基础设施视为政府的公共职责之一。然而，政府提供基础设施不等于政府生产基础设施，更不等于政府取代基础设施的市场供给，因此，不同类型的基础设施有不同的供给模式。

（二）根据不同类型基础设施的供给模式识别"一般基础设施"

第一，"纯公共基础设施"原则上构成"一般基础设施"。"纯公共基础设施"的完全非排他性决定了其可以被社会全体成员共同使用，因此市场机制存在完全缺位现象。政府为克服市场失灵而提供此类基础设施，原则上应构成"一般基础设施"。但是，倘若证据表明政府限制了"纯公共基础设施"的使用资格，则其不再构成"一般基础设施"。

第二，"私人基础设施"原则上不构成"一般基础设施"。与"纯公共基础设施"存在完全的市场失灵不同，"私人基础设施"可以通过市场机制的自发调节实现帕累托最优供给，所以此类基础设施原则上不构成"一般基础设施"。

第三，"准公共基础设施"可予反驳地构成"一般基础设施"。"准公共基础设施"具有消费的非竞争性或非排他性，可予反驳地构成"一般基础设施"的理由主要包括以下几点：

首先，"准公共基础设施"在使用上存在客观限制。"准公共基础设施"通常具有自然垄断属性，极易通过价格机制或技术特征进行排他。尤其是，"俱乐部基础设施"具有天然的有限排他性，意味着其使用必然受到某种限制。所以，"准公共基础设施"在使用上的客观限制，并不必然减损其"一般"性。

其次，"准公共基础设施"通常对社会投资者缺乏吸引力，所以市场机制对于"准公共基础设施"的供给虽然可以发挥一定作用，但却不足以使社会投资者收回全部成本。因此，政府不得不以财政补贴等形式吸引社会资本进入。"准公共基础设施"不得不依赖政府直接提供，或通过补贴委托私人实体提供。正是"准公共基础设施"在经济上的不可行性，表明政府提供补贴具有一定的必要性。

再次，政府向"准公共基础设施"的供给提供补贴具有正当性。从理论上而言，在可以排除免费搭乘者的情形下，"准公共基础设施"的使用价格完全可以提高到提供此类基础设施的边际成本水平。但问题在于，基础设施的使用者未必愿意且有能力支付如此高昂的费用。换言之，通过向使用者收费得以收回投资的多少，取决于下游市场对基础设施有效需求的大小。就此而言，政府向"准公共基础设施"提供补贴，旨在以低于边际成本的价格或高于纯粹市场条件下的质量满足社会公众对基础设施的需求。正是以较低价格或较高质量实现特定基础设施的充分供给，赋予了政府向此类基础设施提供补贴的正当性。质言之，尽管补贴对市场竞争造成一定的扭曲，但却属于社会可以接受或容忍的范围。①

基于政府补贴"准公共基础设施"具有一定的必要性和正当性，

---

① See Styliadou Meni, "Public Funding and Broadband: Distortion of Competition or Recognition of Policy Failure", *Journal of Network Industries*,2005.

"准公共基础设施"可予反驳地假定构成"一般基础设施",除非有相关证据证明政府将其使用排他性地限于特定使用者。而相关证据除了法律规则上的明确限制外,还包括政府对其使用进行事实限制的所有情形。

第四,"俱乐部基础设施"和"公共池塘资源基础设施"应区别对待。"公共池塘资源基础设施"通常不具有排他性。如果政府限制此类基础设施的使用资格,即可认定其不构成"一般基础设施",即使限制是根据客观、中立的条件并平等向所有企业或产业开放。质言之,"公共池塘资源基础设施"具备"纯公共基础设施"的绝对非排他性。如此一来,"准公共基础设施"是否构成"一般基础设施"应重点关注"俱乐部基础设施",而欧盟的相关实践可以提供有益的启示。

初始,欧盟委员会使用招投标原则与私人投资者原则识别港口、机场等传统"俱乐部基础设施"。但是,随着私人投资力度的加强,并且意识到"俱乐部基础设施"具有天然的排他性后,欧盟初审法院在 2004 年"爱尔兰瑞安航空公司诉欧共体委员会案"中首次否定机场构成"一般基础设施"。[1] 此外,欧盟委员会还否定竞争性招投标原则对于判断宽带民用基础设施是否构成"一般基础设施"的有效性。[2] 尤其是,基于宽带民用基础设施的自然垄断属性和宽带对经济社会发展的重要支撑作用,欧盟委员会不仅通过援引《欧洲联盟条约》第 87.3 条和第 86.2 条对宽带民用基础设施补

---

[1] See Case T-196/04, Ryanair Ltd. v Commission.

[2] See Commission Decision N213/2003 on United Kingdom Project ATLAS.

贴予以豁免①，而且《2013 年宽带指导方针和最新案例实践》甚至彻底放弃了借助"一般基础设施"来规制宽带民用基础设施补贴的实践②。"俱乐部基础设施"判断标准渐趋宽松的趋势，凸显了欧盟在保护竞争与实现其他社会目标之间维持平衡的努力。

对于 WTO 本身及其成员而言，自由竞争绝不应成为其试图实现的唯一目标。加强经济与社会融合、促进研究与技术发展等，也构成其可持续发展不可或缺的一部分。因此，在权衡不同社会目标权重的基础上，"俱乐部基础设施"是否构成"一般基础设施"的判断应采取相对宽松的标准。具体而言，政府为某些企业或产业保留排他性使用，某些企业或产业是主要使用者，以及某些企业或产业"不成比例"使用基础设施的事实，不足以否定此类基础设施不构成"一般基础设施"；而被临时限于某些企业或产业使用的基础设施，如果在可预见的将来会重新向社会公众开放，仍然可能构成"一般基础设施"，这也正是"欧共体空客公司补贴案"专家组认为基础设施有时是一般的、有时是不一般的原因之一。③

第五，符合比例性原则的"准公共基础设施"构成"一般基础

---

① See Commission Decision N381/2004 on France Project on Telecommunication Haut Debit des Pyrenees-Atlantiques（France）. See also Commission Decision N199/2004 on United Kingdom Broadband Business Fund.See also Broadband Business Fund Commission Decision N117/2005 on Aggregated Public Sector Procurement of Broadband in Scotland（UK）.

② See Kliemann Annette, Stehmann Oliver,"EU State Aid Control in the Broadband Secto-The 2013 Broadband Guidelines and Recent Case Practice",*European State Aid Law Quarterly*,2013.

③ See European Communities and Certain Member States Measures Affecting Trade in Large Civil Aircraft（Complainant: United States）, WT/DS316/R, 30 June 2010, para.7.1044.

设施"。"准公共基础设施"通常具有自然垄断属性。自然垄断通常出现在不适宜竞争或无法竞争的行业。投资这些行业的固定成本如此之高，以至于其极大地受益于规模经济。但是，自然垄断行业并不会自然出现。实践中，自然垄断的形成不得不依赖政府以授予许可或特许权的方式进行干预，而政府干预本身必然会对市场竞争产生扭曲。仅就此而言，"准公共基础设施"似乎不构成"一般基础设施"。

但是，倘若单纯以对市场竞争条件产生的不利影响否定此类基础设施的一般性，必然会加重私人运营者的义务，从而导致政府无法完成向社会公众提供公共服务的义务。因此，自然垄断行业的运营者必须经政府指定而非由市场选择，是确保基础设施以民众能够负担得起的价格得以普遍、连续供应的唯一方法。[①] 正是在此意义上，如果政府补贴所引发的竞争扭曲程度与提供此类基础设施的必要性相称，即可认为此类基础设施符合比例性原则，从而构成"一般基础设施"。

第五节 "委托或指示"的法律含义与判断标准

SCM 协定第 1.1 条（a）（1）（ⅵ）是一个反规避条款，主要规制政府授权私营机构间接提供补贴的行为。基于连接政府意图和私营机构行为的手段是"委托"或"指示"，本节主要探讨"委托"或"指

[①] See Commission Decision N381/2004 on France Project of Telecommunication in Pyrenees-Atlantiques.

示"的法律含义与判断标准。

一、私营机构作为政府或公共机构代理人提供补贴应受 SCM 协定规制

在间接补贴的情形下，政府授权并履行政府职能是私营机构行为归于政府的必要条件。无论是作为政府的代理人，还是作为公共机构的代理人，私营机构提供补贴的行为都应受到规制。

（一）SCM 协定第 1.1 条（a）（1）（ⅵ）在本质上是反规避条款

根据 SCM 协定第 1.1 条（a）（1）（ⅰ）至（ⅲ），仅仅政府或公共机构提供的财政资助才受到 SCM 协定的规制。换言之，在某种程度上无法归属于政府或公共机构的行为并不构成 SCM 协定意义上的补贴。[①] 但是，如果仅仅将政府或公共机构直接提供财政资助的情形纳入 SCM 协定的规制范围，必然忽视现实中大量存在的私营机构作为政府或公共机构的代理人间接提供财政资助的情形。因此，SCM 协定第 1.1 条（a）（1）（ⅵ）对此做出了特别规定。

WTO 争端解决机构在"加拿大诉美国软木案"中明确指出，SCM 协定第 1.1 条（a）（1）（ⅵ）是一个反规避条款。该案上诉机

---

① See United States Countervailing Duty Investigation on Dynamic Random Access Memory Semiconductors from Korea（Complainant: Republic of Korea），WT/DS296/AB/R, 27 June 2005, para.107.

构认为：SCM 协定第 1.1 条（a）（1）（vi）承认前述（i）—（iii）可被政府向筹资机构付款或通过"委托"或"指示"私营机构提供财政资助的方式予以规避。[1] 在此基础上，"韩国诉美国动态随机存储器反补贴税案"上诉机构进一步指出，SCM 协定第 1.1 条（a）（1）（vi）的目的，在于确保政府不会通过私营机构采取本属于 SCM 协定第 1.1条（a）（1）中政府采取的行为，从而规避其在 SCM 协定之下承担的义务。换言之，作为反规避条款，SCM 协定第 1.1 条（a）（1）（vi）旨在防范补贴提供方通过转换财政资助的授予主体来规避 SCM 协定下的义务。[2]

（二）作为公共机构代理人的私营机构提供补贴应受 SCM 协定的规制

需要说明的是，SCM 协定第 1.1 条（a）（1）（i）至（iii）中财政资助的提供主体，是政府或公共机构。然而，SCM 协定第 1.1 条（a）（1）（vi）规定的财政资助的提供主体，仅是作为政府代理人的私营机构，并未提及作为公共机构代理人的私营机构。由于政府不同于公共机构，那么当私营机构作为公共机构代理人提供 SCM 协定第 1.1 条（a）（1）（i）至（iii）中的财政资助时，是否属于第 1.1

---

[1] See United States Final Countervailing Duty Determination with Respect to Certain Softwood Lumber from Canada（Complainant: Canada）, WT/DS257/AB/R, 19 January 2004, para.52.

[2] See United States Countervailing Duty Investigation on Dynamic Random Access Memory Semiconductors from Korea（Complainant: Republic of Korea）, WT/DS296/AB/R, 27 June 2005, para.113.

条（a）（1）（vi）的规制范围呢?

考虑到 SCM 协定第 1.1 条（a）（1）（vi）本质上是一个反规避条款，公共机构同样可以授意私营机构提供财政资助，因此，尽管 SCM 协定第 1.1 条（a）（1）（vi）并未提及公共机构，但不能就此认为私营机构作为公共机构代理人提供财政资助的情形已被排除。对此，"中国诉美国对部分产品征收反倾销税和反补贴税案"上诉机构认为，SCM 协定第 1.1 条（a）（1）（vi）中涉及政府这一概念，是在集体名词的意义上被使用的，该条款包括了政府或任何公共机构提供的财政资助。在政府或公共机构"委托"或"指示"私营机构履行（i）至（iii）列举的通常应属于政府的职能或行为时，第（vi）项包含公共机构"委托"或"指示"私营机构履行（i）至（iii）列举的通常应属于政府的职能或行为。[1]

质言之，表面上属于私营机构的行为实际上可归属于政府或公共机构时，均应受到 SCM 协定的约束。在此情形下，如何判定私营机构的行为可归于政府或公共机构就成为一个不得不关注的问题。

二、获得政府授权并履行政府职能是私营机构行为可归因的主要标准

通常而言，私营机构的行为不能归于政府。但是，倘若私营机构根据法律或政府的授权行使政府权力，其相关行为代表和体现国

---

[1] See United States Definitive Anti-Dumping and Countervailing Duties on Certain Products from China（Complainant: China），WT/DS379/R, 22 October 2010, para.30.

家意志，则该私营机构的行为可归于政府。①

（一）私营机构行为归于政府的 WTO 实践

"美国诉加拿大影响牛奶进口和乳制品出口措施案"，是 WTO 争端解决机构对非政府实体的行为可否被归于政府这一问题作出详细解释的典型案件。

"美国诉加拿大影响牛奶进口和乳制品出口措施案"涉及加拿大省级牛奶营销委员会的行为可否归于加拿大政府的问题。该案专家组作出肯定性裁决的主要理由包括以下几个方面：

第一，加拿大乳业委员会是加拿大联邦政府的机构之一。②

第二，加拿大省级牛奶营销委员会在联邦和省级立法构建的法律框架内建立和运作，其行使联邦政府通过加拿大乳业委员会委托的省级和对外贸易权力以及省级当局授权的权力。尤其是，加拿大自述艾伯塔省（Alberta）、新斯科舍省（Nova Scotia）及萨斯喀彻温省（Saskatchewan）牛奶营销委员会是省级政府机构。省级牛奶营销委员会发布的命令或法规可以在加拿大法院强制执行。③

第三，虽然加拿大牛奶生产者在省级营销委员会中发挥重要作用，但牛奶营销委员会根据联邦政府或省政府的明确授权行事，因此可以认为是加拿大政府机构之一。此外，加拿大法院证实加拿大

① 参见张军旗：《WTO 国际法律责任制度研究》，法律出版社 2012 年版，第 50 页。
② See Canada Measures Affecting the Importation of Milk and the Exportation of Dairy Products（Complainant: United States），WT/DS103/R, 13 October 1999,para.7.75.
③ See Canada Measures Affecting the Importation of Milk and the Exportation of Dairy Products（Complainant: United States），WT/DS103/R, 13 October 1999, para.7.76.

省级牛奶营销委员会不能在没有省级或联邦当局支持的情况下发布命令或法规。①

第四，大多数省级牛奶营销委员会没有正式合并为政府机构，且全部或大部分省级牛奶营销委员会由乳制品生产商组成的事实并不足以改变下述结论，即当省级牛奶营销委员会在明确的政府授权下行事时，其可被推定为政府机构。此外，这一结论也不会因为省级牛奶营销委员会享有一定的决定权而改变。质言之，从政府手中获得了监管某些领域的权力，使得省级牛奶营销委员会的行为成为了政府的行为。尤其是，加拿大政府对省级牛奶营销委员会的大多数行为保持最终的控制和监督，并且政府界定、批准省级牛奶营销委员会的授权和职能。②

然而，加拿大认为，该案专家组仅仅根据存在政府授权行使权力的事实就认定调查所涉牛奶营销委员会构成政府代理机构是错误的，因为仅仅授权本身不足以认定其属于政府的代理机构。③ 对于加拿大的这一主张，该案上诉机构认为："政府的实质是通过行使合法权力，管理、约束、监督或控制个体或限制个体的行为，这表明政府这一概念有两个基本特征，即政府履行职能和政府履行职能的权力。政府的代理机构是政府授权的实体，授权的目的在于履行

---

① See Canada Measures Affecting the Importation of Milk and the Exportation of Dairy Products（Complainant: United States）, WT/DS103/R, 13 October 1999, para.7.77.

② See Canada Measures Affecting the Importation of Milk and the Exportation of Dairy Products（Complainant: United States）, WT/DS103/R, 13 October 1999, para.7.78.

③ See Canada Measures Affecting the Importation of Milk and the Exportation of Dairy Products（Complainant: United States）, WT/DS103/AB/R, 13 October 1999, para.96.

政府性质的职能，即管理、约束、监督或控制私人行为。"① 据此，上诉机构强调的是，判断私营机构的行为可否归属于政府，不仅应存在政府授权这一要素，还要看其是否履行政府职能。

（二）获得政府授权并履行公共管理职能是私营机构行为可归于政府的标准

"美国诉加拿大影响牛奶进口和乳制品出口措施案"表明，法律或政府授权仅仅是一个必要条件而非充分条件。更重要的是，私营机构获得授权履行的必须是公共管理职能。② 在此特别强调公共管理职能，是因为政府也可能从事公共管理职能之外的其他民事活动。倘若私营机构获得政府授权所实施的行为与公共管理职能无关，也就不可能与 WTO 义务的履行有关。因此，私营机构的行为能否归于政府，不仅要考察政府授权这一要素，还要考察政府授权履行职能的性质。

获得政府授权并履行政府公共管理职能，旨在强调私营机构的行为在本质上体现的是政府补贴的意图。那么，政府补贴意图是通过什么手段在私营机构身上得以体现的呢？ SCM 协定第 1.1 条（a）（1）（vi）明确指出了连接二者的手段，即"委托"或"指示"。③

---

① See Canada Measures Affecting the Importation of Milk and the Exportation of Dairy Products（Complainant: United States），WT/DS103/AB/R, 13 October 1999, para.97.

② 参见张军旗：《WTO 国际法律责任制度研究》，法律出版社 2012 年版，第 52 页。

③ See United States Countervailing Duty Investigation on Dynamic Random Access Memory Semiconductors from Korea（Complainant: Republic of Korea），WT/DS296/AB/R, 27 June 2005, para.108.

三、"委托"或"指示"强调政府将"责任"与"职权"交由私营机构行使是否扭曲了市场竞争条件

"委托"或"指示"强调政府将其承担的"责任"与履行的"职权"被赋予私营机构行使时是否扭曲了市场竞争条件，相关考虑因素包括但不限于财政资助是否在商业合理条件基础上予以提供。

（一）"委托"或"指示"的核心分别是"责任"与"职权"

WTO 争端解决机构在解释"委托"或"指示"含义的基础上，指出"委托"的属性是责任，而"指示"的属性是职权。

"加拿大诉美国视出口限制措施为补贴案"专家组认为，"委托"或"指示"的通常含义包括三个要素：第一，明确和积极的行动；第二，向特定的一方发出；第三，目的在于承担责任或执行任务。① 此后，"韩国诉美国动态随机存储器反补贴税案"上诉机构指出了"委托"或"指示"的具体含义：政府对私营机构行使权力，包括某种程度的强制，此即"指示"；而政府施予私营机构一项责任，此即"委托"。"委托"的授权通常采取正式的形式，但也可能采取非正式的形式。但是，仅仅将"委托"解释为授权无疑太过狭窄。"指示"实施的是政府职能，强调的是政府职权，指挥或命令是 SCM 协定第 1.1 条（a）（1）（vi）预见政府对私营机构行使职权的方式之一。但是，政府在其职权范围内可能存在使得私营机构

---

① See United States Measures Treating Export Restraints as Subsidies（Complainant: Canada）, WT/DS194/R, 29 June 2001, paras.8.15–8.75.

行使职权的其他方式。较之于指挥或命令，此类方式可能更微妙，并且强制程度更弱。因此，将"指示"仅仅解释为指挥或命令同样太过狭窄。①

值得关注的是，关于政府"委托"或"指示"私营机构的方式，"中国诉美国对部分产品征收反倾销税和反补贴税案"上诉机构认为："指示"意味着政府或公共机构可以通过强迫、命令或支配私营机构的方式行使权力，"委托"意味着政府可以将特定的职责交由私营机构承担。简言之，"指示"相当于"职权（authority）"；"委托"相当于"责任（responsibility）"。②

综上，既有 WTO 争端解决机构的共识是，"委托"指政府将一项责任交由私营机构履行；"指示"指政府将一项职权交由私营机构行使。质言之，"委托"的核心要素是"责任"；"指示"的核心要素是"职权"。在 SCM 协定第 1.1 条（a）（1）（vi）的语境下，应该是政府将自身的"责任"与"职权"分别交由私营机构行使时相应地构成了"委托"与"指示"。那么，如何理解"委托"的属性是责任，而"指示"的属性是职权呢？

根据社会契约思想，政府是人类出于维护生而平等的自然权利、满足其生存需要而订立契约、让渡权利的产物。从这个意义上说，政府存在的直接理由是满足公众需要，实现公众权利，这是政

---

① See United States Countervailing Duty Investigation on Dynamic Random Access Memory Semiconductors from Korea（Complainant: Republic of Korea），WT/DS296/AB/R, 27 June 2005, paras.108,110–111 and 116.

② See United States Definitive Anti-Dumping and Countervailing Duties on Certain Products from China（Complainant: China），WT/DS379/AB/R, 11 March 2011, para.294.

府承担的基本责任。而政府承担责任的前提是享有公共权力，即公众让渡部分权利的结果。由此，提供公共产品、管理公共社会是政府合理存在的基础。前者是政府承担的责任，后者是政府享有的权力。基于现实社会中存在的政府失灵和低效，此类责任和权力可被交由私营机构承担或行使。正是在此意义上，政府将本应自己承担的责任转让给私营机构时构成"委托"，政府将本应自己行使的权力赋予私营机构时构成"指示"。

（二）"委托"或"指示"不包括政府以市场事实和自由选择为基础的行为

尽管"韩国诉美国动态随机存储器反补贴税案"上诉机构认为，"委托"的方式不限于授权，"指示"的方式不限于指挥或命令，却无法从正面穷尽枚举政府"委托"或"指示"的所有方式。

本质上，无论"委托"还是"指示"，都必须在政府行为与私营机构之间存在显而易见的联系。就此而言，仅仅政府所作的政策或声明可能不构成"委托"或"指示"。与政府一般的政策、声明或简单的鼓励相比，"委托"或"指示"暗示了一个更为积极、主动的角色，从而不可能仅仅是"政府法规的疏忽或副产品"。[①]

实践中，政府在对经济实施宏观调控时，往往通过对私营机构进行"委托"或"指示"的方式来实施。比如，美国联邦储备委员

[①] See United States Countervailing Duty Investigation on Dynamic Random Access Memory Semiconductors from Korea（Complainant: Republic of Korea）, WT/DS296/AB/R, 27 June 2005, para.114.

会是一个私营机构。美国政府通常"指示"其实施宽松或紧缩的货币政策来调整宏观经济。此类"指示"并不会增强特定市场主体的市场竞争条件，因此并非 SCM 协定第 1.1 条（a）（1）（ⅵ）意义上的"指示"。对此，"加拿大诉美国视出口限制措施为补贴案"专家组认为，仅仅以市场既定事实和自由选择为基础，"委托"或"指示"不包括政府在某种程度上对市场的干预。因为政府干预可能会产生特定的结果，也可能不会产生特定的结果。①

就此而言，产生特定的结果，即扭曲了市场竞争条件的政府干预行为，方才可能构成"委托"或"指示"。因此，如何判断"委托"或"指示"成为一个不得不考虑的问题。

（三）"商业不合理性"是判断"委托"或"指示"的考虑因素之一

认定 SCM 协定第 1.1 条（a）（1）（ⅵ）之下的"委托"或"指示"时，财政资助的"商业不合理性"是可能的考虑因素之一。

详言之，如果政府"委托"或"指示"私营机构所提供的财政资助并非根据商业条件作出的，则可初步证明政府此举构成"委托"或"指示"。但是，这并不意味着除非确证财政资助是以非商业条件作出的，否则不能认定"委托"或"指示"。因为债权人建立在商业合理性基础上的行为虽然相关，但对于"委托"或"指示"的认定却不具有决定性。比如，政府"委托"或"指示"债权人提

---

① See United States Measures Treating Export Restraints as Subsidies（Complainant: Canada）, WT/DS194/R, 29 June 2001, para.8.31.

供贷款，然后债权人在商业条件基础上放贷。在此情形下，即使财政资助是根据商业合理条件作出的，也可能存在政府"委托"或"指示"。①

　　总之，提供财政资助的交易如果不具有商业合理性，并不能就此得出存在"委托"或"指示"的结论。但是，如果提供财政资助的交易符合商业合理性，也不排除认定"委托"或"指示"的可能性。质言之，政府提供财政资助是否构成"委托"或"指示"，需要根据具体案件的具体情形进行综合考量。

---

① See Japan Countervailing Duties on Dynamic Random Access Memories from Korea（Complainant: Republic of Korea），WT/DS336/AB/R, 28 November 2007, para.138.

第三章　补贴构成要件之二：利益

SCM 协定第 1.1 条（b）规定了补贴的另一构成要件，即财政资助授予利益。由于 SCM 协定第 14 条规定了利益的计算规则，构成第 1.1 条（b）的上下文，所以本章将这两个条款放在一起共同探讨利益的法律含义及其判断标准。

第一节　利益的法律含义

SCM 协定第 1.1 条（b）中的利益以利益接受者作为识别基点，而利益判断则以市场条件作为比较基准，并需要追踪利益的流向。

一、界定利益应以利益接受者作为基点

SCM 协定第 1.1 条（b）中的利益，应以利益接受者作为识别基点。换言之，SCM 协定意义上的利益，指财政资助的接受者所

获得的利益，而非提供财政资助的政府所支出的成本。

WTO 成员关于 SCM 协定中利益的争议以"巴西诉加拿大影响支线飞机出口措施案"最为激烈。加拿大在该案中诉称，利益仅仅存在于财政资助构成政府净成本的意义上。该案专家组明确拒绝了加拿大的观点，并就利益作出如下解释："利益的通常含义不包括政府净成本的任何概念……相反，利益明确地包含某种形式的优势……为了证明优势是否存在，作出财政资助是否将接受者置于一种更为有利地位的裁决是必要的。"①由此，利益是参考接受者的处境而非政府净成本来认定的，专家组的上述解释得到该案上诉机构的支持。②

因此，SCM 协定第 1.1 条（b）中的利益，关注利益的接受者，而非财政资助的提供者。由于利益必须是给予接受者的利益，接受者肯定是接受利益的，因此只有从利益接受者的角度才能判断出利益是否存在。需要指出的是，虽然"巴西诉加拿大影响支线飞机出口措施案"专家组提出利益接受者的概念仅仅是为了强调利益的存在以及补贴金额的计算应以利益接受者而非财政资助提供者作为出发点，但却由此奠定了利益接受者在 SCM 协定第 1.1 条（b）中的基础性地位。

利益接受者这　概念极大地充实了利益的内涵，有助于明确利

① See Canada Measures Affecting the Export of Civilian Aircraft（Complainant: Brazil），WT/DS70/R,14 April 1999, para.9.112.
② See Canada Measures Affecting the Export of Civilian Aircraft（Complainant: Brazil），WT/DS70/AB/R, 2 August 1999, para.154.

益的法律含义。尤其是，利益接受者的范围非常宽泛。"欧共体诉美国某些产品反补贴措施案"上诉机构认为，利益的接受者可能是一个企业或产业，或一组企业或产业，也可能是直接或间接授予商品的制造、生产或销售，也可能是公司、出口商或外国制造商，或接受补贴的其他资源。① 尤其是，利益接受者是任何可能获得利益的经济实体而非生产过程的观点，已经得到"欧共体诉美国对英国某些热轧铅和铋碳钢制品征收反补贴税案"专家组② 和上诉机构③的肯定。

二、判断利益应以市场条件作为比较基准

SCM 协定中的利益指政府措施授予接受者在市场条件下原本不会获得的好处或优势。这一定义表明，判断利益的比较基准是利益接受者所处的市场条件。

判断利益应以市场条件作为比较基准的观点，主要出现于"巴西诉加拿大影响支线飞机出口措施案"。该案专家组认为："如果财政资助被提供的条件较之于接受者在市场上原本获得的条件更为有

---

① See United States Countervailing Measures Concerning Certain Products from The European Communities, WT/DS212/AB/R, 9 December 2002, para.108.

② See United States Imposition of Countervailing Duties on Certain Hot-Rolled Lead and Bismuth Carbon Steel Products Originating in the United Kingdom（Complainant: European Communities）, WT/DS138/R, 25 February 2000, para.6.66.

③ See United States Imposition of Countervailing Duties on Certain Hot-Rolled Lead and Bismuth Carbon Steel Products Originating in the United Kingdom（Complainant: European Communities）, WT/DS138/AB/R, 10 May 2000, paras.53–60.

利的话，其将授予一项利益，即一项优势。"① 由此，利益是与市场相比较而获得的一种优势，通常指减轻了企业自身在市场条件下原本承担的成本，或提高了企业在市场条件下原本不可能获得的收入。就此而言，认定财政资助是否给予接受者与没有财政资助相比更为有利的优势，唯一的逻辑基础是市场。换言之，利益这一概念本身意味着利益的识别需要比较，而比较的基准则是市场条件。"巴西诉加拿大影响支线飞机出口措施案"专家组的这一裁决得到该案上诉机构的支持。②

大量 WTO 争端解决机构确认，如果利益接受者获得财政资助的条件较之于其从市场上原本能够获得的资助条件更优惠的话，则财政资助授予了利益。由此，以市场条件作为识别利益的比较基准，已经成为 WTO 争端解决机构的通常实践。但应该注意的是，在某些商品由于自身特点不可能由市场提供时，作为比较基准的市场条件可能并不存在。在此情形下，又该如何确定比较基准呢？这一问题首次出现于"韩国诉欧共体动态随机存储器反补贴税案"。

韩国在该案中主张，当作为比较基准的市场条件不存在时，应以市场原本可以提供财政资助的条件作为比较基准。然而，欧共体主张应以财政资助是否基于商业考虑作为比较基准。对于韩国和欧

---

① See Canada Measures Affecting the Export of Civilian Aircraft（Complainant: Brazil），WT/DS70/R, 14 April 1999, para.9.112.

② See Canada Measures Affecting the Export of Civilian Aircraft（Complainant: Brazil），WT/DS70/AB/R, 2 August 1999, paras.157–158.

共体的争议，该案专家组认为两类证据都是相关的。详言之，市场原本可以提供财政资助的条件是一个类似于市场条件的基准，据此可以认定财政资助的提供条件是否优于从市场上原本能够获得类似资助的条件；而财政资助是否基于商业考虑也可以判断财政资助的条件是否优于从市场上获得类似资助的条件，因为市场被假定在商业基础上运作。① 根据案件的特定情形，调查机关也可能依赖其他类型的证据。②

由此，"韩国诉欧共体动态随机存储器反补贴税案"专家组强调以下两点：第一，市场原本可以提供财政资助的条件与财政资助是否基于商业考虑，都可以作为替代基准；第二，可以作为替代基准的远不止这两种情形，从而为未来争端解决实践的发展留下了弹性或空间。但问题是，如果既存在市场原本可以提供财政资助的条件的证据，又存在财政资助基于商业考虑的证据，并且二者互相冲突，又该如何判断利益是否存在呢？

对此，"韩国诉日本动态随机存储器反补贴税案"专家组特别强调："倘若一种类型的证据不支持另一种类型的证据得出的结论，比如存在证据表明财政资助不是在商业考虑基础上提供的，而是债权人根据相关市场惯例提供的，则调查机关需要权衡一种类型的证

---

① See European Communities Countervailing Measures on Dynamic Random Access Memory Chips from Korea（Complainant: Republic of Korea），WT/DS299/R, 17 June 2005, para.7.209.

② See Japan Countervailing Duties on Dynamic Random Access Memories from Korea（Complainant: Republic of Korea），WT/DS336/R, 13 July 2007, para.7.276.

据相对于另一种类型的证据的证明价值。"① 由此，在两种类型的证据发生冲突时，调查机关应比较两类证据的证明力。

三、判断利益是否存在需要追踪利益的流向

SCM 协定第 1.1 条（b）关于利益的英文表述，是 "the benefit……is conferred"。尽管这一表述使用了现在时态，但并不意味着利益只需在财政资助提供时存在，而是在随后采取反措施时也应存在。换言之，利益是否存在需要追踪利益的流向。

美国首次在"欧共体诉美国对英国某些热轧铅和铋碳钢制品征收反补贴税案"中提出了应否追踪利益流向的问题。具体而言，美国在该案中主张无须追踪利益流向："如果 WTO 成员必须证明初始利益仍然构成对于相关企业的一项优势的话，则反补贴税法的实施将变得几乎不可能。"② 然而，该案上诉机构否定了美国的观点，理由是："SCM 协定第 1.1 条（b）并不涉及财政资助和（或）利益在什么时间点上一定要存在的问题。"③ 以此为基础，该案上诉机构明确指出："在特定情形下，即使征收了反补贴税之后，调查机关也

---

① See Japan Countervailing Duties on Dynamic Random Access Memories from Korea （Complainant: Republic of Korea）, WT/DS336/R, 13 July 2007, footnote 475.

② See United States Imposition of Countervailing Duties on Certain Hot-Rolled Lead and Bismuth Carbon Steel Products Originating in the United Kingdom（Complainant: European Communities）, WT/DS138/AB/R,10 May 2000, para.12.

③ See United States Imposition of Countervailing Duties on Certain Hot-Rolled Lead and Bismuth Carbon Steel Products Originating in the United Kingdom（Complainant: European Communities）, WT/DS138/AB/R, 10 May 2002, para.60.

可能必须确认利益持续存在。"①

　　美国关于利益无须追踪证明的观点，事实上是其主张利益接受者是生产过程在逻辑上得出的必然结果。美国主张利益接受者是生产过程，意味着利益会随着生产流程自动地向下游或其他相关产业扩散，因此无须实施利益传递分析，即可直接推定下游产业获得了利益。相反，如果利益接受者是经济实体的话，在补贴获得者与利益接受者分离的情形下，比如上游补贴、国有企业私有化等情形下，倘若试图抵消此类间接补贴对自由竞争造成的损害，即通过对利益接受者征收反补贴税来抵消补贴获得者获得的补贴，就必须证明补贴获得者获得的补贴向利益接受者传递了利益。否则，对利益接受者征收反补贴税就缺乏正当性。这也正是前述"欧共体诉美国对英国某些热轧铅和铋碳钢制品征收反补贴税案"上诉机构主张利益除了在财政资助提供时存在，还应在采取反补贴措施时也存在的原因之一。

四、补贴获得者与利益接受者分离的若干情形

　　根据 SCM 协定关于补贴的定义，补贴获得者与利益接受者通常是同一经济实体。然而，GATT 及 WTO 争端解决机构的实践表明，补贴获得者与利益接受者在国有企业私有化、私有公司产权交易及

---

① See United States Imposition of Countervailing Duties on Certain Hot-Rolled Lead and Bismuth Carbon Steel Products Originating in the United Kingdom（Complainant: European Communities），WT/DS138/AB/R, 10 May 2000, para.62.

上游补贴等情形下会发生分离，从而使得利益传递分析成为必要。

（一）国有企业私有化情形下的利益传递分析

国有企业私有化导致所有权改变而引起利益传递分析的典型案件，当属"欧共体诉美国对英国某些热轧铅和铋碳钢制品征收反补贴税案"。

在该案中，英国一家国有企业获得英国政府提供的股本投资。但在随后的私有化交易中，买方支付了公平的市场价格。由此，补贴获得者是国有企业，而反补贴的调查对象，即利益接受者，则是国有企业改制后的私有企业。美国商务部根据不可反驳的假定，即利益接受者获得的非重复性补贴利益将随着时间消减，因此无须以补贴使用、或补贴效果、或市场随后实践为基础来重新评估此类补贴[1]，并最终认定可归属于私有企业的利益仍然存在。

对于美国商务部的上述裁决，"欧共体诉美国对英国某些热轧铅和铋碳钢制品征收反补贴税案"专家组认为，一般而言，不可能存在无法反驳的假定，即利益继续存在于非重复性财政资助之中，即使在所有权改变之后。[2] 在此基础上，该案专家组继续指出："不明确的是，生产设施的新所有者如何从给予国有企业之前的补贴中

---

[1] See Remand Determination of US Department of Commerce on General Issues of Privatization, Certain Hot Rolled Lead and Bismuth Carbon Steel Products from the United Kingdom, 12 October 1993, p.5.

[2] See United States Imposition of Countervailing Duties on Certain Hot-Rolled Lead and Bismuth Carbon Steel Products Originating in the United Kingdom（Complainant: European Communities）, WT/DS138/R, 23 December 1999, para.6.71.

获得了利益，如果其在私有化过程中已经为所有的生产性资产支付了公平市场价值的话。"① 该案专家组关于公平市场价值的私有化可以消除利益的结论，得到了该案上诉机构的认可。②

此外，"欧共体诉美国对英国某些热轧铅和铋碳钢制品征收反补贴税案"专家组通过讨论私有企业所有者支付的价值而非企业本身进一步指出，在公平交易基础上进行的私有化，为了公平的市场价值并且符合商业原则，企业与其所有者之间的区别对于证明利益是多余的。③ 由此，国有企业私有化情形下的利益传递分析，无须区分企业与企业所有者。相反，利益传递分析的重点是私有化交易本身是否建立在公平市场价值的基础之上。

"欧共体诉美国对英国某些热轧铅和铋碳钢制品征收反补贴税案"专家组的上述观点，得到"美国对欧共体某些产品采取反补贴措施案"上诉机构的认可，并且后者进一步指出："以公平市场价值进行的私有化，仍然可能导致利益存在。同时也存在可反驳的推定，即私有化之后利益不再存在。"④ 由此，该案上诉机构试图强调

---

① See United States Imposition of Countervailing Duties on Certain Hot-Rolled Lead and Bismuth Carbon Steel Products Originating in the United Kingdom（Complainant: European Communities），WT/DS138/R,23 December 1999, para.6.81.

② See United States Imposition of Countervailing Duties on Certain Hot-Rolled Lead and Bismuth Carbon Steel Products Originating in the United Kingdom（Complainant: European Communities），WT/DS138/AB/R, 10 May 2000, para.68.

③ See United States Imposition of Countervailing Duties on Certain Hot-Rolled Lead and Bismuth Carbon Steel Products Originating in the United Kingdom（Complainant: European Communities），WT/DS138/R, 23 December 1999, para.6.82.

④ See United States Countervailing Measures Concerning Certain Products from the European Communities（Complainant: European Communities），WT/DS212/AB/R, 9 December 2002, para.127.

的是，不存在僵化的规则要求调查当局自动确定具有公平市场价值的私有化之前的财政资助产生的利益在私有化之后会终止。质言之，国有企业私有化语境下的利益是否发生了传递，取决于每个案件的具体事实。

（二）私有公司产权交易情形下的利益传递

与国有企业私有化不同，"欧共体空客公司补贴案"涉及私人实体之间的部分私有化与私有企业所有权变更是否消除了补贴利益的问题。

欧共体在该案中的相关诉称主要包括两点。首先，美国没有证明空客公司及其子公司以外的实体所获得的各种财政资助的利益被传递给了空客公司，因此任何有关财政资助都不能被视为向空客公司提供了利益。[①] 其次，涉及空客公司合作伙伴（法国国家航空宇航公司）、空客公司的母公司、欧洲航空防务和航天公司和空客公司之间的股份交易，已经消除了空客公司从其子公司以外的所有其他实体获得的任何财政资助所带来的利益。[②] 再次，当 2000 年空客公司并入欧洲航空防务和航天公司时，空客公司之前获得的财政资助所产生的利益已被抵消，所以空客公司并未从中获得任何利

---

① See European Communities and Certain Member States Measures Affecting Trade in Large Civil Aircraft（Complainant: United States），WT/DS316R, 30 June 2010, para.7.179.

② See European Communities and Certain Member States Measures Affecting Trade in Large Civil Aircraft（Complainant: United States），WT/DS316/R, 30 June 2010, para.7.180.

益。① 然而，该案专家组认为，相关交易并没有消除之前财政资助所授予的利益。②

欧共体遂将专家组的裁决提起上诉。本案上诉机构认为，专家组应评估每笔交易是否按公平条件进行，是否按公平市场价值计算，以及在多大程度上涉及向新所有者转让所有权和控制权。此外，关于欧洲航空防务和航天公司的股份交易，专家组也未能充分探讨哪些交易属于证券交易所的交易，致使哪些交易依据公平市场价值存在相当大的不确定性。③

此外，关于法国宇航马特拉公司与欧洲航空防务和航天公司公开发行的股票是否导致了控制权变更问题，本案专家组认为，股票的公开发行是政府保留对私有化生产商控制权的交易。④ 本案上诉机构认为，专家组的调查结果仅仅局限于政府向私人实体转让控制权的交易而没有考虑私人实体之间的交易。尽管专家组认为政府保留了私有化所有者的控制权，并承认所有权已被转让给了新的私人所有者，但没有深入探究所有权的此类变化对法国宇航马特拉公司

---

① See European Communities and Certain Member States Measures Affecting Trade in Large Civil Aircraft（Complainant: United States）, WT/DS316/R, 30 June 2010, para.7.181.

② See European Communities and Certain Member States Measures Affecting Trade in Large Civil Aircraft（Complainant: United States）, WT/DS316/R, 30 June 2010, para.7.249 and footnotes 2175 and 2176.

③ See European Communities and Certain Member States Measures Affecting Trade in Large Civil Aircraft（Complainant: United States）, WT/DS316/AB/R, 18 May 2011, para.730.

④ See European Communities and Certain Member States Measures Affecting Trade in Large Civil Aircraft（Complainant: United States）, WT/DS316/R, 30 June 2010, para.7.249.

与欧洲航空防务和航天公司产生了哪些法律影响。[①] 基于这一原因，该案上诉机构推翻了专家组关于争议所涉交易没有清偿过去补贴的推理和结论。[②]

本质上，公平竞争市场中私人实体之间的交易，更有可能是在公平市场价值的基础上进行。但是，为了确定有关私人实体之间的交易在何种程度上会导致所有权和控制权发生变化，仍然需要进行全面的评估。而此类评估的内容之一，涉及证明一个私人实体获得的补贴是否向另一个私人实体传递了利益。

（三）上游补贴情形下的利益传递分析

WTO 争端解决实践表明，上游投入产品生产商获得的补贴不会自动向下游无关的最终商品生产商提供利益，尤其是二者之间存在公平交易的话。换言之，必须进行利益传递分析以证明给予上游投入产品生产商的补贴向下游最终商品生产商传递了利益。[③]

美国和加拿大曾在"加拿大诉美国软木初裁案"中关于调查所涉立木计划给予任期持有者的利益是否被传递给了软木生产商产生

---

① See European Communities and Certain Member States Measures Affecting Trade in Large Civil Aircraft（Complainant: United States），WT/DS316/AB/R, 18 May 2011, para.731.

② See European Communities and Certain Member States Measures Affecting Trade in Large Civil Aircraft（Complainant: United States），WT/DS316/AB/R, 18 May 2011, paras.733–735.

③ See United States Preliminary Determinations with Respect to Certain Softwood Lumber from Canada（Complainant: Canada），WT/DS236/R, 27 September 2002, para.7.71.

了争议。[①] 该案专家组指出，在任期持有者与伐木工（木材生产商）是同一实体的情形下，不需要进行利益传递分析[②]；在受补贴的上游投入产品生产商与下游最终商品生产商无关联的情形下，调查机关不能假定利益发生了传递[③]。在此基础上，该案专家组最终认为：美国商务部没有审查独立的木材生产商是否为其所购买的原木支付了公平的市场价格，因此相关利益界定与 SCM 协定不符。[④] 美国和加拿大对这一裁决均未提出上诉。

上游补贴情形下必须进行利益传递分析的原因，出现于"加拿大诉美国软木反补贴税终裁案"。该案上诉机构认为："根据 SCM 协定第 1 条关于补贴的定义，仅当既存在 SCM 协定第 1.1 条（a）（1）意义上的财政资助，又存在第 1.1 条（b）意义上的利益时，补贴才可被视为存在。如果反补贴税旨在抵消给予投入产品生产商的补贴，但该税却是针对最终商品生产商征收的，仅仅证明投入产品生产商接受了财政资助并获得利益仍然不够。相反，最终商品的累积性条件同样必须得到确证，尤其是当投入产品生产商与最终商品生

---

① See United States Preliminary Determinations with Respect to Certain Softwood Lumber from Canada（Complainant: Canada），WT/DS236/R，27 September 2002, paras.7.68–7.69.

② See United States Preliminary Determinations with Respect to Certain Softwood Lumber from Canada（Complainant: Canada），WT/DS236/R, 27 September 2002, para.7.72.

③ See United States Preliminary Determinations with Respect to Certain Softwood Lumber from Canada（Complainant: Canada），WT/DS236/R, 27 September 2002, para.7.73.

④ See United States Preliminary Determinations with Respect to Certain Softwood Lumber from Canada（Complainant: Canada），WT/DS236/R, 27 September 2002, para.7.74.

产商并非同一实体时。"①

　　由此，在上游补贴的情形下，不仅在投入产品层面需要证明存在财政资助和利益，而且在最终商品层面也需要证明存在财政资助和利益。因此，调查机关必须证明给予投入产品生产商的补贴向最终商品生产商传递了利益。尤其是，在投入产品生产商与最终商品生产商存在公平交易的情形下，投入产品生产商获得的补贴是否向最终商品生产商传递了利益不能简单地推定，而是必须进行明确的证明。从逻辑上而言，此类证明的缺乏意味着无法表明最终商品生产商获得了 SCM 协定第 1 条所定义的补贴，致使对最终商品征收反补贴税缺乏正当性。

五、SCM 协定第 1.1 条（b）与第 14 条的关系

　　SCM 协定第 14 条具体规定了补贴利益的计算规则，因此构成 SCM 协定第 1.1 条（b）所涉利益的上下文。SCM 协定第 14 条的标题是"以接受者所获利益计算补贴的金额"。具体规定如下：

　　　　就第五部分而言，调查主管机关计算根据第 1 条第 1 款授予接受者的利益所使用的任何方法应在有关成员国内立法或实施细则中作出规定，这些规定对每一具体案件的适用应透明并

---

① See United States Final Countervailing Duty Determination with Respect to Certain Softwood Lumber from Canada（Complainant: Canada）, WT/DS257/AB/R, 19 January 2004, paras.142–143.

附充分说明。此外，任何此类方法应与下列准则相一致：

（a）政府提供股本不得视为授予利益，除非投资决定可被视为与该成员领土内私营投资者的通常投资做法（包括提供风险资金）不一致；

（b）政府提供贷款不得视为授予利益，除非接受贷款的公司支付政府贷款的金额不同于公司支付可实际从市场上获得的可比商业贷款的金额。在这种情况下，利益为两金额之差；

（c）政府提供贷款担保不得视为授予利益，除非获得担保的公司支付政府担保贷款的金额不同于公司支付无政府担保的可比商业贷款的金额。在这种情况下，利益为在调整任何费用差别后的两金额之差；

（d）政府提供货物或服务或购买货物不得视为授予利益，除非提供所得低于适当的报酬，或购买所付高于适当的报酬。报酬是否适当应与所涉货物或服务在提供国或购买国现行市场情况相比较后确定（包括价格、质量、可获性、适销性、运输和其他购销条件）。①

由此，SCM 协定第 14 条主要关注计算接受者所获利益时所使用的方法，并就此提出了以下基本要求。②

---

① 石广生主编:《乌拉圭回合多边贸易谈判结果: 法律文本》，人民出版社 2002 年版，第 191—192 页。

② See Mexico Definitive Countervailing Measures on Olive Oil from the European Communities（Complainant: European Communities），WT/DS341/R, 4 September 2008, para.7.156.

第一，利益计算方法应在国内立法或实施细则中明确规定。SCM 协定的起草者并不打算详细考虑 WTO 成员为计算利益而提出的具体方法，似乎只要特定案件中使用的方法在国内立法或实施细则中可以识别，SCM 协定的要求就得到了满足。此外，"任何方法"中的"任何"这一词语表明，为了计算接受者获得的利益，与 SCM 协定第 14 条相符的方法可能不止一种。①

第二，利益计算方法应透明并附充分说明。缺乏透明以及充分说明的利益计算方法，相关利益计算可被视为违反 SCM 协定第 14 条。对此，"欧共体诉墨西哥橄榄油反补贴措施案"专家组认为，墨西哥调查机关对于每一个补贴计划中计算利益所使用的方法都附有足够充分且透明的解释，因此墨西哥计算接受者所获利益所使用的方法符合 SCM 协定第 14 条的要求。②

第三，利益计算方法应符合 SCM 协定第 14 条（a）至（d）的指导方针。SCM 协定第 14 条引言中的最后一个句子使用"应该（shall）"这一词语表明，WTO 各成员的利益计算方法符合（a）至（d）的指导方针是强制性的。此外，第 14 条使用"准则"这一表述，表明其提供了实施利益计算的基本框架，尽管准确、详细的计算方法并不确定。质言之，SCM 协定第 14 条规定了计算利益所必须考

---

① See United States Final Countervailing Duty Determination with Respect to Certain Softwood Lumber from Canada（Complainant: Canada）, WT/DS257/AB/R, 19 January 2004, para.91.

② See Mexico Definitive Countervailing Measures on Olive Oil from the European Communities（Complainant: European Communities）, WT/DS341/R, 4 September 2008, para.7.169.

虑的强制性因素。^①

第四，利益计算以 SCM 协定第 1.1 条（b）中的利益概念为基础。SCM 协定第 14 条的引言提及"准则"是"就第五部分而言"，而 SCM 协定第五部分涉及反补贴措施的使用，这表明 SCM 协定第 14 条构成解释第 1.1 条（b）的上下文，即第 14 条提出的"准则"适用于第 1.1 条（b）的利益界定。换言之，SCM 协定第 14 条提及第 1.1 条（b），意味着第 14 条所涉利益与第 1.1 条（b）中的利益具有相同的含义。因此，如果接受者获得财政资助的条件优于其在市场上可获得的条件，则在 SCM 协定第 14 条所涉每一种"准则"之下可视为存在利益。^②

基于 SCM 协定第 14 条构成第 1.1 条（b）中利益的上下文，本章在明确利益法律含义的基础上，结合利益计算规则，特别探究各类利益的判断标准。

第二节　贷款的利益判断

根据 SCM 协定第 14 条（b）的规定，判断政府贷款是否授予利益应比较接受贷款的公司支付政府贷款的金额与支付"实际可从

---

① See United States Final Countervailing Duty Determination with Respect to Certain Soft-wood Lumber from Canada（Complainant: Canada）, WT/DS257/AB/R, 19 January 2004, para.92.

② See Canada Measures Affecting the Export of Civilian Aircraft（Complainant: Brazil）, WT/DS70/AB/R, 2 August 1999, para.155 and para.158.

市场上获得的可比商业贷款的金额"。基于"实际可从市场上获得的可比商业贷款的金额"是判断贷款是否授予利益的比较基准，本节主要探讨这一基准贷款的选择。

一、"实际可从市场上获得的可比商业贷款的金额"的含义

"实际可从市场上获得的可比商业贷款的金额"以"可比""商业"及"实际可从市场上获得"作为前置定语。因此，理解贷款利益的这一比较基准，必须关注这些前置定语的具体含义。

第一，"可比"不限于贷款结构、期限、规模及货币种类。就何谓"可比"而言，"中国诉美国对部分产品征收反倾销税和反补贴税案"上诉机构认为："可比"的字典含义是能够比较的、值得比较的及适于比较的，这表明在被比较的事物与使得该比较有价值或有意义的事物之间存在足够相似性的情形下，一些东西可被视为"可比"。[①] 据此，SCM 协定第 14 条（b）中的基准贷款，应与调查所涉贷款具有尽可能多的共同要素。在理想状态下，基准贷款应与争议所涉政府贷款具备相同的结构、期限、规模及货币种类。由于此类理想化的基准贷款并不多见，因此与调查所涉政府贷款具有较少相似性的其他贷款也可以作为比较基准。[②]

---

① See United States Definitive Anti-Dumping and Countervailing Duties on Certain Products from China（Complainant:China）, WT/DS379/AB/R, 11 March 2011, para.475.

② See United States Definitive Anti-Dumping and Countervailing Duties on Certain Products from China（Complainant: China）, WT/DS379/AB/R, 11 March 2011, para.477.

一般而言,"可比"商业贷款指与调查所涉政府贷款相同或类似、同时取得或本应取得的融资工具。为了确认与政府贷款的可比性,关注的重点是贷款结构(比如固定利率对可变利率)、贷款期限(比如长期贷款对短期贷款)、贷款规模(比如贷款本金的数额)及贷款票面货币。除这些因素之外,与贷款风险相联系的其他因素,比如贷款担保和贷款抵押也是确认"可比"的考虑因素。

需要指出的是,确认基准贷款与调查所涉政府贷款是否"可比"考虑的因素越多,就越容易限制调查机关选择基准贷款的决定权。因此,美国商务部在实践中仅仅考虑贷款结构、贷款期限和贷款票面货币三个因素,虽然其并不否认贷款的其他特征对"可比"的判断具有一定的影响。尤其是,美国商务部认为,即使基准贷款的贷款结构、贷款期限和贷款票面货币与调查所涉政府贷款均相同,也并不必然会被认为与调查所涉政府贷款具有可比性。质言之,具体案件中的事实以及影响贷款可比性的其他因素也应一并考虑。

第二,"商业"强调贷款的市场条件而非贷款提供者的身份。就何谓"商业贷款"而言,"中国诉美国对部分产品征收反倾销税和反补贴税案"上诉机构认为:"'商业'的字典含义是'经济回报的'、'获利的可能'及'被视为一个纯粹的商业问题'……'商业'这一措辞并不涉及贷款提供者的身份。尽管本案专家组认为政府提供的任何贷款都不可能是'商业'的,但是我们认为将政府提供的贷款或政府控制的市场中私人贷款者提供的贷款不被视为'商业贷款'是不正确的。我们不认为'商业'这一概念本身与政府提供的财政资助互不相容，所以仅仅政府提供贷款的事实不足以证明此类贷款不是'商业贷款'。相反，调查机关必须证明，政府在市场干预中造成的扭曲导致其贷款利率无法被用作比较基准。"①

由此，如果一项贷款是从商业贷款机构取得的，或者是公司在商业市场上发行的债券，可被视为"商业贷款"。与之相比，政府拥有的商业银行和专业银行（比如发展银行）提供的贷款通常可被视为"商业贷款"，并可以作为比较基准，除非有证据表明这些贷款是按照政府指令或计划提供。此外，实践中可能出现调查所涉公司接受了"商业贷款"和政府贷款组合而成的一揽子贷款。在此情形下，需要对该融资组合予以仔细审查，以便决定商业银行贷款在事实上是否可被视为基准贷款。

第三，"实际可从市场上获得"强调贷款人的贷款风险。与通常理解的"实际可从市场上获得"的贷款指公司在市场上获得的真实贷款不同，"中国诉美国对部分产品征收反倾销税和反补贴税案"上诉机构认为，"实际可从市场上获得"并非指从市场中真实获得的贷款，或者在该市场中存在的既有贷款。相反，其指的是贷款人的贷款风险。② 将"实际可从市场上获得"的贷款理解为一种借款风险而非真实存在的贷款，该案上诉机构的这一法律解释使得使用替

---

① See United States Definitive Anti-Dumping and Countervailing Duties on Certain Products from China（Complainant: China）, WT/DS379/AB/R, 11 March 2011, para.479.

② See United States Definitive Anti-Dumping and Countervailing Duties on Certain Products from China（Complainant: China）, WT/DS379/AB/R, 11 March 2011, para.480.

代基准判断贷款利益具有了可能性，因而值得进一步商榷。

二、判断贷款利益的外部基准可能与 DSU 第 3.2 条相悖

以"实际可从市场上获得的可比商业贷款的金额"为基础，WTO 争端解决机构在实践中创设了代理基准和外部基准。然而，此类基准可能与 DSU 第 3.2 条的规定相悖。

第一，代理基准适用于"商业贷款"不具有调整可能性的情形。根据 SCM 协定第 14 条（b），衡量贷款利益的比较基准是"实际可从市场上获得的可比商业贷款的金额"。"中国诉美国对部分产品征收反倾销税和反补贴税案"专家组认为，判断贷款利益的比较基准首先应选择与调查所涉贷款同一贷款人相同或几乎相同的"商业贷款"；在缺乏相同或几乎相同此类贷款的情形下，则应从同一贷款人的其他类似"商业贷款"中选择与调查所涉贷款人的信用风险状况、被提供给另一贷款人的类似"商业贷款"作为比较基准。[1] 由此，"中国诉美国对部分产品征收反倾销税和反补贴税案"专家组将 SCM 协定第 14 条（b）下比较基准的选择，理解为对"实际可从市场上获得的可比商业贷款的金额"的一个渐进搜索过程。从最类似于调查所涉贷款的"商业贷款"开始，然后逐渐转移至具有较少类似性的"商业贷款"。

无疑，比较基准与调查所涉贷款相同或几乎相同这一理想基准

---

[1]　See United States Definitive Anti-dumping and Countervailing Duties on Certain Products from China（Complainant: China），WT/DS379/R, 22 October 2010, para.10.116.

越远，为确保基准贷款与 SCM 协定第 14 条（b）规定的公司支付"实际可从市场上获得的可比商业贷款的金额"越接近，调查机关所作的调整就越多。调整事项包括但不限于贷款的开始日期、贷款规模、贷款期限、贷款货币、贷款结构及贷款人的信用风险等。[1]然而，当既有"商业贷款"与调查所涉贷款之间的实际差异如此之大以至于调整不具有现实可能性时，调查机关可能会使用代理基准。[2]

需要说明的是，"中国诉美国对部分产品征收反倾销税和反补贴税案"专家组关于使用代理基准的主张得到了该案上诉机构的支持。具体而言，该案上诉机构认为，在调查所涉贷款利率被扭曲并因此不能被用作基准的情形下，SCM 协定第 14 条（b）并不阻止调查机关使用代理基准的利率，或者阻止调查机关使用不同于调查所涉贷款计价货币的贷款利率作为基准。[3]由此，不仅代理基准，而且外部基准的使用也将成为可能。

第二，外部基准适用于调查所涉贷款利率被扭曲的情形。根据 SCM 协定第 14 条（d）的规定，衡量货物或服务利益的比较基准是"所涉货物或服务在提供国或购买国的现行市场情况"。换言之，SCM 协定第 14 条（d）清楚地将货物或服务的相关市场与"提供

① See United States Definitive Anti-dumping and Countervailing Duties on Certain Products from China（Complainant: China）, WT/DS379/R, 22 October 2010, para.10.118.

② See United States Definitive Anti-dumping and Countervailing Duties on Certain Products from China（Complainant: China）, WT/DS379/R, 22 October 2010, para.10.119.

③ See United States Definitive Anti-Dumping and Countervailing Duties on Certain Products from China（Complainant: China）, WT/DS379/AB/R, 11 March 2011, para.486.

国或购买国"相联系，而第 14 条（b）对于可比"商业贷款"应该
被确定的相关市场却并没有明确地表达任何地理范围上的联系。①
那么，SCM 协定第 14 条（b）所涉贷款利益的判断是否如同第 14
条（d）所涉货物或服务的利益判断，可以使用外部基准作为比较
基准呢？

"中国诉美国对部分产品征收反倾销税和反补贴税案"上诉机
构认为，在政府干预扭曲了调查所涉贷款成员国内贷款利率的情形
下，将 SCM 协定第 14 条（b）所涉贷款利益解读为总是需要与调
查所涉贷款以相同货币计价的贷款进行比较，将会改变该条的目
的。换言之，在既定市场中以既定货币计价的贷款被政府干预扭曲
的情形下，调查机关应该被允许使用一个不同于"实际可从市场上
获得的可比商业贷款的金额"的基准。② 由此，该案上诉机构实际
上认为贷款利益的判断可以使用外部基准。

此外，"加拿大诉美国软木案"上诉机构认为，尽管 SCM 协定
第 14 条（b）和（d）使用了不同的措辞，但在 SCM 协定第 14 条
（d）下使用外部基准和代理基准的理由，同样适用于 SCM 协定第
14 条（b）。③ 在该案上诉机构看来，SCM 协定第 14 条（b）在选择

---

① See United States Definitive Anti-Dumping and Countervailing Duties on Certain Products from China（Complainant: China）, WT/DS379/AB/R, 11 March 2011, para.481.

② See United States Definitive Anti-Dumping and Countervailing Duties on Certain Products from China（Complainant: China）, WT/DS379/AB/R, 11 March 2011, para.484.

③ See United States Final Countervailing Duty Determination with Respect to Certain Softwood Lumber from Canada（Complainant: Canada）, WT/DS257/AB/R, 19 January 2004, paras.92–96.

基准时享有一定程度的灵活性，以确保相关选择能为判断利益进行有意义的比较。然而，尽管其同时也强调调查当局采用另一种货币或替代基准贷款时必须确保这种基准贷款得到调整，以便尽可能接近"实际可从市场上获得的可比商业贷款的金额"，并且任何外部基准和代理基准应符合 SCM 协定第 14 条关于透明且附充分解释的要求，[①] 此类外部基准的使用理由仍然非常牵强。

第三，WTO 争端解决机构关于外部基准的使用理由忽视了条款的实际用语。"中国诉美国对部分产品征收反倾销税和反补贴税案"上诉机构对 SCM 协定第 14 条（b）的解释，较多地关注该条款的目的，从而忽略了对其实际用语的解释。

详言之，在论证外部基准的合理性时，该案上诉机构 4 次提及该条款的目的，而其认为外部基准合理的源头是对"实际可从市场上获得"这一表述的理解。如前所述，该案上诉机构将"实际可从市场上获得"解释为贷款人面临的一种风险，似乎与"实际可从市场上获得"这一词语的含义相去甚远。较多关注条款的目的而忽视其所使用的词语的含义，该案上诉机构的这一解释至少存在以下不足：

首先，大多数条约的目的及宗旨都不是单一的，而是容纳或折中了各种不同的、甚至相互冲突的目的及宗旨。

其次，对于 WTO 这样的多边条约而言，许多当事方是嗣后加入的。因此，他们加入的依据不是条约谈判者的意图，而是条约文

---

① See United States Definitive Anti-Dumping and Countervailing Duties on Certain Products from China（Complainant: China），WT/DS379/AB/R, 11 March 2011, para.489.

本的实际含义。

再次，DSU 第 11 条规定："专家组应对其审议的事项作出客观的评估，包括对该案件事实及有关适用协定的适用性和与有关适用协定的一致性的客观评估。"[1] 该条提及的客观要求，可被视为反对滥用目的解释。尤其是，DSU 第 3.2 条规定："争端结局机构的建议和裁决不能增加或减少适用协定所规定的权利和义务。"[2]WTO专家组和上诉机构滥用目的解释会造成争议所涉相关协定下 WTO成员相关权利和义务的增加或减少，从而与 DSU 第 3.2 条的规定相悖。[3]

三、判断贷款利益与贷款是否实际执行无关

实践中，贷款通常有一定的贷款期限。SCM 协定贷款利益的判断，应以贷款开始执行时的情形为主，而非以贷款期满后的情形为主。换言之，判断政府贷款是否授予利益，无须关注贷款的实际执行。

判断贷款是否授予利益无须关注贷款的实际执行，是因为贷款本身是一种事前分析，是贷款方在作出贷款决定时惯常使用的，并且已经成为金融风险评估的成熟模式。

---

① 石广生主编：《乌拉圭回合多边贸易谈判结果：法律文本》，人民出版社 2002 年版，第 277 页。

② 石广生主编：《乌拉圭回合多边贸易谈判结果：法律文本》，人民出版社 2002 年版，第 272 页。

③ 参见程红星：《WTO 司法哲学的能动主义之维》，北京大学出版社 2006 年版，第 225 页。

第一，从金融角度分析，投资者决定投资是因为预期该投资未来会获得积极回报。在决定是否投资时，投资者通常考虑可替代性的投资机会。投资者对在作出投资决定时可获得的市场条件及其可能的发展（产品的未来需求和价格、未来成本等）进行预测的基础上作出投资决定。在大部分情况下，由于不能获得作出投资决定的所有相关信息，投资者未必会精确地预测未来的投资回报，甚至对未来的预期可能会严重偏离投资实际发生的情形。因此，评估投资是否具有商业合理性，需要查明投资者在作出投资决定时所能获取的信息。投资获得的回报率可能超过市场利率，也可能低于市场利率，但这不是预先可以确定的。质言之，投资的商业合理性不可能在投资事实上如何被执行的基础上被查明，因为此类分析对于明确投资被作出的基础没有任何意义。

第二，倘若贷款利益的判断需要关注贷款的实际执行，意味着直到贷款执行全部完成之前，受损的 WTO 成员不可以救济国内产业。在涉及长期贷款的条件下，受损的 WTO 成员维护自身合法权益的任何举措将不得不推迟若干年。要求一个 WTO 成员等待如此漫长的时间才可以采取措施，并且根据 WTO 救济措施不溯及既往的性质，这必将限制 SCM 协定第三部分和第五部分的有效性。因此，判断一项贷款是否授予利益，应关注作出贷款决定时的条款与条件，并将其与当时市场上所能提供的贷款的条款与条件进行比较。[1]

---

[1]　See European Communities and Certain Member States Measures Affecting Trade in Large Civil Aircraft（Complainant: United States）, WT/DS316/AB/R, 18 May 2011, paras.834–838.

第三，基于政府提供贷款本身就会对市场竞争条件产生一定的影响，因此要求贷款实际执行完毕才可以采取救济措施，无疑削弱了受补贴产品进口国使用反措施保护本国受损产业的权利。尤其是，倘若政府贷款的时间期限较长的话，也为该补贴提供经济体规避进口成员的反补贴税法提供了可能。因此，政府贷款的利益判断不应考虑贷款的实际执行情况。

综上，政府贷款是否授予利益的判断，应集中探究贷款方和借款方达成交易时贷款如何构成以及风险如何评估，而非该贷款实际上如何随着时间而被执行。

第三节　贷款担保的利益判断

贷款担保是 SCM 协定第 1.1 条（a）（i）明确列举的"潜在的资金或债务直接转移"的示例。与这一规定相呼应，SCM 协定第 14 条（c）对"潜在的资金或债务直接转移"的利益判断作出了指引。本节主要以贷款担保为例，探讨"潜在的资金或债务直接转移"授予利益的判断。

一、贷款担保的利益判断强调政府担保条件是否优于市场担保条件

较之于"资金直接转移"所授予的利益是最终发生了转移的资

金本身，"潜在的资金或债务直接转移"授予的利益，是潜在的资金或债务转移所导致的结果。

欧共体在"美国波音公司补贴案"中诉称，《华盛顿州与波音公司关于奥林巴斯项目选址协定》将各执政党对波音公司所作承诺违反的风险转移给了政府，从而间接地向波音公司授予了利益。欧共体的理由是，在贷款担保中，贷款的违约风险从贷款方被转移至政府，间接地向借款方（补贴接受者）提供了利益。[1] 由此，欧共体理解的"潜在的资金或债务直接转移"所授予的利益，是贷款的违约风险在补贴接受者与政府之间的转移。

忆及 SCM 协定第 1.1 条（b）下的利益分析要探究争议所涉财政资助是否使得接受者获得的待遇较之于其在市场上所能获得的待遇更好。此外，SCM 协定第 14 条（c）规定："政府提供的贷款担保不应被视为授予利益，除非获得担保的公司支付政府担保贷款的金额不同于公司支付无政府担保的可比商业贷款的金额。在这种情况下，利益为在调整任何费用差别后的两金额之差。"由此，政府贷款担保是否授予利益，需要比较政府担保的贷款条件与没有政府担保的、可比商业贷款的条件。就此而言，欧共体在"美国波音公司补贴案"中将政府贷款担保情形下的利益理解为违约风险从贷款人被转移至政府，似乎不符合 SCM 协定界定利益的思路。[2] 相反，

---

[1]　See United States Measures Affecting Trade in Large Civil Aircraft-Second Complaint（Complainant: European Communities），WT/DS353/R, 31 March 2011, para.7.175.

[2]　See United States Measures Affecting Trade in Large Civil Aircraft-Second Complaint（Complainant: European Communities），WT/DS353/R, 31 March 2011, para.7.177.

从 SCM 协定第 14 条（c）的规定来看，政府贷款担保是否授予利益取决于政府担保情形下贷款条件的效果，[①] 即是否优于没有政府担保的、实际在市场上可获得的可比商业贷款的条件。

鉴于补贴并非必然扭曲国际贸易，一项政府举措是否应受 SCM 协定的规制，需要审查其是否向接受者提供了在正常市场竞争中原本无法获得的东西。质言之，SCM 协定设计利益作为补贴的构成要素，旨在对政府举措的市场效果作出评估。因此，政府贷款担保是否真实地授予接受者利益并不重要，重要的是政府提供担保的条件优于市场提供担保的条件这一事实本身就足以改变正常的市场竞争条件。

正是在此意义上，SCM 协定对补贴利益的判断，本质上是对补贴效果的评估，而非对交易风险的预测。从法律技术手段而言，评估补贴效果需要以正常市场竞争条件作为比较基准。因此，如何确定正常市场竞争条件，对于判断政府贷款担保是否授予利益至关重要。

二、贷款担保的利益判断以无政府担保的贷款条件作为比较基准

SCM 协定第 14 条（c）规定，衡量政府贷款担保是否授予利益，需要在被调查企业支付政府担保贷款的金额与"无政府担保的可比

---

① See Brazil Export Financing Programme for Aircraft（Complainant: Canada），WT/DS46/R, 14 April 1999, para.7.68.

商业贷款的金额"之间进行比较。[①] 如果被调查企业对政府提供担保的贷款所支付的金额，比在没有政府担保的情形下，其实际可从市场上获得的可比商业贷款所支付的金额少的话，即可认定存在利益。由此，通过比较有政府担保与无政府担保情形下担保成本差异所引发的贷款条件差异，SCM 协定提供了判断政府贷款担保是否授予利益的一般准则。

SCM 协定通过比较有政府担保与无政府担保的贷款条件判断政府贷款担保是否授予利益的方法，在"巴西诉加拿大影响支线飞机出口措施案"上诉机构报告中得到充分体现。[②] 此后，"巴西诉加拿大支线飞机出口信贷及贷款担保案"专家组不仅继续使用这一方法[③]，而且在判断政府提供的股权担保是否授予利益时，进一步认为 SCM 协定第 14 条（c）关于贷款担保的利益判断方法同样适用于股权担保[④]。

由此，无论政府担保是针对贷款作出，还是针对股权作出，WTO 争端解决机构都倾向于通过比较有政府担保与无政府担保的贷款条件或股权条件来判断利益。换言之，SCM 协定本身和 WTO 争端解决机构的实践均着眼于存在政府干预和缺乏政府干预时的情

---

① 通常而言，此处的金额包括贷款担保费用和对贷款支付的实际利率。

② See Canada Measures Affecting the Export of Civilian Aircraft（Complainant: Brazil），WT/DS70/AB/R, 2 August 1999, para.155.

③ See Canada Export Credits and Loan Guarantees for Regional Aircraft（Complainant: Brazil），WT/DS222/R, 28 January 2002, para.7.398.

④ See Canada Export Credits and Loan Guarantees for Regional Aircraft（Complainant: Brazil），WT/DS222/R, 28 January 2002, para.7.345.

形。这一逻辑潜在地暗示政府干预总是会改变市场竞争条件，因此缺乏政府干预时的市场竞争条件就成为合适的比较基准。但是，由于并非每一种政府干预行为都会授予接受者利益，缺乏政府干预时的市场竞争条件也就未必总是合适的比较基准。

质言之，政府也可能会做出像私人投资者那样的行为。政策制定角色中的政府行为与私人投资者角色中的政府行为存在原则性的区别。在政府以私人投资者的身份行为时，其追求利润并忽略其他公共政策问题。此时，接受者获得的财政资助不可能享有其在市场上原本不可能获得的利益，也不能从企业的其他市场参与者处获得任何利益。因此，判断利益存在与否的决定性因素不是政府干预是否存在，而是企业是否通过政府干预摆脱了市场约束。那么，在缺乏政府干预时的市场竞争条件不合适作为比较基准的情形下，判断"潜在的资金或债务直接转移"是否授予利益的比较基准又该如何确定呢？

根据 SCM 协定中利益的基本含义，判断政府贷款担保是否授予利益，关键在于政府担保是否使得贷款方获得了更加优惠的贷款条件。市场竞争施加的约束，通常会确保最有效率的企业总是市场上最有竞争优势的企业。此时，政府向最具有市场竞争优势的企业提供贷款担保，并不会改变其在市场中的竞争地位，从而不会扭曲正常的市场竞争条件。

需要注意的是，没有遭到扭曲的竞争或市场竞争，是一个包容性极强的概念。这个概念意味着，企业在政府提供担保的情形下获得贷款的条件，应该与其在正常市场中所能获得的商业担保情形下的贷款条件相同或类似。市场因此成为评估政府担保效果的有效机

制，也即市场是判断企业获得政府担保成本高低的基准。但是，如
果企业囿于自身资金和信誉无法获得正常市场条件下的商业担保，
政府在此时提供的担保就会使得该企业获得不公平的市场竞争优
势，因为其之所以能够吸引投资者和资本，不是由于本身的高效，
而是由于获得了政府担保。

　　因此，当缺乏政府干预时的市场条件不合适作为比较基准时，
商业担保的贷款条件似乎可以作为替代基准。这一选择符合 WTO
争端解决机构的一贯认识，即 SCM 协定中的财政资助是否向接受
者提供了利益，应比较财政资助的条件与理性私人投资者组成的相
关市场条件。① 当然，缺乏政府担保的贷款条件中的贷款，和商业
担保的贷款条件中的贷款，分别指"实际可以在市场上获得的无政
府担保的可比商业贷款"与"实际可以在市场上获得的商业担保的
可比商业贷款"。那么，如何确定"实际可以在市场上获得的无政
府担保（或商业担保）的可比商业贷款"呢？

　　虽然 WTO 争端解决机构在"加拿大诉巴西支线飞机出口融资
项目案"②、"巴西诉加拿大支线飞机出口信贷及贷款担保案"③ 中都
曾涉及"潜在的资金或债务直接转移"是否授予利益的问题，但均

---

① See Japan Countervailing Duties on Dynamic Random Access Memories from Korea
　（Complainant: Republic of Korea），WT/DS336/AB/R, 28 November 2007, para.174.

② See Brazil Export Financing Programme for Aircraft（Complainant: Canada），WT/DS46/
　R, 14 April 1999, paras.7.68–7.69. See also Brazil Export Financing Programme for Aircraft
　（Complainant: Canada），WT/DS46/AB/R, 2 August 1999, para.157.

③ See Canada Export Credits and Loan Guarantees for Regional Aircraft（Complainant: Bra-
　zil），WT/DS222/R, 28 January 2002, paras.7.344–7.345.

未对这一比较基准作出解释。因此，美国商务部在长期实践中形成的做法值得关注。

三、美国基于企业信誉度确定政府贷款担保是否授予利益

基于政府既可能向信誉良好的企业的贷款提供担保，又可能向信誉欠佳的企业的贷款提供担保，美国商务部在确定"实际可以在市场上获得的无政府担保（或商业担保）的可比商业贷款"时，通常依据企业信誉度的不同而选择不同的比较基准。

（一）信誉良好的企业"实际可以在市场上获得的可比商业贷款"

对于信誉良好的企业的贷款提供的担保，确定"实际可以在市场上获得的无政府担保（或商业担保）的可比商业贷款"的关键，在于对"可比商业贷款"与"实际可以在市场上获得"这两个前置条件的理解。① 此处的"可比"与前述贷款利益判断的考虑相同。

就"商业贷款"而言，美国商务部曾将贷款方从商业贷款机构取得的贷款，或在商业市场上发行的债券视为"商业贷款"。此外，

---

① 为行文方便，下述对比较基准选择的论证仅以"市场上可实际获得的无政府担保的可比商业贷款"为例。对其中"可比的""商业"和"市场上可实际获得的"含义的解释，同样适用于"实际在市场上可获得的商业担保的可比商业贷款"。

除非证据证明从政府所有的银行取得的贷款是按照非商业条件或在政府指示下提供的，否则也可以被视为"商业贷款"。美国商务部的这一观点曾招致国内大量批评：

第一，无论贷款是否根据政府计划提供，政府所有的银行提供的贷款与政府提供贷款没有区别，因为政府所有的银行的行为等同于政府行为。

第二，政府计划与政府控制之间的区别相当模糊，并且美国商务部已经认定政府的指导性信贷可被采取反措施。[1]

第三，政府所有的银行的贷款不合适作为比较基准的证明责任，应由被诉方而非申诉方承担。

第四，政府所有的银行提供的贷款或政府的指导性融资，仅在例外情形下可以作为比较基准。[2]

面对上述批评，美国商务部分别作出以下回应：

第一，在有些国家，政府所有的银行和商业银行均按照相同的方式运作，因此不能绝对地认为政府所有的银行提供的贷款就不是"商业贷款"。

第二，仅仅政府所有的专业银行，比如发展银行，其提供的贷款才不可以被视为"商业贷款"，因为此类贷款是根据政府计划或政府指令提供的。

---

[1] See Final Affirmative Countervailing Duty Determinations and Final Negative Critical Circumstances Determinations:Certain Steel Products from Korea, 58 Federal Register,37338, 1993.

[2] 参见中华人民共和国对外贸易经济合作部编:《世界贸易组织成员补贴措施选编》，中国对外经济贸易出版社 2002 年版，第 288—289 页。

第三，政府所有的商业银行提供的贷款不被视为"商业贷款"的举证责任由反补贴申请者承担，并不会使其承受不合理的额外负担，因为这是申请者诉称对外国政府贷款担保启动反补贴调查需要提供的证明资料之一。

第四，当被调查企业获得的贷款是由商业银行贷款和政府贷款组成的一揽子融资时，美国商务部会审查此类融资组合以决定商业银行贷款是否事实上可被视为"商业贷款"。

如前所述，确定政府提供的贷款担保是否授予利益的比较基准，不仅是"可比商业贷款"，还要求是"实际可以在市场上获得"的贷款。原则上，美国商务部通过考虑被调查企业获得可比短期和长期贷款的实际经验，确定"实际可以在市场上获得"的贷款。如果被调查企业在调查期间没有获得任何可比"商业贷款"，美国商务部通常使用本年度"商业贷款"的全国平均利率作为基准利率。

（二）信誉欠佳企业"实际可以在市场上获得的可比商业贷款"

针对政府可能向信誉欠佳企业的贷款提供担保的情形，美国商务部通常选择被调查国贷款的拖欠率，或穆迪投资服务公司关于公司债券历史拖欠率研究报告中的平均累积拖欠率作为"实际可以在市场上获得的可比商业贷款"。

笼统而言，如果被调查企业不能通过常规商业渠道获得长期融资，就会被美国商务部认定信誉欠佳。因此，信誉欠佳的企业只能通过其他渠道，比如发行垃圾债券来筹资。在进行信誉分析时，美国商务部通常审查以下因素：被调查企业获得的其他可比长期商业贷款，反映被调查企业现在和历史财务状况的各种财务指标，被调查企业过去和现在利用现金流量满足其成本和固定财务责任的能力以及证明被调查企业未来财务状况的其他资料。

由此，美国商务部评估企业的信誉度时，强调的是接受政府贷款担保的公司的现实经济与财务状况，而非企业的贷款目的，或企业从事相关业务的风险程度。而且，将信誉欠佳界定为不能通过正常商业渠道获得长期融资的原则性做法，也为美国商务部提供了相当大的灵活性。此外，信誉度评估不局限于对企业整体信誉度的关注，而是关注特定项目的信誉度。因为企业的信誉可能良好，但是其打算开展的新项目可能不具备经济可行性，无法通过正常的商业渠道获得融资，以至于不得不求助于政府融资。因此，评估企业的信誉度重点关注被资助的项目而非被调查的企业。

考虑到相对于信誉良好的企业，向信誉欠佳的企业提供贷款存在较高的拖欠率，而较高的拖欠率必然导致借款人会制定较高的贷款利率，美国商务部通常会依据这类企业的拖欠率计算一个额外的基准利率。那么，如何计算信誉欠佳的企业的拖欠率呢？初始，美国商务部根据美国债务市场上穆迪投资服务公司报告的风险等级债券的加权半均一年期拖欠率，作为评估向信誉欠佳的企业提供贷款的风险水平的主要指标。

值得关注的是，美国商务部承认使用美国垃圾债券市场的拖欠率评估被调查企业所在国贷款市场的风险水平并不能客观、真实地反映被调查国信誉欠佳企业的贷款风险。但是，由于搜集被调查国详细、全面的拖欠资料存在现实困难，美国商务部似乎不得依赖这一方法。如果能实际获得被调查国的拖欠率资料，或被调查国的拖欠实践与美国存在显著区别时，美国商务部会采纳被调查国的拖欠率，或对美国的拖欠率进行相应的调整。基于一年期拖欠率不能准确地反映信誉欠佳企业拖欠长期贷款的风险，美国商务部通常选择穆迪投资服务公司关于公司债券历史拖欠率研究报告中的平均累积拖欠率。[①]

第四节　股本投资的利益判断

根据 SCM 协定第 14 条（a）的规定，判断政府股本投资是否授予利益，应比较政府的投资决定与私人投资者的通常投资实践。基于以市场条件为基础的私人投资者的通常投资实践，是判断政府股本投资是否授予利益的比较基准，本节对此进行专门探讨。

一、判断股本投资利益的比较基准是私人投资者的通常投资实践

基于交易成本和预期收益，通过比较作出投资决定时私人投资者的通常投资实践来评估政府股本投资是否授予利益，本质上是一

---

① 参见中华人民共和国对外贸易经济合作部编：《世界贸易组织成员补贴措施选编》，中国对外经济贸易出版社 2002 年版，第 292—294 页。

种事前评估。WTO 争端解决机构在实践中对如何确定私人投资者的通常投资实践作出了比较详细的解释。

"欧共体空客公司补贴案"上诉机构认为："通常投资实践使用'通常'和'实践'这两个词语是某种意义上的强化，前者指'通常或习惯上可被观察到的，或习惯上会做的'，后者指'通常或习惯上的行为或实施'。根据'通常'和'实践'的一般含义，通常投资实践指私人投资者关于股本投资的通常或习惯行为。"① 那么，此处的私人投资者指既存投资者还是新投资者呢？"韩国诉日本动态随机存储器反补贴税案"是 WTO 争端中涉及此类争议的唯一案件。

"韩国诉日本动态随机存储器反补贴税案"涉及企业破产重组所授予的利益数量应该通过既存投资者的视角来确定，还是应该通过新投资者的视角来确定。面对这一问题，该案上诉机构没有仅仅局限于 SCM 协定第 14 条（a）的规定，而是以 SCM 协定第 14 条为整体作出了相关澄清。详言之，该案上诉机构认为，SCM 协定第 14 条规定的利益计算需要比较财政资助的交易条件与相关市场中不受约束的交易条件。相关市场可能是发达的，也可能是不发达的；市场上的参与者可能较多，也可能很少；市场可能处于成熟阶段，也可能处于确立相关市场和结果均比较困难的初级阶段。但是，这些约束并不影响利益判断的基本框架，因为市场始终由理性的投资者组成，无论是内部投资者还是外部投资者，还是既包括内

---

① See European Communities and Certain Member States Measures Affecting Trade in Large Civil Aircraft（Complainant: United States），WT/DS316/AB/R, 18 May 2011, para.999.

部投资者又包括外部投资者。质言之，不存在适用于内部投资者和外部投资者的不同标准，判断利益仅仅存在一个标准，即市场标准。①

值得指出的是，在 SCM 协定第 14 条（a）之下，市场标准是私人投资者通常投资实践；在第 14 条（b）之下，市场标准是实际可从市场上获得的可比商业贷款的金额；在第 14 条（d）之下，市场标准是货物或服务在提供国或购买国的现行市场情况。上述比较基准均没有在内部市场与外部市场之间作出区分。考虑到 SCM 协定第 14 条是解释 SCM 协定第 1.1 条（b）的相关上下文，所以市场是进行比较的合适基础，内部投资者和外部投资者的区分对于选择合适的比较基准并无影响。

二、资本投资形式的股本投资利益判断实践

WTO 争端解决机构在"欧共体空客公司补贴案"中，就资本投资形式的股本投资如何判断利益作出了比较详细的解释与说明。

（一）WTO 框架下资本投资形式的股本投资争议

美国和欧共体在"欧共体空客公司补贴案"中就法国政府（包括里昂信贷银行）于 1987 年至 1994 年间向法国宇航公司进行的四次资本投资是否符合私人投资者的通常投资实践展开了激烈的

---

① See Japan Countervailing Duties on Dynamic Random Access Memories from Korea (Complainant: Republic of Korea), WT/DS336/AB/R, 13 July 2007, paras.172–174.

争论。

以法国政府于 1987 年至 1988 年间向法国宇航公司的资本投资为例。受 1982 年至 1983 年航空业危机的影响，法国宇航公司在 1987 年和 1988 年的利润分别为 5000 万和 9300 万法国法郎。此外，由于其四分之一以上的民用大飞机产量以美元计价，而美元自 1985 年以来持续下跌，致使美元计价的民用大飞机销售额事实上大大低于以法国法郎计价的销售额。除美元贬值之外，法国宇航公司还面临经济不稳定、市场波动以及市场竞争加剧等不利局面。此类消极因素导致法国宇航公司的内部资金，尤其是运营资本大大减少。与此同时，商业空中交通强劲增长、现代化军事装备预算增加、空客公司战略新方案的启动以及阿丽亚娜系列运载火箭和卫星的发射，意味着法国宇航公司拥有积极的发展前景，从而亟须增加运营资本。正是在此背景下，法国政府于 1987 年至 1988 年间向法国宇航公司注入了 12.5 亿法国法郎。[①]

美国提交了相关期间法国宇航公司与同行公司集团在同一时期的股本回报率、债务股本比率及偿债备付率等财务业绩指标，以证明法国政府的股本投资不符合法国私人投资者的通常投资实践。在美国看来，这些证据表明在 1985 年至 1994 年之间，法国宇航公司的财务业绩比率在多数情形下均大大低于同行公司集团的相应平均比率，因此在法国政府决定投资时，法国宇航公司不具有投资价值，所以法国政府的投资决定不符合私人投资者的通常投资实践。

[①]　See European Communities and Certain Member States Measures Affecting Trade in Large Civil Aircraft（Complainant: United States），WT/DS316/R, 30 June 2010, para.7.1363.

欧共体抗辩称，在法国政府投资时，法国宇航公司具有积极的未来前景，并且其已经承诺对产品开发进行投资，因此法国宇航公司的资本扩张是合理的。换言之，当法国政府决定向法国宇航公司投资时，其预期投资将获得合理的回报，因此相关投资行为符合私人投资者的通常投资实践。[①] 为了证明自己的主张，欧共体提交了以下三类证据：法国宇航公司关于民用大飞机交付、订单、积压、收入、利润及营业额等经营状况的年度报告；空客公司关于预测民用大飞机与空客集团市场需求与份额均将增加的商业报告；美国波音公司及美国政府预测民用大飞机市场增长的报告与出版物。[②]

（二）判断资本投资形式股本投资合理性的因素

面对美国和欧共体的上述争论，该案专家组重点关注美国是否已经证明法国私人投资者不会根据当时的信息进行资本投资，即评估企业股权投资的私人投资者是否寻求获得合理的投资回报率。由于欧共体没有质疑美国为评估法国宇航公司财务业绩而选择的财务比率指标的相关性、准确性或适当性，也没有提出比较法国宇航公司与同行公司集团之间财务业绩的其他替代依据或指标，[③] 本案专

[①] See European Communities and Certain Member States Measures Affecting Trade in Large Civil Aircraft（Complainant: United States）, WT/DS316/R, 30 June 2010, para.7.1357.

[②] See European Communities and Certain Member States Measures Affecting Trade in Large Civil Aircraft（Complainant: United States）, WT/DS316/R, 30 June 2010, para.7.1361.

[③] See European Communities and Certain Member States Measures Affecting Trade in Large Civil Aircraft（Complainant: United States）, WT/DS316/R, 30 June 2010, para.7.1360.

家组遂认为美国提出的前述财务业绩指标可以作为说明私人投资者是否会对法国宇航公司进行资本投资的考虑因素。

在确定了私人投资者寻求获得合理投资回报的相关考虑因素后，该案专家组首先指出：在法国政府于 1987 年和 1988 年向法国宇航公司投资之前，法国宇航公司的股本回报率、债务股本比率及偿债备付率均低于同行公司集团的相应平均比率。①其次，关于空客公司、波音公司及美国政府所做的大飞机市场及业务前景的预测，仅与民用大飞机的整体市场状况相关，与假设并预测空客公司未来发展前景的相关性不足，因此不能作为私人投资者考虑对法国宇航公司进行资本投资能否获得合理回报的证据。②

基于以上分析，本案专家组认为法国私人投资者在 1987 年至 1988 年间不会对法国宇航公司进行资本投资，法国政府关于 12.5 亿法国法郎股本投资的决定不符合法国私人投资者的通常投资实践。③依据前述分析思路④，该案专家组认为法国里昂信贷银行 1992

① See European Communities and Certain Member States Measures Affecting Trade in Large Civil Aircraft（Complainant: United States），WT/DS316/R, 30 June 2010, para.7.1363.

② See European Communities and Certain Member States Measures Affecting Trade in Large Civil Aircraft（Complainant: United States），WT/DS316/R, 30 June 2010, para.7.1366.

③ See European Communities and Certain Member States Measures Affecting Trade in Large Civil Aircraft（Complainant: United States），WT/DS316/R, 30 June 2010, para.7.1367.

④ See European Communities and Certain Member States Measures Affecting Trade in Large Civil Aircraft（Complainant: United States），WT/DS316/R, 30 June 2010, para.7.1370.

年的股本投资①以及法国政府于 1994 年的股本投资②均不符合私人投资者的通常投资实践。

由上可知，"欧共体空客公司补贴案"专家组利用股本回报率、债务股本比率及偿债备付率作为判断政府投资能否获得合理回报的考虑因素。尽管这是依据举证责任原则的结果，但仍然可以为如何判断政府投资决定的合理性提供有益的启示。此外，专家组指出欧共体的反驳证据应是法国政府或法国里昂信贷银行在决定投资之前法国宇航公司的实际收入或财务预算信息。③因为这些信息才是私人投资者考虑对法国宇航公司进行资本投资时能否获得合理回报的重要证据。

质言之，与被投资实体的真实财政收入与财政预算、盈利能力、企业资产质量、企业债务风险及企业经营增长相关的指标，可以作为确定政府投资能否获得合理回报的证据。

三、股权转让形式的股本投资利益判断实践

除直接投资之外，股权转让是政府进行股本投资的重要形式之

---

① See European Communities and Certain Member States Measures Affecting Trade in Large Civil Aircraft（Complainant: United States），WT/DS316/R, 30 June 2010, para.7.1371.

② See European Communities and Certain Member States Measures Affecting Trade in Large Civil Aircraft（Complainant: United States），WT/DS316/R, 30 June 2010, para.7.1375.

③ See European Communities and Certain Member States Measures Affecting Trade in Large Civil Aircraft（Complainant: United States），WT/DS316/R, 30 June 2010, para.7.1370, 7.1374 and 7.1366.

一。"欧共体空客公司补贴案"是公司股权转让形式的股本投资利益判断的典型案件。

（一）WTO 框架下股权转让形式的股本投资争议

美国在"欧共体空客公司补贴案"中诉称，法国政府在 1998 年将其在达索航空公司（Dassault Aviation）的股权转让给了法国宇航公司，相关股权转让不符合私人投资者的通常投资实践，因此授予了法国宇航公司利益。

法国政府将达索航空公司的股权转让给法国宇航公司，是为了合并法国宇航公司和玛特拉豪特斯技术公司（Matra Hautes Technologies），并通过随后公开发行法国宇航玛特拉公司（Aérospatiale-Matra）股票的方式对法国航空、国防及航天工业进行初步整合。为此，法国政府于 1998 年 12 月将其在达索航空公司中 45.76% 的权益转让给了法国宇航公司。1999 年 5 月，法国宇航玛特拉公司向法国政府发行新股票，每股达索航空公司的股票换取两股法国宇航玛特拉公司的股票。[1] 在股权转让之前，法国政府凭借双重表决权拥有达索航空公司的控制权；在股权转让之后，法国政府的双重表决权被取消。[2] 美国诉称，基于法国宇航公司当时的财务状况，私人投资者不会转让股权。此外，股权转让涉及出让达索航空公司控

---

[1] See European Communities and Certain Member States Measures Affecting Trade in Large Civil Aircraft（Complainant: United States）, WT/DS316/R, 30 June 2010, para.7.1382.

[2] See European Communities and Certain Member States Measures Affecting Trade in Large Civil Aircraft（Complainant: United States）, WT/DS316/R, 30 June 2010, para.7.1384.

制权的大量费用，没有任何证据表明这些费用能被随后出售法国宇航马特拉公司股票的预期收益所涵盖。[①] 因此，法国政府的股权转让向法国宇航玛特拉公司授予了利益。

（二）判断股权转让形式股本投资合理性的因素

面对美国的上述主张，"欧共体空客公司补贴案"专家组特别强调，虽然法国政府在转让其 45.76％的达索航空公司的权益之前，法国宇航公司的财务状况和前景有所改善，但这一改善尚未达到法国宇航公司在不增加达索航空公司 45.76％权益（占其合并资本总额增加 20％）的情况下能够吸引私人资本的程度。[②] 最终，专家组以欧共体未能证明私人投资者在出售资产之前会合并其在法国宇航公司和达索航空公司的投资为由，[③] 认为法国政府转让其在达索航空公司的股权不符合法国私人投资者的通常投资实践，因此向法国宇航公司提供了 SCM 协定第 1.1 条（b）中的利益。[④] 欧共体认为专家组适用法律错误，遂将专家组的这一裁决提出了上诉。

该案上诉机构认为，SCM 协定第 14 条（a）的核心是投资决

[①] See European Communities and Certain Member States Measures Affecting Trade in Large Civil Aircraft（Complainant: United States），WT/DS316/R, 30 June 2010, para.7.1407.

[②] See European Communities and Certain Member States Measures Affecting Trade in Large Civil Aircraft（Complainant: United States），WT/DS316/R, 30 June 2010, para.7.1409.

[③] See European Communities and Certain Member States Measures Affecting Trade in Large Civil Aircraft（Complainant: United States），WT/DS316/R, 30 June 2010, para.7.1410.

[④] See European Communities and Certain Member States Measures Affecting Trade in Large Civil Aircraft（Complainant: United States），WT/DS316/R, 30 June 2010, para.7.1412.

定，① 即通过考虑预期合并与随后公开发行新股所带来的回报，决定是否应将达索航空公司的股权转让给法国宇航公司。质言之，利益判断需要在失去达索航空公司控制权的价值和法国宇航公司与玛特拉豪特斯技术公司合并以及最终私有化所产生的价值之间进行比较。② 然而，本案专家组似乎既没有就交易费用、包括失去达索航空公司控制权的价值作出肯定性结论，也没有就法国宇航公司和玛特拉豪特斯技术公司合并后的法国宇航玛特拉公司公开发行新股的预期回报作出肯定性结论，因此专家组作出裁决的基础是法国宇航公司的投资吸引力，而非法国政府的投资决定。③ 考虑到专家组没有确定投资决定，上诉机构最终推翻了专家组的前述结论。④

"欧共体空客公司补贴案"上诉机构的裁决表明，缺乏投资决定不足以审查一家公司是否能够吸引私人资本。这是因为在通常情形下，投资吸引力取决于与投资决定相关的特定成本与预期回报。如果重组后的公司得以产生足够的协同增效作用，或者所获得的利润符合市场回报，那么通过股权投资进行重组就可以重振陷入困境的公司。然而，该案专家组的结论似乎建立在法国宇航公司转让股

---

① See European Communities and Certain Member States Measures Affecting Trade in Large Civil Aircraft（Complainant: United States）, WT/DS316/AB/R, 18 May 2011, para.

② See European Communities and Certain Member States Measures Affecting Trade in Large Civil Aircraft（Complainant: United States）, WT/DS316/AB/R, 18 May 2011, para.1022.

③ See European Communities and Certain Member States Measures Affecting Trade in Large Civil Aircraft（Complainant: United States）, WT/DS316/AB/R, 18 May 2011, para.1024.

④ See European Communities and Certain Member States Measures Affecting Trade in Large Civil Aircraft（Complainant: United States）, WT/DS316/AB/R, 18 May 2011, para.1026.

权前的财务状况。因为未能涉及核心问题，即股权投资的预期回报是否超过股权投资的成本，因此不足以证明股权投资的合理性。质言之，证明股权转让没有授予利益的重要证据，是证明有关股份交易是重组或合并的一部分，并且从预计重组或合并中获得的总体回报的角度证明股权投资符合私人投资者的通常投资实践。

第五节　上游补贴视域中的利益传递

基于补贴利益在上下游产业间的传递本质上是一个经济学问题，本节以微观经济学中的供给与需求价格弹性理论为工具，以完全竞争与同类产品市场为模型，在探究上游补贴利益传递的经济学原理基础之上，提出在 SCM 协定下进行利益传递分析的法律依据。

一、上游补贴利益传递的经济学原理

上游补贴是通过间接补贴基础生产要素（投入产品）来直接补贴最终商品效果的不公平竞争行为。从理论上而言，倘若给予投入产品生产商的补贴降低了投入产品的销售价格，以至于最终商品生产商因获得便宜的投入产品得以降低最终商品的生产成本乃至销售价格时，就会给最终商品生产商带来竞争优势。换言之，在补贴引发投入产品价格效应的情形下，投入产品生产商获得的利益可被传递至最终商品生产商。

（一）补贴利益传递的一般效应

图 3-1、3-2、3-3 旨在说明一国国内补贴利益的传递效应。纵轴（P 轴）表示价格，横轴（Q 轴）表示需求量。需求曲线 D 表示消费者在特定价格水平上愿意购买的商品量。由于商品的需求量与价格呈反比关系，所以需求曲线是一条向右下方倾斜的曲线。供给曲线 S 表示生产者在特定价格水平上愿意供给的商品量。由于商品的供给量与价格呈正比关系，所以供给曲线是一条向右上方倾斜的曲线。

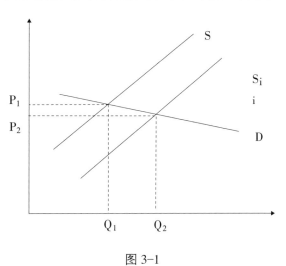

图 3-1

除供给与需求之外，与利益传递分析密切相关的另外两个概念，是需求价格弹性与供给价格弹性。需求价格弹性指一定时期内价格变动引起需求量变动的程度，

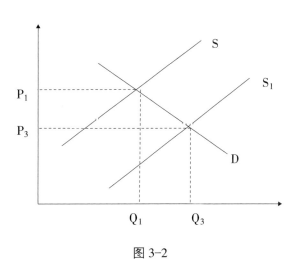

图 3-2

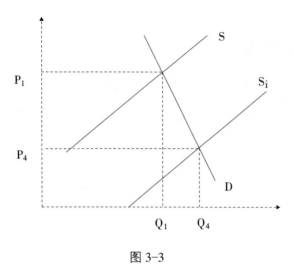

图 3-3

一般用 E_d 表示。[1] 需求价格弹性的大小，在图形上表现为需求曲线倾斜程度的不同。需求价格弹性越大，需求曲线越扁平。在需求完全有弹性时，需求曲线是一条与横坐标平行的直线。反之，需求价格弹性越小，需求曲线越陡峭。在需求完全无弹性时，需求曲线是一条垂直于横坐标的直线。供给价格弹性指一定时期内价格变动引起供给量变动的程度，一般用 E_s 表示。[2] 供给价格弹性的大小，在图形上表现为供给曲线倾斜程度的不同，而且与需求价格弹性的表现方式相同，即供给价格弹性越大，供给曲线越扁平；

① 根据需求价格弹性系数（需求价格弹性系数＝需求量变动的百分比／价格变动的百分比）的大小，可以把商品需求划分为五类：完全无弹性、缺乏弹性、单位弹性、富有弹性和无限弹性。$E_d=1$ 表示单位需求价格弹性，$1 < E_d < \infty$ 表示需求富有弹性，$0 < E_d < 1$ 表示需求缺乏弹性，$E_d \to 0$ 表示需求完全无弹性，$E_d \to \infty$ 表示需求完全有弹性。现实经济生活中，单位需求弹性、需求完全无弹性和需求完全弹性比较少见，大多数商品的需求不是富于弹性就是缺乏弹性。

② 根据供给价格弹性系数（供给价格弹性系数＝供给量变动的百分比／价格变动的百分比）的大小，商品的供给也可划分为五类，富于弹性、缺乏弹性、单位弹性、供给完全弹性和供给完全无弹性。$E_s > 1$ 表示供给富于弹性；$E_s < 1$ 表示供给缺乏弹性；$E_s=1$ 表示供给单位弹性；$E_s= \infty$ 表示供给完全弹性；$E_s=0$ 表示供给完全无弹性。现实经济生活中，供给单位弹性、供给完全无弹性和供给完全弹性比较少见，大多数商品的供给不是富于弹性就是缺乏弹性。

供给价格弹性越小，供给曲线越陡峭。

图 3-1、3-2、3-3 分别说明在供给弹性恒定为 1 的情形下，不同的需求价格弹性所引发利益传递的不同程度。在图 3-1 中，E_d 为 2；在图 3-2 中，E_d 为 1；在图 3-3 中，E_d 为 0.5。在上述三种情形下，供给和需求相等时的均衡价格均为 P_1，均衡交易量均为 Q_1，市场呈现均衡状态。假定政府向生产商提供补贴，由于补贴可以降低生产商的生产成本，供给曲线必然向下移动，即从 S 向右平移至 S_i。理想状态下，供给曲线发生位移的幅度等于政府补贴的数量，结果是价格下降，供给量增加。

如图 3-1 所示，价格从 P_1 下降至 P_2，交易量从 Q_1 增加至 Q_2；在图 3-2 中，价格从 P_1 下降至 P_3，交易量从 Q_1 增加至 Q_3；在图 3-3 中，价格从 P_1 下降至 P_4，交易量从 Q_1 增加至 Q_4。

需要指出的是，较低需求价格弹性（图 3-3）下的新均衡价格 P_4 远远低于较高需求价格弹性（图 3-1）中的新均衡价格 P_2。这意味着，在补贴降低投入产品价格的意义上，需求价格弹性越低，传递给受补贴投入产品购买商（即最终商品生产商）的补贴利益就越多。

需要注意的是，当需求价格有完全弹性时，需求曲线表现为一条与横坐标平行的直线，而供给曲线是垂直的。在此情形下，投入产品的销售价格不会受到政府给予投入产品生产商补贴的任何影响，所以利益不会发生任何传递。与之相反，当需求价格完全无弹性时，即需求曲线是垂直的，或供给具有无限弹性时，供给曲线是一条与横坐标平行的直线。此时，尽管投入产品的销售价格低于补贴数量，但由于补贴利益发生全部传递，因此投入产品的销售商可以获得恒定的回报。

综上，在局部均衡的假设之下，除需求价格有完全弹性和完全无弹性情形下补贴利益发生"全无"和"全有"的传递之外，需求价格弹性越低，补贴利益传递的程度越大，即二者呈反比关系。

（二）政府旨在消除国内生产商劣势的补贴不会引起利益传递

图 3-1、3-2、3-3 仅仅局限于补贴提供国的国内市场，没有考虑国际贸易的因素。图 3-4、3-5、3-6 引入外国供应商，借此弥补图 3-1、3-2、3-3 的局限。其中，S 和 D 分别代表国内供给和需求，P_W 代表世界市场价格，S_i 代表世界市场上的进口。假定该国是一个产品净进口国，并且是一个价格接受者，即国内需求的改变不足以影响世界市场价格，所以国内生产商无法满足的需求不得不依赖进口。

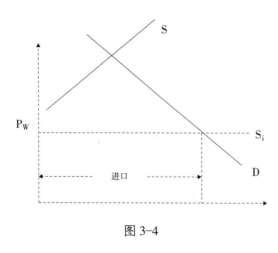

图 3-4

图 3-4 表明，无论 S 和 D 是否相交，国内市场上投入产品的供给量恒定为 Q_1。在政府没有提供补贴的情形下，国内最终商品生产商通常不愿意以 S 和 D 相交所决定的高价购买国内

投入产品。为了鼓励国内最终商品生产商购买本国投入产品，政府必须向国内投入产品生产商提供补贴。在图 3-5 中，由于补贴减少了生产成本，国内投入产品生产商愿意增加生产，供给曲线右移至 S_1。换言之，在政府提供补贴的情形下，国内生产商以价格 P_W 愿意供给的投入产品的数量为 Q_2。无疑，政府补贴幅度越大，国内生产商愿意供给的投入产品就越多。在图 3-6 中，国内生产商愿意供给的投入产品增至

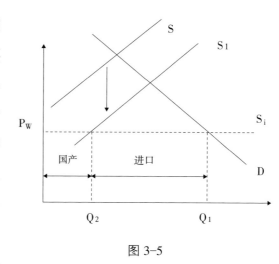

图 3-5

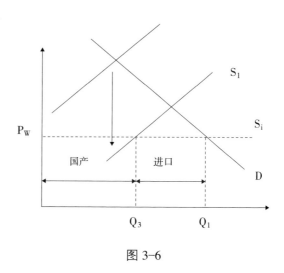

图 3-6

Q_3。在上述三种情形中，投入产品的价格恒定为 P_W，投入产品的需求量和供给量恒定为 Q_1。补贴带来的唯一影响是投入产品的国内生产商获得了国内市场中的较大份额。

在图 3-4、3-5、3-6 中，由于政府补贴没有降低投入产品在国内市场上的销售价格，因此当政府补贴的意图仅仅是为了抵消国内

投入产品生产商较之于国外相同产品生产商的竞争劣势时，给予投入产品生产商的补贴不会引起利益传递。需要注意的是，在图 3-4、3-5、3-6 中，由于政府补贴，投入产品的国内生产商分享了国外供应商的部分市场份额。从这个角度上而言，利益似乎发生了传递。但是，此类利益的获得者是投入产品的生产商，而上游补贴的规制对象却是最终商品的生产商。由于政府补贴没有降低投入产品的销售价格，因此最终商品的生产商并未从给予投入产品的补贴中获得利益。

（三）政府超额补贴必然引起利益传递

图 3-4、3-5、3-6 始终假设投入产品生产国政府提供的补贴不会降低世界市场价格 P_W，即补贴不会超过为抵消国内投入产品生产商与外国生产商相比处于不利竞争地位所必需的数量。换言之，政府补贴仅仅旨在使国内投入产品的价格与世界市场价格持平，因此利益不会发生传递。

但是，如果给予投入产品生产商的补贴不会引起价格效应，政府为什么还会提供补贴呢？事实上，政府提供补贴的意图显然不限于消除国内生产商的劣势，还可能

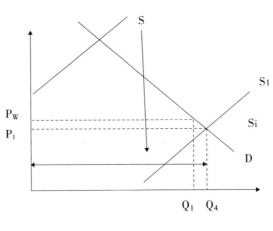

图 3-7

试图增强本国产品的
市场竞争力。当政府
向国内生产商提供的
补贴必然大于为抵消
本国产品竞争劣势所
需要的数量时，国内
生产商就拥有削低世
界市场价格的能力。
此类超越抵消本国产
品竞争劣势的补贴，
即为超额补贴。图 3-
7、3-8、3-9 旨在说明
政府超额补贴如何引
起利益传递。

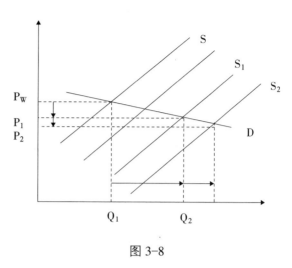

图 3-8

　　图 3-7 表明，当政
府提供的补贴数量大
于抵消国内产业竞争
劣势所需要的数量时，

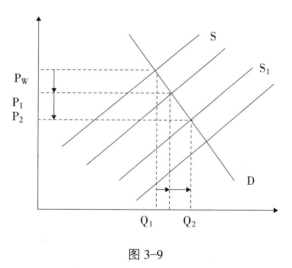

图 3-9

国内生产商会进一步扩大生产数量至 Q_4，并将世界市场价格从 P_W
削低至 P_1。此时，市场在 Q_4 与 S_1 交结处结清，没有进口发生，此
即超额补贴。那么，在超额补贴的情形下，补贴利益又将如何发生
传递呢?

　　图 3-8 旨在阐明需求价格弹性较高时的情形。政府超额补贴

导致投入产品价格得以压低世界市场价格，投入产品的价格由 P_W 降至 P_1 或 P_2。图 3-9 旨在阐明需求价格弹性较低时的情形，即政府超额补贴导致投入产品的价格由 P_W 降至 P_3 或 P_4。

两图对照可知，图 3-9 中投入产品价格下降的幅度远远高于图 3-8。这表明需求价格弹性越低，补贴利益的传递程度越大，这一结论与图 3-1、3-2、3-3 中补贴利益传递的一般效应相同。

综上，除在需求价格有完全弹性（即供给曲线垂直）和需求价格完全无弹性（即需求曲线垂直）的情形下补贴利益发生全无或全有传递之外，在政府补贴降低投入产品生产商供给曲线（即投入产品销售价格）的意义上，补贴将总是发生某种程度的传递。而且，投入产品的需求价格弹性与传递程度呈反比关系。换言之，投入产品的需求价格弹性越低，补贴利益的传递程度越大。

二、上游补贴投入产品基准价格的确定

SCM 协定第 1.1 条（b）意义中的利益，需要通过比较来判断，而比较的基准则是市场。依据这一规则，投入产品生产商获得的补贴是否授予下游最终商品生产商利益，也应通过比较进行，而比较的基准也应是市场，即投入产品的现行市场价格。由此，利益传递程度即为最终商品生产商购买投入产品所实际支付的价格与投入产品现行市场价格之间的差额。如同在一般利益识别中，比较基准的选择直接关涉补贴是否存在以及补贴额度的大小，投入产品基准价格的确定也直接影响利益传递的有无以及利益传递程度的大小。

需要指出的是，前述在探讨利益传递的经济学原理时，之所以将世界市场价格作为比较基准，是为了将投入产品市场予以抽象或简化。换言之，实践意义上的比较基准，应该是投入产品在独立交易中形成的正常市场价格，即仅当最终商品生产商购买投入产品所支付的价格低于其在独立交易中从另一卖方购买相同投入产品所支付的价格时，利益才会发生传递。因此，独立企业依据正常交易原则形成的市场价格，即独立交易价格是判断补贴利益是否发生传递的基准价格。

根据前述利益传递的经济学原理，独立交易价格作为适格基准依赖两个假定条件：政府提供了超额补贴，以及受补贴投入产品生产商仅仅是一个不具备压低现行市场中独立交易价格能力的价格接受者。倘若该假定失灵，则被压低了的独立交易价格将不再是适格的基准价格。当独立交易价格不再合适作为基准价格时，似乎需要构建一个人为的基准价格，借此排除受补贴投入产品生产商所引起的独立交易价格下降的情形。然而，考虑到从根本上而言，投入产品价格的下降不应影响最终商品进口国和出口国之间的竞争条件，即利益传递的幅度不应大于基准价格下降的幅度，因为倘若利益传递的幅度大于基准价格下降幅度的话，二者之间的差额将通过征收反补贴税予以抵消。但是，由于对上游补贴进行规制所欲保护的对象是最终商品产业而非投入产品产业，是为了保护进出口国之间最终商品而非投入产品的市场竞争条件，因此就没有必要通过调整基准价格来排除投入产品价格压低的影响。

当然，存在一种无法排除的情形，即最终商品出口国补贴本国投入产品生产商，必将导致最终商品进口国和第三国的投入产品产业无法与其竞争，从而不得不降低国内投入产品价格以保留国内市场份额。从补贴扭曲贸易并妨碍资源配置的一般意义上而言，对上游补贴进行规制并不能保证游戏场地的平整。因此，似乎应对投入产品补贴征收反补贴税，而不管其是否向最终商品传递了利益。但应注意的是，仅仅关注实际的补贴水平虽然得以彻底抵消扭曲，并且操作简单可行，但却可能惩罚了那些虽然使用了受补贴投入产品但并没有发生利益传递、或传递数额小于向最终商品征收反补贴税额的最终商品生产商。

需要特别指出的是，作为上游补贴规制实践最为丰富的美国，虽然赋予反补贴调查机关调整基准价格的权利，但其所谓的调整价格并非本节意义上的调整价格。① 针对投入产品生产商可能压低独立交易价格的情形，美国商务部使用投入产品的世界市场价格，并且此类替代价格包括其他国家的投入产品生产商生产该投入产品的实际要价和该投入产品的平均进口价格。换言之，美国商务部在确定投入产品的基准价格时，顺次选择独立交易价格、世界市场价格与调整价格。然而，由于世界市场价格并非投入产品市场竞争条件的精确反映，因此美国商务部的相关实践已被诉至 WTO 争端解决机构。②

---

① 美国国内法规定的调整价格，指如果美国或其他国家的反补贴调查机构在过去五年已在先前的反补贴裁决中确定投入产品接受过可被采取反补贴措施的补贴，则可调整反补贴调查所涉最终商品生产商向该投入产品支付的价格，以便反映该补贴对投入产品价格带来的可能影响。

② See United States Final Countervailing Duty Determination with Respect to Certain Softwood Lumber from Canada（Complainant: Canada），WT/DS257/R, 29 August 2003, para.4.18.

三、上游补贴利益传递以投入产品获得的补贴数量为限度

补贴利益传递的经济学原理分析表明，投入产品供给曲线位移的幅度在理论上恰好等于投入产品生产商获得补贴的幅度。因此，不考虑投入产品生产商获得的补贴所引起的其他收入效应和税收效应，上游补贴利益传递以投入产品获得的补贴数量为限度。

值得关注的是，欧共体曾在"美国波音公司补贴案"中诉称美国给予波音公司零部件制造商的补贴以至少100%的比率被传递给了波音公司①，这意味着补贴利益的传递数量可能超过投入产品生产商获得的补贴数量。欧共体的上述主张无疑突破了投入产品补贴数量即为补贴利益传递上限的既有认识。然而，可能的情形是，当欧共体主张利益传递超过100%时，其所指的不仅是补贴利益的传递，而且也指利益传递导致投入产品价格下降引起的额外影响。换言之，欧共体所谓投入产品价格的额外减少，实质上是利益传递引发的扩散效应。当给予投入产品生产商的补贴降低了投入产品的价格时，虽然对税收可能产生负效应，但却对需求可能产生正效应。当增加了的需求超过减少了的税收时，投入产品生产商基于利润最大化的考虑，会进一步降低投入产品的价格。在投入产品生产商之间主要实施价格竞争营销策略的情形下，这一结果出现的可能性会更大。正是在投入产品价格减少的幅度大于其获得的补贴利益的意

① See United State Measures Affecting Trade in Large Civil Aircraft-Second Complaint（Complainant: European Communities）, WT/DS353/R, 31 March 2011, para.7.225.

义上，欧共体主张投入产品生产商传递给最终商品生产商的利益数量超过了投入产品生产商原本获得的补贴数量。

针对欧共体的诉称，"美国波音公司补贴案"专家组最终作出了否定性的裁决。详言之，该案专家组明确指出："SCM 协定第 1.1 条（b）所界定的利益，当其从财政资助的接受者被传递给另外一个实体时不能增加。在 SCM 协定中，可能发生传递的最大数量是补贴数量，是获得财政资助的条件优于其他情形下市场上可得条件的数量。"[①] 由此，该案专家组的法律推理是，根据 SCM 协定第 1.1 条（b）关于利益的规定，利益传递的数量不能大于补贴存在的数量。政府提供财政资助之时，也就是补贴利益产生之时，利益是一次性的。此外，"巴西诉美国陆地棉补贴案"仲裁专家组也指出："除 SCM 协定第 1.1 条（b）中的利益之外，不存在其他额外的利益。"[②] 因此，SCM 协定第 1.1 条（b）中的利益是一个常数而非变量。这一观点得到"巴西诉加拿大影响支线飞机出口措施案"专家组的认同。[③]

然而，尽管"美国波音公司补贴案"专家组否定存在超过 100％以上的利益传递，但对于如何量化 0 至 100％之间的利益传递却并未给出明确的指引。此外，GATT 争端解决专家组曾在"加

[①] See United States Measures Affecting Trade in Large Civil Aircraft-Second Complaint（Complainant: European Communities）, WT/DS353/R, 31 March 2011, para.7.292.

[②] See United States Subsidies on Upland Cotton（Complainant: Brazil）, WT/DS267/ARB/1, 31 August 2009, para. 4.148.

[③] See Canada Measures Affecting the Export of Civilian Aircraft（Complainant: Brazil）, WT/DS70/AB/R, 2 August 1999, para.157.

拿大诉美国新鲜、冷藏和冷冻猪肉案"中提出传递分析应当考虑其他因素，但却强调识别此类因素并非其职责所作。① 因此，究竟采用何种方法对给予投入产品的补贴向最终商品传递的利益进行定量分析，WTO 争端解决机构目前似乎并无明确的思路。但当美国主张证明利益传递的唯一方法是实证分析时，却遭到专家组的明确否定。② 考虑到利益是否以及如何传递具有高度的事实依附性，通过创设一种固定的方法预设未来无法确定的所有相关因素可能并不现实。因此，精确量化利益传递程度的方法需要视个案具体情形具体而定。

四、上游补贴利益传递分析的法律依据

GATT/WTO 争端解决机构的实践表明，上游补贴利益传递分析的法律依据是与 SCM 协定第五部分紧密相关的 GATT1947 第 6.3 条及其派生条款。

（一）GATT1947 第 6.3 条：GATT 时期利益传递的法律依据

"加拿大诉美国新鲜、冷藏和冷冻猪肉案"是 GATT 专家组在《补贴守则》之下受理的涉及上游补贴利益传递分析的主要案件。

---

① See United States Countervailing Duties on Fresh, Chilled and Frozen Pork from Canada（Complainant: Canada），DS7/R–38S/30, 11 July 1991, para.4.9.
② See United States Measures Affecting Trade in Large Civil Aircraft-Second Complaint（Complainant: European Communities），WT/DS353/R, 31 March 2011, para.7.291.

　　加拿大在该案中诉称，根据 GATT1947 第 6.3 条的规定，美国在未实施利益传递分析的情形下，对加拿大猪肉所能征收的反补贴税应仅限于直接给予猪肉生产商的补贴。[①]GATT1947 第 6.3 条规定如下："在任何缔约方领土的任何产品进口至另一缔约方领土时所征收的反补贴税，金额不得超过对此种产品在原产国或出口国制造、生产或出口时所直接或间接给予的津贴或补贴的估计金额，包括对一特定产品的运输所给予的任何特殊补贴。反补贴税一词应理解为目的为抵消对制造、生产或出口所直接或间接给予的任何津贴或补贴而征收的一种特别税。"[②]该案专家组在审查 GATT1947 第 6.3 条的含义后认为："仅在一项补贴已经被授予了特定产品时方可对该产品征收反补贴税，并且反补贴税的数量限于直接或间接给予此类产品的补贴数量。"[③]

　　本案专家组的法律推理是，因为 GATT1947 第 6.3 条规定反补贴税不能超过认定给予调查所涉产品直接或间接补贴数量，因此美国对加拿大猪肉征收的反补贴税应限于给予猪肉生产商的直接补贴以及给予生猪生产商但后来被传递给猪肉生产商的间接补贴。在后一种情形下，补贴获得者是生猪生产商，而利益接受者却是猪肉生产商。在出口商品是猪肉而非生猪的情形下，欲对猪肉生产商征收

[①] See United States Countervailing Duties on Fresh, Chilled and Frozen Pork from Canada (Complainant: Canada)，DS7/R–38S/30, 11 July 1991, para.3.19.

[②] 石广生主编：《乌拉圭回合多边贸易谈判结果：法律文本》，人民出版社 2002 年版，第 327 页。

[③] See United States Countervailing Duties on Fresh, Chilled and Frozen Pork from Canada, DS7/R–38S/30, 11 July 1991, para.4.6.

反补贴税抵消给予生猪的补贴，就必须实施利益传递分析以判断给予生猪生产商的补贴是否授予了猪肉生产商利益。仅在答案是肯定的情形下，方可对猪肉生产商征收反补贴税以抵消生猪生产商获得的补贴，且征收的反补贴税数额仅限于传递的数量。否则，对猪肉生产商征收的反补贴税就可能超过其获得的补贴数量，从而违反GATT1947 第 6.3 条的规定。

需要指出的是，美国曾援引 GATT1947 第 16.1 条进行抗辩，称GATT1947 第 6.3 条允许缔约方抵消由补贴引发的所有贸易影响。GATT1947 第 16.1 条规定如下："如任何缔约方给予或维持任何补贴，包括任何形式的收入或价格支持，以直接或间接增加自其领土出口的任何产品或减少向其领土进口的任何产品的方式实施，则该缔约方应将该补贴的范围和性质、该补贴对自其领土出口、向其领土进口的受影响产品的数量所产生的预计影响以及使该补贴成为必要的情况向缔约方全体作出书面通知。在确定任何此类补贴对其他任何缔约方的利益造成或威胁造成严重侵害的任何情况下，应请求，给予有关补贴的缔约方应与其他有关缔约方或缔约方全体讨论限制该补贴的可能性。"[1] 该案专家组在审查 GATT1947 第 16.1 条的基础上，以 GATT1947 第 16 条和第 6 条的目的不同为由否定了美国的抗辩[2]，并表示第 16.1 条提及的贸易影响并不意味着在没有实

[1] 石广生主编：《乌拉圭回合多边贸易谈判结果：法律文本》，人民出版社 2002 年版，第 336 页。
[2] See United States Countervailing Duties on Fresh, Chilled and Frozen Pork from Canada（Complainant: Canada），DS7/R-38S/30, 11 July 1991, para.4.4.

施利益传递分析以证明给予一项产品的补贴授予另一项产品利益时，第 6.3 条允许缔约方通过对后者征收反补贴税来抵消给予前者补贴所引起的贸易影响。①

（二）GATT1994 第 6.3 条及其派生条款：WTO 时期利益传递的法律依据

"美国诉加拿大软木案"是 WTO 争端解决机构涉及利益传递分析的主要案件之一。美国未实施利益传递分析，对加拿大初级软木和再加工软木征收反补贴税以抵消加拿大立木计划授予立木砍伐者的补贴。② 加拿大向 WTO 争端解决机构诉称，美国没有进行利益传递分析就征收反补贴税的行为与 SCM 协定第 1.1 条、第 10 条、第 19.1 条、第 19.4 条、第 32 条及 GATT 第 6.3 条不符。③

SCM 协定第 10 条的标题是"GATT1994 第 6 条的适用"，具体规定如下："各成员应采取所有必要步骤以保证对任何成员领土的任何产品进口至另一成员领土征收反补贴税符合 GATT1994 第 6 条的规定和本协定的规定。反补贴税仅可根据依照本协定和《农业协定》的规定发起和进行的调查征收（其中脚注 36 规定：反补贴税一

---

① See United States Countervailing Duties on Fresh, Chilled and Frozen Pork from Canada（Complainant: Canada），DS7/R–38S/30, 11 July 1991, paras.4.8–4.11.

② See Issues and Decision Memorandum: Final Results of the Countervailing Duty Investigation of Certain Softwood Lumber Products from Canada, 67 Federal Register, 15545, 2 April 2002.

③ See United States Final Countervailing Duty Determination with Respect to Certain Softwood Lumber from Canada（Complainant: Canada），WT/DS257/R,29 August 2003,paras.7.72–73 and paras.7.99–7.103.

词应理解为指按 GATT1994 第 6.3 条的规定，为抵消对任何商品的制造、生产或出口给予的直接或间接补贴而征收的一种特别税）。"①然而，仔细分析了这一规定后，该案专家组一方面否认 SCM 协定第 10 条与补贴利益传递分析相关，另一方面却认为该条脚注 36 阐明了争议所涉法律适用，因为该脚注在定义反补贴税时，清楚地将 SCM 协定第 1.1 条中"给予接受者的补贴""反补贴调查所涉商品的制造、生产或出口"及"最终征收反补贴税"联系了起来。②

　　然后，该案专家组根据脚注 36 中提及 GATT1994 第 6.3 条的指引，对 GATT1994 第 6.3 条进行了分析，并指出 GATT1994 第 6.3 条界定反补贴税时提及"给予任何商品的制造、生产或出口的直接或间接补贴"，像镜子一样反射了 SCM 协定第 10 条的脚注 36。③既然这两个规定都表明存在 SCM 协定和 GATT1994 第 6 条所界定的反补贴税意义上的"给予任何商品制造、生产或出口的直接或间接补贴"，如果不实施利益传递分析就不能证明存在脚注 36 和 GATT1994 第 6.3 条中的补贴。④由此，该案专家组依据 GATT1994

---

① 石广生主编：《乌拉圭回合多边贸易谈判结果：法律文本》，人民出版社 2002 年版，第 187—188 页。

② See United States Final Countervailing Duty Determination with Respect to Certain Softwood Lumber from Canada（Complainant: Canada），WT/DS257/R,29 August 2003, para.7.88.

③ See United States Final Countervailing Duty Determination with Respect to Certain Softwood Lumber from Canada（Complainant: Canada），WT/DS257/R,29 August 2003,para.7.90.

④ See United States Final Countervailing Duty Determination with Respect to Certain Softwood Lumber from Canada（Complainant: Canada），WT/DS257/R,29 August 2003,para.7.91.

第 6.3 条和 SCM 协定脚注 36 作出了裁决。[①]

值得指出的是,"美国诉加拿大软木案"上诉机构以加拿大在 SCM 协定第 10 条中的脚注 36、第 32.1 条的主张都是 GATT1994 第 6.3 条的派生条款为由[②],在对 GATT1994 第 6.3 条进行解释的基础 上,最终支持了专家组的裁决[③]。基于 GATT1994 第 6.3 条的内容与 GATT1947 第 6.3 条基本一致,因此上游补贴利益传递分析的法律 依据可被认为是 GATT1994 第 6.3 条及其派生条款。

[①] See United States Final Countervailing Duty Determination with Respect to Certain Soft-wood Lumber from Canada(Complainant: Canada),WT/DS257/R, 29 August 2003, para.7.99.

[②] See United States Final Countervailing Duty Determination with Respect to Certain Soft-wood Lumber from Canada(Complainant: Canada),WT/DS257/AB/R,19 January 2004,para.137.

[③] See United States Final Countervailing Duty Determination with Respect to Certain Soft-wood Lumber from Canada(Complainant: Canada),WT/DS257/AB/R,19 January 2004,para.167.

第四章 补贴的专向性

专向性是 SCM 协定中特有的一个概念，旨在甄别哪些补贴具有扭曲作用。由于 SCM 协定未就专向性判断提供任何指导，致使其已经成为国际补贴争端中极具争议性的问题之一。本章主要依托 WTO 争端解决成案和美国相关实践，试图澄清 SCM 协定中专向性的判断逻辑及其标准。

第一节 补贴专向性的判断逻辑

SCM 协定中的专向性是甄别补贴是否造成扭曲效果的法律标准。然而，尽管 SCM 协定根据补贴造成扭曲的不同程度和方式将专向性分为法律专向性、事实专向性、地区专向性及拟制专向性，却没有说明各类专向性之间的逻辑关系。

一、法律专向性与事实专向性之间的关系

SCM 协定第 2.1 条规定：为确定按第 1 条第 1 款规定的补贴是否属对授予机关管辖范围内的企业或产业、或一组企业或产业（本协定中称"某些企业"）的专向性补贴，应适用下列原则：

（a）如授予机关或其运作所根据的立法将补贴的获得明确限于某些企业，则此种补贴应属专向性补贴。

（b）如授予机关或其运作所根据的立法制定适用于获得补贴资格和补贴数量的客观标准或条件（脚注 2：此处使用的客观标准或条件指中立的标准或条件，不仅仅优惠某些企业，且属经济性质，并水平适用，如雇员的数量或企业的大小），则不存在专向性，只要该资格为自动的，且此类标准和条件得到严格遵守。标准或条件必须在法律、法规或其他官方文件中明确说明，以便能够进行核实。

（c）如尽管因为适用（a）项和（b）项规定的原则而表现为非专向性补贴，但是有理由认为补贴可能事实上属专向性补贴，则可考虑其他因素。此类因素为：有限数量的某些企业使用补贴计划、某些企业主要使用补贴、给予某些企业不成比例的大量补贴以及授予机关在作出给予补贴的决定时行使决定权的方式（脚注 3：在这方面，应特别考虑补贴申请被拒绝或获得批准的频率，及作出此类决定的理由）。在适用本项时，应考虑授予机关管辖范围内经济活动的多样性程度，及已经实施

补贴计划的持续时间。①

由上，SCM 协定第 2.1 条的序言不仅指出专向性旨在探究补贴是否被提供给一个或一组企业或产业（"某些企业"），还规定在进行专向性判断时应该使用（a）至（c）规定的原则。值得关注的是，序言使用的词语是原则而非规则，表明（a）至（c）应在同一个分析框架之内予以分别探究。换言之，专向性判断需要分析每一个原则，并对每一个原则给了适当权重的考虑，任何一项原则不可能单独发挥决定性的作用。

SCM 协定第 2.1 条（a）具体规定了法律专向性。即如果授予机关或其运作所根据的法律明确地将补贴的获得资格限于某些企业，则该项补贴具有专向性。紧随其后，SCM 协定第 2.1 条（b）规定了法律专向性的例外，即如果授予机关或其运作所根据的法律规定了获得补贴资格和数量的客观标准或条件，并且补贴资格是自动赋予的，相关标准或条件不仅得到严格遵守，而且在法律、法规或其他官方文件中被明确说明与核实，则争议所涉补贴不具有专向性。由此，SCM 协定第 2.1 条（a）和（b）共同确立了识别补贴授予机关行为或手段是否存在歧视性的考虑因素。

具体而言，在特定法律文件或政府行为影响补贴资格限制的情形下，为评估此类资格限制而进行的分析，需要审查授予机关或其运作所根据的法律规定的资格要件，这是 SCM 协定第 2.1 条（a）和

---

① 石广生主编：《乌拉圭回合多边贸易谈判结果：法律文本》，人民出版社 2002 年版，第 179—180 页。

（b）的共同要求。此外，SCM 协定第 2.1 条（a）和（b）都揭示了识别补贴资格的指示因素。其中，第 2.1 条（a）关注补贴的授予是否受到明确限制，即某些企业是否有资格获得补贴而非某些企业是否事实上获得了补贴；第 2.1 条（b）则探究获得补贴资格与数量的客观标准或条件，即补贴资格的标准或条件被规定与遵守的方式。

使用 SCM 协定第 2.1 条（a）和（b）规定的原则可能产生完全不同的结果，即评估补贴资格的标准或条件会导致专向性与非专向性的分野。这是因为，第 2.1 条（a）规定了补贴具有专向性的条件，而第 2.1 条（b）规定了补贴不具有专向性的条件。可以设想的是，如果证据表明争议所涉补贴根据第 2.1 条（b）规定的客观标准或条件可以自动获得的话，则第 2.1 条（a）之下具有专向性的初始结论需要根据第 2.1 条（b）的规定进行更为深入地分析。因此，当获得补贴的资格要件呈现出的某些因素指向第 2.1 条（a）中的专向性，而另外的因素指向第 2.1 条（b）中的非专向性时，专向性分析必须同时考虑第 2.1 条（a）和（b）的规定。

此外，第 2.1 条（c）的引导句指出："如尽管因为适用（a）项和（b）项规定的原则而表现为非专向性补贴，但是有理由认为补贴可能事实上属专向性补贴……"该句提及由于适用（a）和（b）规定的原则而"表现为非专向性补贴"，意味着尽管授予机关的行为或手段可能不满足第 2.1 条（a）和（b）的资格要件，但也会引发事实上的专向性分析。换言之，第 2.1 条（a）和（b）之下的"表现为非专向性补贴"可能仍然具有第 2.1 条（c）之下的事实专向性，意味着第 2.1 条提及的各项原则应该联合起来进行解释。因此，

SCM 协定第 2.1 条之下的专向性分析必须同时考虑争议所涉措施的所有法律与事实情形，并同时适用（a）（b）（c）规定的原则。[1]

SCM 协定第 2.1 条（a）（b）（c）之间的逻辑关系表明专向性分析通常应该分三步：第一步，根据第 2.1 条（a）分析争议所涉措施是否具有法律专向性。在回答为肯定的情形下，应进行第二步，即根据第 2.1 条（b）审查其授予资格是否受到限制。在回答为否定的情形下，则应进行第三步，即根据第 2.1 条（c）进行事实专向性分析。

二、法律专向性及其例外

SCM 协定第 2.1 条（a）表明，仅仅对补贴资格的明确限制才构成法律专性[2]，并且此类限制既可能体现在授予机关运作所根据的法律之中，也可能体现在授予机关实施其措施的意图之中[3]。据此，判断补贴是否具有法律专向性，应审查是否存在对于补贴可获

---

[1] See United States Definitive Anti-Dumping and Countervailing Duties on Certain Products from China（Complainant: China），WT/DS379/AB/R, 11 March 2011, paras.366–371.

[2] See European Communities and Certain Member States Measures Affecting Trade in Large Civil Aircraft（Complainant: United States），WT/DS316/AB/R, 18 May 2011, para.949. See also United States Measures Affecting Trade in Large Civil Aircraft-Second Complaint（Complainant: European Communities），WT/DS353/R, 31 March 2011, para.7.190.

[3] See Canada Certain Measures Affecting the Automotive Industry（Complainant: Japan）WT/DS139/R, 11 February 2000, para.10.179. See also Canada Certain Measures Affecting the Automotive Industry（Complainant: Japan），WT/DS139/AB/R, 31 May 2000, para.167. See also United States Measures Affecting Trade in Large Civil Aircraft-Second Complaint（Complainant: European Communities），WT/DS353/R, 31 March 2011, para.7.190.

得性的法律文本的限制。如果立法机构颁布的法律或行政机关执行的法规明确地限制了补贴的获得，则可初步证明补贴具有法律专向性。比如，在"加拿大活猪案"中，加拿大不列颠哥伦比亚省于1973 年颁布《农业收入保险法》，规定工业收入保险计划的利益仅仅对于生产特定商品的农民可以获得。由于《农业收入保险法》明确限制了补贴的获得资格，所以加拿大工业收入保险计划具有法律专向性。①

但是，纵观美国判断补贴专向性的实践，法律专向性分析似乎复杂得多。"在加拿大软木案（Ⅲ）"中，加拿大哥伦比亚省政府限制原木出口，这使得哥伦比亚省内的木材产业能够以较低的价格获得原木。值得关注的是，法律并没有明确限制补贴的获得者。但美国商务部认为："哥伦比亚省的原木出口限制在表面上仅仅使得哥伦比亚省的原木使用者获得了利益……相应地，这些出口限制授予的国内利益在法律上被限于一组特定的产业。"② 由此，在法律没有明确限制补贴资格的情形下，美国商务部通过推定补贴获得者的方式认定法律专向性。

因此，法律专向性的识别存在两种情况：第一种，法律明确指定或详细说明了作为补贴接受者的获益企业或产业；第二种，法律没有明确指定补贴利益获得者，但通过分析法律可以识别出补贴利益获得者。然而，根据 SCM 协定第 2.1 条（a）的规定，似乎仅仅法律对补贴利益获得者的明示限制才具有法律专向性。至于通过分

---

① See Live Swine from Canada, 56 Federal Register, 50560, 1991.

② See Certain Softwood Lumber Products from Canada, 57 Federal Register, 22610, 1992.

析法律才能意识到补贴利益的获得已经受到限制的情形，似乎应属于事实专向性的分析范围。

需要提及的是，即使法律明确限制了补贴利益的获得者，也不能就此得出补贴具有法律专向性的结论。因为，根据 SCM 协定第 2.1 条（b）的规定，如果此类限制是实施客观补贴资格标准或条件的结果，则补贴不具有法律专向性，此即法律专向性的例外。SCM 协定第 2.1 条（b）在脚注中对"客观标准或条件"作出了说明，即指中立的标准或条件，不仅仅优惠某些企业，且属经济性质并水平适用，如雇员的数量或企业的大小。囿于实践中尚未有关于补贴获得资格是否客观或中立的争议，因此 WTO 争端解决机构也未就此作出解释。

值得关注的是，美国商务部曾在"新加坡减摩轴承及其零部件案"中认为："存在关于获得补贴利益的限制，并不会使得争议所涉计划必然具有专向性。如果获得补贴利益的资格或标准在性质上是中立的，并且适用于补贴提供经济体内的所有部门的话。"① 质言之，美国商务部将"客观标准或条件"解释为"并非指向特定产业或出口商的标准或条件"，借此强调不止一个经济部门具备此类标准或条件，并且相关识别因素通常是经济学层面的因素。

然而，基于补贴资格的标准或条件通常无法预先确定有资格的部门或产业，并且补贴提供经济体内的每一个部门或产业都不能被排除在补贴资格范围之外，这为如何确定补贴资格标准或条件的客

---

① See Anti-friction Bearings and Parts Thereof from Singapore, 54 Federal Register, 19125, 19128, 1989.

观性带来一定的难度。事实上，美国商务部也并未对补贴资格的客观或中立给予精确的界定，仅仅是在具体案件中说明了何种补贴资格标准或条件是客观的。比如，美国商务部在实践中认定客观限制补贴获得资格标准或条件包括"中小企业"①、"小型或新建企业"②、"创设就业岗位的大型投资企业"③、无法偿还政府担保的美元债务的企业④、无法偿还以外币支付的海外长期债务的企业⑤、游船和海洋运输设施的使用者⑥、使用灾难救助计划的企业以及农业。其中，农业尤其值得特别关注。

　　基于全世界普遍补贴农业的事实，美国在 20 世纪 80 年代开始对农业补贴采取反措施。但为了避免贸易伙伴实施"镜子立法"，美国商务部通常认为农业不是"特定的一组企业或产业"。⑦ 比如，在"墨西哥鲜花案"中，美国商务部称"大约墨西哥三分之一的劳动力从事农业"，所以墨西哥农业部门不构成"特定的一组企业或产业"。⑧ 尽管在"巴西燃料乙醇案"中，美国商务部没有给出量化

----

① See Pork Rind Pellets from Mexico, 48 Federal Register, 39105, 39106, 39108, 1983. See also Forged Undercarriage Components from Italy, 48 Federal Register, 52111, 52113, 1983.

② See Certain Fresh Atlantic Ground-fish from Canada, 51 Federal Register, 10041, 10061–62, 1986.

③ See Certain Steel Products from the Netherlands, 47 Federal Register, 39372, 39376, 1982.

④ See Certain Carbon Steel Products from Brazil, 49 Federal Register, 17988, 17893, 1984.

⑤ See Unprocessed Float Glass from Mexico, 49 Federal Register, 23097, 1984.

⑥ See Certain Fresh Atlantic Ground fish from Canada, 51 Federal Register, 10051, 1986.

⑦ See Fresh Asparagus from Mexico, 48 Federal Register, 21618, 1983. See also Certain Fresh Cut Flowers from Mexico, 49 Federal Register, 15007, 15008, 1984.

⑧ See Certain Fresh Cut Flowers from Mexico, 49 Federal Register, 15007, 15008, 1984.

的相关数据①，但在总体上，美国商务部一般认为向农业领域及其子部门提供补贴是被允许的。

实践中，美国商务部认为下述五类农业补贴标准或条件是客观或中立的：第一类是初始种植户，包括从来没有拥有活动物的农场，或从其掌控的农场资产中从未花费大量时间或挣得大量收入的种植户②；第二类是家畜养殖者和拥有为成熟目的而储备库存（比如酒、白兰地和威士忌）的制造者③；第三类是处于贫困状态中的农民，或者全部土地面积少于四英亩的农民④；第四类是拥有最小面积土地发展计划的农民以及农业肥料的使用者⑤。

三、事实专向性的构成要素

根据 SCM 协定第 2.1 条（c）的规定，即使法律法规的资格要求在表面上是客观或中立的，或者争议所涉补贴在名义上对于整个经济体内的各类企业或产业均可获得，其仍然可能具有事实专向性。因此，不具有法律专向性的补贴，仍需继续分析其是否具有事实专向性。

---

① See Fuel Ethanol from Brazil, 51 Federal Register, 3361, 3363–64, 3370, 1986.
② See Live Swine and Fresh, Chilled and Frozen Pork Products from Canada, 50 Federal Register, 25097, 25108, 1985.
③ See Lamb Meat from New Zealand, 50 Federal Register, 37708, 37712, 1985.
④ See Rice from Thailand, 51 Federal Register, 12356, 12360, 1986.
⑤ See Lamb Meat from New Zealand, 50 Federal Register, 37708, 37711–12, 1985.

（一）事实专向性的分类

SCM 协定第 2.1 条（c）具体规定了四种类型的事实专向性：有限数量的某些企业使用补贴计划（"有限使用"）、某些企业主要使用补贴（"主要使用"）、给予某些企业不成比例的大量补贴（"不成比例"），以及授予机关在作出给予补贴的决定时行使决定权的方式（"政府行使决定权"）。① 由于第 2.1 条（c）使用"可能（may）"而非"应该（shall）"一词，表明只要其中一个要素符合即可认定事实专向性。②

事实专向性标准建立在下述两个基本认识之上：首先，补贴提供经济体内的法律规定通常是模糊不清的，因此试图向某些企业提供补贴的政府计划的目的可能不会在法律中明确地表达出来，而从获得补贴的法律中探究补贴的目的，即便不是不可能，也将非常困难。其次，如果补贴计划提供了专向性利益，并且因此能够扭曲补贴提供经济体内的资源配置，那么无须考虑任何潜在的补贴目的，此类补贴可被采取反措施。质言之，补贴效果是确立事实专向性的主要基础。

根据事实专向性四种类型之间的内在关联，进行事实专向性

---

① See European Communities Countervailing Measures on Dynamic Random Access Memory Chips from Korea（Complainant: Republic of Korea）, WT/DS299/R, 17 June 2005, paras.7.223–230.

② See United States Final Countervailing Duty Determination with Respect to Certain Softwood Lumber from Canada（Complainant: Canada）, WT/DS257/AB/R, 19 January 2004, para.7.123.

分析依次分以下四步：首先，认定从补贴中获益的企业或产业的数量。如果争议所涉补贴在事实上被限于某些企业，即可认定该补贴属于"有限使用"；其次，如果补贴的受益者太过宽泛，则需要探究受补贴者获得的利益份额的多少，也即是否存在补贴的主要使用者，此即"主要使用"；再次，如果受补贴者获得的利益份额都差不多，则应比较其获得的利益份额与作出的经济贡献份额以判断其是否获得了"不成比例"的利益，此即"不成比例"；最后，如果前述分析均不足以确证补贴是否具有专向性，则需考虑政府是否通过行使决定权的方式偏袒某些特定的企业或产业，此即"政府行使决定权"。

（二）"有限使用"事实专向性

通常而言，受补贴者的数量是判断一项补贴是否具有事实专向性的起点。因此，"有限使用"主要关注受补贴者数量的多少。

通常情形下，一项只有三个使用者的补贴计划，将被认为会扭曲资源配置。因此，判断事实专向性首先应确定从争议所涉补贴计划中获益的企业或产业的数量。如果争议所涉补贴计划的利益事实上被提供给数量有限的某些企业，即可认定该计划具有"有限使用"事实专向性。

如果补贴计划的受益者太过宽泛，则需要关注补贴利益的使用水平。这是因为，一项有3000个使用者的补贴计划未必就不会扭曲资源配置，因为90％的补贴利益可能仅仅被提供给了其中一个使用者，此即补贴计划的"主要使用"分析。

（三）"主要使用"事实专向性

"主要使用"主要探究一项补贴计划是否被某些企业主要使用或最经常使用，相关判断主要考虑受补贴者获得补贴利益份额的大小。

仅仅关注受补贴者获得一项补贴计划提供的利益份额的大小，"主要使用"分析相对简单。但是，究竟多少份额可以构成"主要使用"，SCM 协定并无规定。原则上，使用补贴计划授予的利益份额越大，或者使用补贴计划的企业或产业的数量越少，就越容易确证"主要使用"。值得提及的是，美国商务部曾在"巴西碳钢产品案"中认为，虽然铁矿石在类似条件下对于所有的产业在名义上均可获得，但钢铁产业却是该投入产品的主要使用者，因此巴西对铁矿石的价格控制向一个特定企业或产业提供了利益。① 质言之，因为铁矿石几乎仅仅被钢铁产业使用，所以钢铁产业是争议所涉补贴计划的主要使用者。

由上可知，"主要使用"探究的是争议所涉补贴计划的运行方式是否存在事实限制，而非获得补贴计划的资格标准是否存在法律限制。那么，"主要使用"是否存在量化标准呢？美国商务部曾在"泰国某些纺织产品与服装案"中认定，争议所涉补贴计划 45% 的短期本票再贴现被提供给了泰国纺织品生产商，这表明泰国纺织品生产商获得了再贴现贷款的"主要使用"利益。由此，获得一项补

---

① See Certain Carbon Steel Products from Brazil, 49 Federal Register, 5160, 1984.

贴计划 45% 的利益构成"主要使用"。① 那么，获得一项补贴计划 20% 的利益是否构成"主要使用"呢？

无疑，一个获得 90% 补贴利益的产业与一个获得 45% 补贴利益的产业之间存在区别。但在"主要使用"判断中划定一个固定的比例，比如 40% 或 50% 作为"主要使用"的分界线似乎又不尽科学。因此，获得补贴利益的既定比例仅仅可被反驳地假定具有事实专向性。比如，一个或一组特定企业或产业使用一项补贴计划利益的 40%，可以初步假定该企业或产业构成"主要使用"，但其他相关证据可以推翻该假定。以"美国波音公司补贴案"为例，在 1991 年到 2004 年间，波音公司平均每年获得美国航天航空局全部研发合同的 23.4%，这一比例在 1998 年达到 31.4%。此外，在 1991 年到 2005 年间，波音公司平均每年获得美国国防部全部研发合同的 12.6%，这一比例在 2001 年达到 17.7%。而在同一时间段，包括波音公司在内的五家航空公司一共获得此类合同的 45.2%。② 基于波音公司签约了美国航天航空局与国防部的多数研发合同，并相应地获得了这些研发补贴中的多数权益，美国航天航空局与国防部的研发补贴可被初步假定具有"主要使用"事实专向性。

总之，"主要使用"分析应在个案基础上进行，并可将获得补贴利益的固定比例作为一项可被反驳的假定。倘若受补贴者获得的

---

① See Certain Textile Mill Products and Apparel from Thailand, 49 Federal Register, 49661, 49662, 1984.

② See United States Measures Affecting Trade in Large Civil Aircraft-Second Complaint (Complainant: European Communities), WT/DS353/AB/R, 12 March 2012, para.869.

补贴利益份额大致相同，则事实专向性分析需要关注受补贴者获得补贴利益的份额是否与其经济贡献份额成比例，此即"不成比例"事实专向性。

（四）"不成比例"事实专向性

与"主要使用"的判断仅仅关注特定企业或产业获得补贴利益的多少不同，"不成比例"的判断需要对特定企业或产业获得的补贴利益份额与一个既定的基准进行比较。

根据 SCM 协定第 2.1 条（c）的规定，如果一个特定企业或产业获得一项补贴计划之下"不成比例"大的利益，即为"不成比例"。"欧共体空客公司补贴案"专家组采用文义解释的方法对"不成比例"进行了解释："比例"意味着"整体的一部分、份额""一个相对量或相对数"以及"在规模及数量等之间的一个相对关系或比例"。因此，"不成比例"的通常含义是"缺乏比例"。[1]"欧共体空客公司补贴案"专家组关于"不成比例"的上述解释，得到"美国波音公司补贴案"专家组的认同。[2]

"美国波音公司补贴案"上诉机构进一步认为，"不成比例"是一个关系概念，其要求评估补贴数量是否不成比例，或相对太大，因此"不成比例"分析的第一个任务是识别补贴数量；第二个任务

---

[1] See European Communities and Certain Member States Measures Affecting Trade in Large Civil Aircraft（Complainant: United States），WT/DS316/R, 30 June 2010, para.7.961.

[2] See United States Measures Affecting Trade in Large Civil Aircraft-Second Complaint（Complainant: European Communities），WT/DS353/R, 31 March 2011, paras.7.754–7.757.

是评估补贴数量是否不成比例地大。① 据此，判断"不成比例"需要将补贴数量转换成一个可与整体相比较的其他比例，然后通过评估该比例来认定其是否构成"不成比例"。

根据 WTO 争端解决机构对"不成比例"所作的法律解释，"不成比例"旨在探究补贴利益是否以"不成比例"的方式被提供给了特定接受者，从而造成资源错配。对一个特定接受者获得的利益份额与其国内生产总值份额的比较分析，提供了判断补贴利益是否被"不成比例"使用的基础。换言之，补贴计划是否构成"不成比例"，应在一个企业或产业获得的补贴利益份额与其作出的经济贡献份额之间具备某些关联。如果一个企业或产业获得争议所涉补贴计划的利益份额远远大于其作出的经济贡献份额，则可认定"不成比例"。

值得关注的是，补贴利益份额与经济贡献份额的比例究竟多大方可认定"不成比例"尚不清楚。当一个企业或产业获得的补贴利益份额与其贡献的经济份额之比为 1 或更低时，可能表明专向性不存在；但当一个企业或产业获得的补贴利益份额与其贡献的经济份额之比高于 1 时，则表明可能存在一定程度的专向性。在是否具有"不成比例"不明显的情形下，或者单独的"不成比例"分析不能清楚地证明专向性的情形下，则应探究政府是否行使决定权以偏袒特定企业或产业，此即"政府行使决定权"分析。

---

① See United States Measures Affecting Trade in Large Civil Aircraft-Second Complaint（Complainant: European Communities），WT/DS353/AB/R, 12 March 2012, para.879.

（五）"政府行使决定权"事实专向性

"政府行使决定权"重点关注政府在提供补贴时是否行使决定权偏袒特定企业或产业以至于扭曲了资源配置。实践中，如果争议所涉补贴计划没有制定补贴授予机关向特定企业或产业提供补贴的指导方针，美国商务部将审查补贴授予机关批准或拒绝补贴申请的程序，借此判断政府决定权的行使是否向特定补贴申请者提供了利益。①

需要注意的是，尽管目标市场从来都不是专向性分析考虑的因素，但政府将特定企业或产业确定为目标市场是否符合法律法规，或者是否建立在对权力进行决定的基础之上，通常有助于认定该计划是否存在事实上的主要使用者。尤其是，当一项事实上的"主要使用"或"不成比例"结论尚不确定的情形下，政府决定权的存在和实施，对于作出上述肯定性结论有着决定性的作用。

需要说明的是，对政府决定权的审查，决定本身不是关键，关键在于政府是否以扭曲资源配置的方式行使决定权。就此而言，政府决定权的审查，探究的是补贴提供经济体的意图。在争议所涉补贴计划的效果不清楚的条件下，对补贴的规制似乎只能审查补贴授予机关提供补贴的真实意图。实践中，"政府行使决定权"常被用作确证其他专向性的辅助证据，纯粹涉及决定权考量的情形并不多，"加拿大软木案 II"即为典型例证之一。

美国商务部在"加拿大软木案 II"中认为，加拿大各省级政府

① See Alexander Pieter Matthijs, "The Specificity Test under U.S. Countervailing Duty Law", *Michigan Journal of International Law*,1989.

未根据"先到先得"原则授予砍伐立木的权利,并且对伐木许可证的发放以建立锯木厂为前提。此外,加拿大各省级森林管理部门在授予立木砍伐权时,特别考虑创设的就业岗位数量、申请者的地位、各省未来的发展以及申请者的技术效率等。由于相关法律和法规均未以客观方式清楚地界定这些因素,所以加拿大各省级政府行使决定权扭曲了立木砍伐权的分配。[①]

综上,事实专向性关注的是在事实上会导致资源错配的补贴计划。判断一项补贴计划是否具有事实专向性,原则上需要注意以下几点:第一,事实专向性判断应关注补贴利益的分配,而非补贴工具的使用;第二,谁利用补贴计划并不相关,相关的是谁获得了补贴利益;第三,补贴计划的受益者范围越小,特定受益者获得补贴利益的份额就越大,补贴计划被认定具有事实专向性的风险也就越高;第四,在其他因素不具有决定性的情形下,应审查政府决定权的行使。[②]

第二节 法律专向性判断的最新实践

随着补贴实践的发展,如何划定法律专向性的判断边界成为

---

① See Certain Softwood Lumber from Canada, 51 Federal Register,37456, 1986.
② See John A. Ragosta, Howard M. Shanker, "Specificity of Subsidy Benefits in U.S. Department of Commerce Countervailing Duty Determinations", *Law and Policy in International Business*, 1994.

WTO 补贴争端的新近争议之一。基于法律专向性判断边界的划定直接影响法律专向性认定的难易，本节在追踪 WTO 补贴争端实践的基础上，试图对法律专向性判断作出新的动态阐释。

一、判断法律专向性的 WTO 新近实践

根据 SCM 协定第 2.1 条（a）的规定，补贴授予机关或其运作所根据的法律是否限制了补贴获得资格，应被置于授予补贴所根据的法律或措施框架下进行分析。但是，在授予补贴所根据的法律或措施构成另外一项更为宽泛的、整体性补贴计划的一部分时，法律专向性分析究竟应克制地局限于争议所涉法律或措施本身，还是应拓展至另一更为宽泛的、整体性的补贴计划，涉及法律专向性的判断边界如何划定的问题。

（一）法律专向性判断边界争议的出现

国际社会关于法律专向性判断边界的争议，是随着 WTO 成员补贴实践日趋复杂而被提出的，并且集中于韩国系列动态随机存储器产品反补贴措施争端。

法律专向性判断边界的首次争议出现于"韩国诉美国动态随机存储器反补贴税案"。在该案中，美国与韩国就韩国政府在 2001 年债务重组交易中给予韩国海力士公司的补贴是否具有法律专向性产生了争议。美国以争议所涉债务重组交易为基础，主张在该交易中提供的补贴具有专向性。然而，韩国抗辩称，SCM 协定第 2.1 条中的

"使用"一词必须在定量和定性两个意义上来解读。被"使用"的不是债务重组资助的数额，而是韩国《企业重组促进法》。据此，韩国强调海力士公司仅仅是使用《企业重组促进法》的主体之一，其在该法之下获得的资助数额与债务重组交易是否具有法律专向性无关。换言之，债务重组交易是否具有法律专向性应在《企业重组促进法》的基础上进行判断。最终，该案专家组通过分析"使用"的含义解决了上述争议，从而规避了法律专向性判断边界该如何划定的问题。①

"韩国诉美国动态随机存储器反补贴税案"所涉相同交易及相同问题，再次出现于"韩国诉欧共体动态随机存储器反补贴税案"。欧共体在该案中提出，法律专向性判断应以争议所涉债务重组交易为基础，并主张韩国 2001 年的债务重组交易计划具有法律专向性。②韩国再次抗辩称，法律专向性判断应在韩国《企业重组促进法》基础上进行。然而，该案专家组以《企业重组促进法》仅仅是为债务重组交易提供程序框架而非财政资助为由否定了韩国的主张，③从而未就法律专向性的判断边界作出进一步的指引。正是在此背景下，韩国遂在"韩国诉日本动态随机存储器反补贴税案"中

---

① See United States Countervailing Duty Investigation on Dynamic Random Access Memory Semiconductors from Korea（Complainant: Republic of Korea），WT/DS296/R, 21 February 2005, paras.7.204–7.208.

② See European Communities Countervailing Measures on Dynamic Random Access Memory Chips from Korea（Complainant: Republic of Korea），WT/DS299/R, 17 June 2005, para.7.219.

③ See European Communities Countervailing Measures on Dynamic Random Access Memory Chips from Korea（Complainant: Republic of Korea），WT/DS299/R, 17 June 2005, para.7.231.

再次向 WTO 争端解决机构提出了相同的诉称。①

最终,"韩国诉日本动态随机存储器反补贴税案"专家组认为,韩国《企业重组促进法》仅仅提供了企业债务重组应增强透明度和便利化的程序性事项,其并未规定企业重组的实质性条件。②因此,法律专向性判断应以争议所涉债务重组交易计划为基础。此外,该案专家组进一步指出:如果调查所涉单个交易源自一项通常可获得的补贴计划,而该计划的正常运作导致关于预先确定条款(即并非对接受者的量身定做)的财政资助,则该单个的交易不会仅仅因为被提供给特定企业而具有 SCM 协定第 2.1 条意义上的专向性。争议所涉单个交易仅仅在下述情形下具有专向性,即如果其源自一项整体性、框架性的补贴计划,并且该计划的正常运作不仅不会导致财政资助,而且没有预先确定财政资助的提供条件。相反,需要有意识地决定是否提供财政资助以及财政资助的提供条件应如何调整以便适应接受者的需求。③

由此,"韩国诉日本动态随机存储器反补贴税案"专家组的推理是,当争议所涉单个措施源自一项通常可被广泛获得的、整体性的补贴计划时,以该争议所涉单个措施为基础通常不能得出法律专向性成立的结论。比如,假定一个政府对其领土内的每一个产业中

---

① See Japan Countervailing Duties on Dynamic Random Access Memories from Korea (Complainant: Republic of Korea), WT/DS336/R, 13 July 2007, para.7.370.

② See Japan Countervailing Duties on Dynamic Random Access Memories from Korea (Complainant: Republic of Korea), WT/DS336/R, 13 July 2007, para.7.372.

③ See Japan Countervailing Duties on Dynamic Random Access Memories from Korea (Complainant: Republic of Korea), WT/DS336/R, 13 July 2007, para.7.374.

的每一个企业都提供 100 元的补贴，受补贴者包括 A 企业。如果孤立地以 A 企业为基础实施专向性分析，必然会得出 A 企业获得的补贴具有法律专向性的结论。然而，这一结论显然与专向性的概念及目的不符。因此，在争议所涉措施源自一项通常可被广泛获得的、整体性补贴计划一部分的情形下，正确划定法律专向性的判断边界就显得尤为重要。

（二）法律专向性判断边界争议的白热化

法律专向性判断边界争议主要涉及兼具战略性、资本密集性、高技术性、市场不确定性及产业复杂性等特征的新兴产业补贴。"美国波音公司补贴案"所涉五项民用大飞机补贴措施使得如何划定法律专向性的判断边界进一步引起国际社会的深入探讨。

"美国波音公司补贴案"涉及法律专向性判断边界划定的第一项措施是美国华盛顿州的税收激励措施。欧共体诉称，华盛顿州美国《HB2294 法》明确向航空航天产业或从事民用大飞机生产与销售的波音公司提供营业税税收减免的优惠，因此《HB2294 法》具有法律专向性。但是，美国抗辩称华盛顿州的营业税税收制度是一个多重税率体系，除航空航天产业之外，华盛顿州也向其他制造业和商业提供营业税减免的优惠，因此《HB2294 法》不具有法律专向性。①

---

① See United States Measures Affecting Trade in Large Civil Aircraft-Second Complaint（Complainant: European Communities），WT/DS353/R，31 March 2011, paras.7.181–7.210.

　　"美国波音公司补贴案"涉及法律专向性判断边界划定的第二项措施是美国国防部的研发计划。美国国防部通过"研究、开发、检测与评估计划"之下的 23 项具体计划向波音公司提供研发资金，以便波音公司实施与"军民共用"技术相关的研发。欧共体主张，应以这 23 项计划中的每一项为基础判断法律专向性。然而，美国认为应将这 23 项"研究、开发、检测与评估计划"视为一个整体性的补贴计划，法律专向性判断应在这一整体性补贴计划的基础上进行。①

　　"美国波音公司补贴案"涉及法律专向性判断边界划定的第三项措施是美国商务部的航空研发计划。美国商务部通过"先进技术计划"之下的 8 项具体计划向波音公司提供研发资金。欧共体不仅主张这 8 项具体计划构成的"先进技术计划"作为一个整体向波音公司提供的研发资金具有法律专向性，而且还认为以这 8 项具体计划中的每一项为基础也可以证明波音公司获得的研发资金具有法律专向性。针对欧共体的这一申诉，美国也再次抗辩称法律专向性判断应以 8 项具体先进技术计划作为一个整体的基础上进行。②

　　"美国波音公司补贴案"涉及法律专向性判断边界划定的第四项措施是美国国家航空航天局与美国国防部的知识产权权利转移或

---

① See United States Measures Affecting Trade in Large Civil Aircraft-Second Complaint（Complainant: European Communities），WT/DS353/R, 31 March 2011, paras.7.1195–7.1197.

② See United States Measures Affecting Trade in Large Civil Aircraft-Second Complaint（Complainant: European Communities），WT/DS353/R, 31 March 2011, paras.7.357–7.358.

放弃计划。美国国家航空航天局与美国国防部将波音公司在研发合同之下所获得的专利权、专有数据和商业秘密等知识产权授予波音公司。欧共体诉称,判断美国国家航空航天局与美国国防部放弃或转让知识产权权利是否具有法律专向性,应在美国部门法规的基础上进行。然而,美国再次抗辩称法律专向性判断应在美国整个知识产权权利分配政策的基础上进行。①

"美国波音公司补贴案"涉及法律专向性判断边界划定的第五项措施是美国劳工部的工人培训计划。美国劳工部通过"三位一体合作"计划向波音公司提供工人培训资助。欧共体诉称,法律专向性应在"三位一体合作"计划的基础上进行。然而,美国抗辩称争议所涉"三位一体合作"措施是另外一项更为广泛的、整体性的"高增长工作培训激励计划"的一部分,因此法律专向性判断应在"高增长工作培训激励计划"的基础上进行。②

综上,法律专向性判断边界的划定通常出现于争议所涉措施构成另外一项更为宽泛的、整体性补贴计划一部分的情形。作为申诉方的欧共体,始终坚持法律专向性判断应以争议所涉措施本身为基础。而作为被诉方的美国,一贯主张法律专向性判断应被置于一个更为宽泛的、整体性的补贴计划之下。毫无疑问,如果将法律专向

---

① See United States Measures Affecting Trade in Large Civil Aircraft-Second Complaint(Complainant: European Communities), WT/DS353/R, 31 March 2011, paras.7.1195–7.1197.

② See United States Measures Affecting Trade in Large Civil Aircraft-Second Complaint(Complainant: European Communities), WT/DS353/R, 31 March 2011, paras.7.1364–7.1375.

性的判断边界仅仅划定为争议所涉措施本身，通常会得出法律专向性成立的结论。但是，倘若将法律专向性的判断边界拓展至争议措施归属的另外一项较为宽泛的、整体性的补贴计划，则通常会得出法律专向性不成立的结论。

面对美国和欧共体的争议，"美国波音公司补贴案"专家组没有在法律专向性判断边界的拓展与自制之间进行简单的、非此即彼的二元选择，而是在考虑争议所涉措施具体情形的基础上，分别指出了各自的适用条件及证明标准，从而为法律专向性判断边界的划定提供了有益的指引。

二、法律专向性判断边界的拓展

法律专向性判断边界拓展的前提条件是证明争议所涉措施构成另外一项较为宽泛的、整体性补贴计划的一部分，美国在长期实践中形成的"完整联系检测法"可以为此类证明提供参考。

（一）法律专向性判断边界拓展的条件

在"美国波音公司补贴案"中，欧共体主张法律专向性的判断边界应局限于争议所涉措施本身。但是，如果将法律专向性判断仅仅局限于争议所涉措施本身而不考虑授予机关运作所根据的、作为一个整体性的法律制度，可能导致异常的结果。

首先，如果补贴授予机关通过一项单一的法律引入可被广泛获得的补贴，该补贴将不具有法律专向性。但是，倘若补贴授予机关通过若干彼此独立的不同法律，将前述可被广泛获得的补贴分别拓展至各不相同的产业，则通常会得出补贴具有法律专向性的结论。由此，争议所涉措施是否具有法律专向性取决于申诉方的诉讼策略，而非补贴措施本身的性质。其次，补贴授予机关极有可能通过修正法律法规的方式，将一项较为宽泛的、整体性的补贴计划的一部分拓展至其他产业，以至于补贴计划不具有法律专向性。再次，拒绝考虑争议所涉措施构成的另外一项较为宽泛的、整体性的补贴计划，可能会忽略阐明一项补贴是否具有法律专向性的其他重要信息。

就此而言，似乎美国划定法律专向性判断边界的方法具有一定的合理性。在美国看来，如果在一个较为宽泛的背景下考虑华盛顿州的营业税税收体制，则可知华盛顿州的营业税税收体制对不同的商业活动课以不同的税率，航空航天产业仅仅是使用优惠营业税税率的产业之一。既然航空航天产业并非唯一享有优惠营业税税率的产业，那么《HB2294法》提供的营业税税收减少的优惠就属于可被广泛获得的补贴，从而不具有法律专向性。美国竭力试图表明的是，向不同产业课以不同的营业税税率，是作为一项共同补贴计划的一部分被实施的。

但问题在于，为什么美国华盛顿州向其他产业提供优惠的营业税税率可以确证其向航空航天产业提供的此类优惠不具有法律专向性？或者说，为什么向其他产业提供的优惠营业税税率不是被用来证明给予该产业的补贴具有法律专向性，而是被用来作为证明给予航空航天产业的优惠营业税税率不具有法律专向性的证据？正是基于这一疑问，该案专家组最终认为，美国没有证明给予不同产业的营业税优惠构成另外一项更为宽泛的、通常可获得的、整体性的税收计划的一部分。① 既然如此，就不能排除其构成一项独立的、与其他税收优惠不同的措施的可能性。换言之，如果美国能够证明给予波音公司的优惠营业税税率与给予其他产业的优惠营业税税率共同构成另外一项更为宽泛的、整体性的补贴计划，并且给予波音公司的优惠营业税税率仅仅是该整体性补贴计划的一部分，那么法律专向性判断就可以在这一较为宽泛的、整体性补贴计划的基础上实施。

因此，当争议所涉措施构成另外一项更为宽泛的、整体性补贴计划的一部分时，法律专向性的判断边界不应局限于争议所涉措施本身，而是应拓展至该较为宽泛的、整体性的补贴计划。但是，此类拓展需要满足一个前提条件，即证明争议所涉措施构成较为宽泛的、整体性补贴计划的一部分。"美国波音公司补贴案"专家组的这一认定，得到本案上诉机构的支持。② 然而，就如何证明争议所涉措施构成另外一项更为宽泛的、整体性补贴计划的一部分，该案上诉机构却并未作出进一步的说明。③

---

① See United States Measures Affecting Trade in Large Civil Aircraft-Second Complaint（Complainant: European Communities），WT/DS353/R, 31 March 2011, paras.7.200–7.201.

② See United States Measures Affecting Trade in Large Civil Aircraft-Second Complaint（Complainant: European Communities），WT/DS353/AB/R, 12 March 2012, para.847.

③ See United States Measures Affecting Trade in Large Civil Aircraft-Second Complaint（Complainant: European Communities），WT/DS353/AB/R, 12 March 2012, para.853.

（二）法律专向性判断边界拓展的证明

基于既有 WTO 争端解决机构没有涉及法律专向性判断边界拓展的证明问题，美国在长期实践中形成的"完整联系检测法"可以提供一定的参考或借鉴。

美国"完整联系检测法"的核心在于，如果能证明两个或两个以上的补贴计划完整的联系在一起，就可以把两个或两个以上表面上独立的补贴计划视为一个单一的、整体性的补贴计划。在此情形下，美国商务部将在累积补贴可得性与利益使用者的基础上判断专向性。由于补贴受益者的数量增加，证明专向性的举证难度会增大。因此，"完整联系检测法"要求以清楚、可信的证据明确地证明若干单个补贴计划之间存在完整联系。

实践中，证明完整联系包括但不限于下述因素，即争议所涉单个补贴计划之间是否具有共同的目的（比如促进技术革新），或者是否提供相同类型的补贴利益（比如长期贷款或税收减免），或者对竞争地位相近的企业是否给予相似水平的利益。除此之外，还应证明这些补贴计划从一开始就存在相互联系。而从一开始就存在相互联系要求证明补贴计划被创设的明确、直接的目的在于补充另一个补贴计划。

因此，主张两个或多个补贴计划应被视为一个单一的、整体性补贴计划的一方，必须提供与该计划相联系的补贴利益目的、种类及水平的资料或文件，借此承担确认相关补贴计划存在并证明这些补贴计划互相联系的举证责任。参考美国的"完整联系检测法"，在证明争议所涉措施构成另外一项更为宽泛的、整体性补贴计划的一部分时，可以考虑下述因素：

第一，补贴计划的实施是否相同。在分析补贴计划的实施时，可以考虑实施争议所涉补贴计划与其他补贴计划的机构是否相同，补贴计划运行主导者之下的结构是否相同，不同的补贴计划是否共享一个主导者以及补贴计划的主导者是否源自相同或类似的机构等。

第二，补贴计划是否平等地对待所有的产业。如果一项补贴计划能够平等地对待所有产业的话，其必然在相同条件的基础上向所有产业提供相同的利益。此外，还可以考虑争议所涉补贴计划是否作为一项更为宽泛的、整体性补贴计划的一部分而被设计与制定。

第三，补贴计划的目的是否相同。如果争议所涉补贴计划的目的与其他更为宽泛的、整体性补贴计划的目的相同，也可以成为证明争议所涉补贴计划构成更为宽泛的、整体性补贴计划一部分的有力证据。

第四，提供资金的方式是否相同。政府提供资金的方式也能够证明整体联系，相关考虑要素包括但不限于初始资金是否源自同一政府机构，并且相关补贴计划的会计与融资报告是否均在综合说明中予以公开。

第五，其他因素。其他因素包括可能表明这些计划应该被联合起来进行分析的任何其他类似性，比如贷款数量或贷款期限是否相同等。①

① 参见中华人民共和国对外贸易经济合作部编：《世界贸易组织成员补贴措施选编》，中国对外经济贸易出版社 2002 年版，第 280—281 页。

三、法律专向性判断边界的自制

在争议所涉措施构成 SCM 协定中一项独立的补贴计划的情形下，法律专向性分析应局限于争议所涉措施本身。相关证明因素包括争议所涉措施具备独立的执行机关、独立的目标与目的、独立的申请与核准程序及独立的资金来源等。

（一）法律专向性判断边界自制的条件

针对"美国波音公司补贴案"所涉美国国防部通过"研究、开发、检测和评估计划"之下的 23 项具体计划向波音公司提供的研发资金是否具有法律专向性的问题，该案专家组认为，应以这 23 项具体计划中的每一项作为判断边界，并最终认定美国国防部在该计划之下向波音公司提供的研发资金具有法律专向性。[①] 换言之，美国国防部的"研究、开发、检测和评估计划"是否具有法律专向性，应克制地局限于争议所涉措施本身。

该案专家组主张法律专向性判断边界自制的具体理由包括：每一项单独的"研究、开发、检测和评估计划"都将其包含的研发活动界定为一项独立的补贴计划，并且每一项独立的补贴计划都有确定的目的；每一项独立的"研究、开发、检测和评估计划"联合起来仅仅组成一个集合体，而该集合体是否构成 SCM 协定第 2 条意义上的补贴计划并不清楚；"研究、开发、检测和评估计划"是美

---

① See United States Measures Affecting Trade in Large Civil Aircraft-Second Complaint（Complainant: European Communities），WT/DS353/R, 31 March 2011, para.7.1198.

国陆海空三军与美国国防部所有领域研发活动的总称。①

根据"美国波音公司补贴案"专家组的前述裁决理由可知，法律专向性判断局限于争议所涉措施的可能条件，是每一项争议所涉措施均构成 SCM 协定中一项独立的补贴计划，而众多单个争议所涉措施组成的集合体是否构成 SCM 协定中的补贴计划尚不确定。以美国国防部的研发计划为例，相关的问题不是 23 项单独的"研究、开发、检测和评估计划"组成的整体性补贴计划是否具有法律专向性。相反，相关的问题是争议所涉每一项独立的"研究、开发、检测和评估计划"是否具有法律专向性。在争议所涉措施构成一项独立的补贴计划的意义上，法律专向性分析应局限于争议所涉措施本身。质言之，法律专向性判断应局限于争议所涉措施的条件，是证明争议所涉措施构成 SCM 协定中的补贴计划。②

（二）法律专向性判断边界自制的证明

虽然 SCM 协定提及补贴计划这一概念多达 18 次，但却并未对何谓补贴计划作出任何说明或解释。因此，如何界定补贴计划不得不关注 WTO 争端解决的既有实践。

迄今，"欧共体空客公司补贴案"是唯一对补贴计划作出解释与说明的 WTO 争端成案。欧共体与美国在该案中就欧洲投资银行

---

① See United States Measures Affecting Trade in Large Civil Aircraft-Second Complaint（Complainant: European Communities），WT/DS353/R, 31 March 2011, paras.7.1195.

② See United States Measures Affecting Trade in Large Civil Aircraft-Second Complaint（Complainant: European Communities），WT/DS353/R, 31 March 2011, paras.7.1196.

向空客公司提供的贷款是否具有法律专向性发生了争议。该案专家组认为，欧洲投资银行向空客公司提供贷款所依据的"创新2000倡议"并非SCM协定意义上的补贴计划。相反，其仅仅是欧洲投资银行所有贷款计划目标的表现形式之一。①

该案专家组作出上述裁决的理由包括："创新2000倡议"是欧洲投资银行持续金融活动重点的性质转变，并未增加欧洲投资银行贷款的总体数量；争议所涉贷款不仅旨在实现"创新2000倡议"的目标，而且是欧洲投资银行为满足多重贷款目标的行动之一；虽然欧洲投资银行为"创新2000倡议"设置了专用预算，但其目的旨在满足欧洲投资银行多样化的政策目标；"创新2000倡议"下提供贷款的合同条件与欧洲投资银行提供的其他贷款条件没有区别；"创新2000倡议"提供贷款的申请、批准或决策程序与欧洲投资银行的其他贷款没有区别；"创新2000倡议"提供贷款所依据的法律与欧洲投资银行提供贷款所依据的法律相同。②

根据"欧共体空客公司补贴案"专家组否定"创新2000倡议"构成补贴计划的理由可知，在争议所涉措施具备独立的执行机关、独立的目标与目的、独立的申请与核准程序及独立的资金来源时，即可证明争议所涉措施构成SCM协定中的补贴计划。质言之，在争议所涉措施构成一项独立的补贴计划，而众多争议所涉措施组成

① See European Communities and Certain Member States Measures Affecting Trade in Large Civil Aircraft（Complainant: United States），WT/DS316/R, 30 June 2010, para.7.949.

② See European Communities and Certain Member States Measures Affecting Trade in Large Civil Aircraft（Complainant: United States），WT/DS316/R, 30 June 2010, paras.7.983–7.987.

的整体是否构成补贴计划又不明确的情形下，法律专向性判断应局限于争议所涉措施本身。

第三节 补贴事实专向性之"不成比例"的判断标准

基于"不成比例"是 WTO 争端中极易引起争议的事实专向性之一，本章专列一节剖析"不成比例"的判断要素，并通过参考或借鉴 WTO 主要成员的相关实践，试图提出 SCM 协定中"不成比例"的判断标准。

一、"不成比例"的判断要素

"不成比例"探究补贴利益是否以"不成比例"大的方式被提供给特定接受者从而引起资源错配。根据"不成比例"的含义，依据一般专向性分析的目标与目的，"不成比例"判断应依次考虑以下三个要素：

第一，"不成比例"关注补贴利益的分配而非补贴工具的使用。专向性分析旨在探究补贴是否仅仅被给予一个或一组特定企业或产业从而引发了资源错配，因此专向性分析应关注谁获得了补贴利益，而非谁使用了补贴工具。[1] 尽管在通常情形下，补贴工具的使

---

① See John A. Ragosta, Howard M. Shanker, "Specificity of Subsidy Benefits in U.S. Department of Commerce Countervailing Duty Determinations", *Law and Policy in International Business*, 1994.

用与补贴利益的分配会发生重合，但此类重合并不必然发生。比如，政府某项计划可能会向 100 个产业提供贷款，但仅仅向一个产业提供低息贷款。在此情形下，补贴利益的分配无疑偏离了补贴工具的使用。质言之，补贴工具仅仅是政府提供补贴的手段，补贴利益才是政府提供补贴的目的。

在补贴工具的使用与补贴利益的分配并不必然重合的情形下，判断"不成比例"应探究补贴利益是否以"不成比例"大的方式被提供给了特定接受者，而非特定接受者是否使用了"不成比例"大的补贴工具。换言之，"不成比例"判断应关注补贴利益的分配情形而非补贴计划的使用状况，应探究补贴利益的分配是否"不成比例"，而非补贴工具的使用是否"不成比例"。补贴利益与补贴工具的不同，表明"不成比例"判断应区分补贴利益与补贴数量。

通常而言，补贴数量着眼于补贴工具，关注的是补贴计划的使用状况。尽管特定情形下的补贴数量可被视为补贴利益的适格代理，[①] 但补贴利益并非总是等于补贴数量。比如，资本密集型产业可能从市场上获得与补贴计划提供的贷款数量相同的贷款，但是不可能获得相同数量的补贴利益，因为市场不可能提供优惠的贷款利率。因此，判断"不成比例"应关注补贴利益是否"不成比例"，而非补贴数量是否"不成比例"。明确补贴利益与补贴数量的不同，

---

① See United States Measures Affecting Trade in Large Civil Aircraft-Second Complaint（Complainant: European Communities），WT/DS353/R, 31 March 2011, para.7.756. See also European Communities and Certain Member States Measures Affecting Trade in Large Civil Aircraft（Complainant: United States），WT/DS316/R, 30 June 2010, para.7.980.

对于防止"不成比例"判断标准的构建脱离一般专向性分析的轨道至关重要。

第二,"不成比例"应探究补贴对经济条件的扭曲而非补贴对计划使用的扭曲。专向性旨在甄别哪些补贴扭曲了资源配置从而应受 SCM 协定的规制。换言之,只有扭曲了资源配置的补贴才应受到国际社会的谴责。因此,探究补贴对资源配置的扭曲程度,就成为专向性判断的主要目标,这也正是专向性关注补贴利益分配在逻辑上产生的必然结果。否则,如果专向性关注补贴工具的使用的话,则衡量的必然是补贴计划使用的扭曲程度。由于补贴计划使用的扭曲并非资源配置遭到扭曲的充要条件,所以判断"不成比例"应明确区分补贴计划使用的扭曲与资源配置扭曲之间的不同。

相应地,作为专向性分析子集的"不成比例",也应探究补贴对资源配置的扭曲程度,而非补贴对计划使用的扭曲程度,这也正是前述强调补贴利益与补贴数量不同的意义所在。由于"不成比例"判断旨在探究给予特定补贴接受者"不成比例"的利益是否扭曲了资源配置,因此,仅仅关注争议所涉补贴利益占据整个补贴计划全部利益的比例尚不足以证明其具有"不成比例"。比如,给予某些企业的补贴利益占据补贴计划全部利益的 10%,但该 10% 只能表明补贴利益的分配情况,无法说明补贴计划对资源配置的扭曲程度。

为了说明补贴对资源配置的扭曲程度,就必须将特定补贴接受者获得补贴利益的份额或比例置于补贴授予机关管辖范围内的整体

经济，其至整个国民经济的宏观背景之下予以考量。需要说明的
是，SCM 协定第2.2 条（c）关于事实专向性"应考虑授予机关管
辖范围内经济活动多样性程度"的规定已经为上述推论提供了法律
依据。

第三，"不成比例"应追询补贴利益的分配在什么情况下会显
著扭曲经济，而非补贴利益的分配是否会扭曲经济。一般认为，专
向性判断旨在甄别显著扭曲经济的补贴，借此防止对普遍可获得的
补贴采取反措施。但从理论上而言，对补贴可获得性的任何表意或
事实限制都会产生扭曲经济的效果，因为经济资源总会从那些没有
获得补贴的企业或产业流向获得补贴的企业或产业。从这个意义上
而言，似乎只要存在对补贴可获得性的任何限制，就应该作出专向
性存在的结论。然而，专向性这一概念承载的是补贴过滤器的功
能，是为了甄别哪些政府实践可以被采取反措施，何况 SCM 协定
第 2 条并未规定只要存在对补贴可获得性的任何限制，就应该得出
补贴具有专向性的结论。

因此，如果专向性判断仅仅探究补贴利益的分配是否会扭曲经
济的话，不仅在理论上没有意义，而且也无法实现"过滤器"的实
践功能。所以，专向性分析真正追询的，是补贴利益的分配在什么
情况下会显著扭曲经济。学界通常在论及专向性的目标时提及前
者，而忽视了后者才是专向性判断的应有之意。换言之，补贴是否
扭曲经济是一个无须争论的必然问题，而补贴在什么情况下扭曲经
济才是一个需要证明的或然问题。

对此，"巴西诉美国陆地棉补贴案"专家组认为，"SCM 协定

第 2 条并未提及专向性在何时可被发现"[1]，"专向性是一个一般概念……仅能在个案基础上予以评估"[2]。"美国波音公司补贴案"专家组将此解读为："虽然判断专向性没有统一的标准，但肯定存在一个临界点，该点因案而异。以该临界点为基础，争议所涉补贴不再被限于特定企业，而是在整个经济体内可被普遍获得从而不具有专向性。"[3] 由此，临界点的存在表明，以该点为分水岭，争议所涉补贴计划对经济造成了扭曲；也仅从该临界点开始，争议所涉补贴计划应受制于 SCM 协定的规制。

因此，"不成比例"的判断，应追询补贴利益的分配在什么情况下会扭曲经济，而非补贴利益的分配是否会扭曲经济。尤其是，WTO 争端解决机构的实践已经表明，并非对补贴可获得性的任何限制都会得出专向性存在的结论。换言之，对补贴可获得性的较少限制并不能认为补贴具有专向性。因此，专向性判断不是为了探究补贴的获得是否受到限制，而是为了探究补贴的获得是否受到足够的限制。在专向性判断关注补贴获得程度的意义上，仅仅那些对经济造成显著扭曲的补贴应被认定具有专向性。此处附加显著差异的额外条件，旨在确保"不成比例"判断需要遵循专向性的自我克制原则，不至于因为规则的模糊而沦为贸易保护的工具。

---

① See United States Subsidies on Upland Cotton（Complainant: Brazil）, WT/DS267/R, 8 September 2004, para. 7.1139.

② See United States Subsidies on Upland Cotton（Complainant: Brazil）, WT/DS267/R, 8 September 2004, para. 7.1142.

③ See United States Measures Affecting Trade in Large Civil Aircraft-Second Complaint（Complainant: European Communities）, WT/DS353/R, 31 March 2011, para.7.191.

二、欧共体判断"不成比例"的标准

世界主要经济体关于"不成比例"判断标准的争议主要出现于"美国波音公司补贴案"。欧共体在该案中提出的"不成比例"判断标准有一定的合理性，但同时也存在无法克服的弊端。

（一）欧共体"不成比例"判断标准的优点

欧共体在"美国波音公司补贴案"中诉称，波音公司得到威奇托市发行的工业收益债券占据全部工业收益债券价值的69%，但波音公司创造的就业仅占威奇托市整体就业的32%，两项比较表明波音公司得到威奇托市工业收益债券计划"不成比例"的利益，所以威奇托市工业收益债券计划具有"不成比例"的事实专向性。[①]

欧共体判断"不成比例"的主要方法是比较波音公司补贴额占据总补贴额的比例与波音公司某项经济指标占据威奇托市某项经济指标的比例。其中，威奇托市的某项经济指标是对授予机关管辖范围内整体经济活动的反映，此类经济指标可以是就业水平、产值或销售额等。由于欧共体判断"不成比例"的标准考虑了补贴利益的分配，所以可以得到SCM协定第2.1条（c）的支持。

第一，欧共体的判断标准考虑了"不成比例"的第一个要素，即"不成比例"应关注补贴利益的分配而非补贴工具的使用。就争议所涉威奇托市通过发行工业收益债券向波音公司提供税收减少的

[①] See United States Measures Affecting Trade in Large Civil Aircraft-Second Complaint（Complainant: European Communities），WT/DS353/R, 31 March 2011, paras.7.714–7.715.

优惠而言，工业收益债券是补贴工具，工业收益债券提供的税收优惠才是补贴利益。欧共体明确意识到了二者的不同，并基于其他工业收益债券接受者获得税收减少的比例与波音公司相同的事实，认为威奇托市工业收益债券的价值与其所提供的税收减少的优惠相称，从而以威奇托市工业收益债券的价值代替了该债券提供的税收优惠利益。

第二，欧共体的判断标准符合"不成比例"的第二个要素，即"不成比例"应探究经济条件的扭曲而非补贴计划使用的扭曲。因为只有将补贴置于补贴提供经济休的宏观背景之下予以考量，才能说明补贴对整体经济条件的扭曲程度。欧共体的方法将波音公司的某项经济指标置于威奇托市某项经济指标的背景之下，恰恰是对授予机关管辖范围内经济活动多样性程度的考量，从而可以得到 SCM 协定第 2.1 条（c）的支持。

（二）欧共体"不成比例"判断标准的不足

欧共体判断"不成比例"的方法总是会得出专向性成立的结论，并且导致 SCM 协定第 2.1 条（b）和（c）之间存在冲突。

第一，忽略了"不成比例"的第三个要素，即"不成比例"应追询补贴利益的分配在什么情况下会显著扭曲经济。欧共体的方法无视补贴可获得性限制程度的大小，只要存在对补贴可获得性的任何限制，哪怕仅仅是微小的限制，也会得出专向性成立的结论，而这与既有 WTO 争端解决机构的实践相悖。

WTO 争端解决机构关于专向性的惯常理解，强调对补贴可获得性施以较少限制的政府措施，不会对经济造成显著扭曲，因此不具有专向性。[①] 而欧共体提出的"不成比例"判断标准，却正好与此相反。比如，一项补贴在一个经济体内可被广泛获得，90%的企业都获得了这一补贴。当每个企业获得的补贴数量的比例与他们对整体经济（包括了没有获得补贴的 10% 的企业）所作的贡献相比时，必然得出至少一个企业获得了与其经济贡献程度"不成比例"的补贴。然而，根据之前 WTO 争端解决机构的实践，此类补贴的可获得性虽然受到了一定的限制，但由于限制程度较小，并不具有专向性。

第二，导致 SCM 协定第 2.1 条（b）和（c）相互冲突。SCM 协定第 2.1 条（b）规定："如授予机关或其运作所根据的立法制定适用于补贴获得资格和补贴数量的客观标准或条件，则不存在专向性，只要该资格为自动的，且此类标准和条件得到严格遵守……"据此，当补贴资格受到某种客观标准或条件的限制时，第一个比较中的分母会小于第二个比较中的分母，导致第一个比例值必将大于第二个比例值。因此，欧共体的方法总是会得出"不成比例"成立的结论。

试举一例予以说明。A 国政府规定，所有雇员数量超过一万人

[①] See United States Standards for Reformulated and Conventional Gasoline（Complainant:Venezuela, Republic of Bolivarian）, WT/DS2/AB/R, 29 April 1996, para.23.See also Japan Taxes on Alcoholic Beverages（Complainant: European Communities）, WT/DS8/AB/R, WT/DS10/AB/R, WT/DS11/AB/R, 4 October 1996, para.12. See also United States Restrictions on Imports of Cotton and Man-made Fiber Underwear（Complainant:Costa Rica）, WT/DS24/AB/R, 25 February 1997, para.16.

的企业都有资格获得补贴。这一补贴资格属于 SCM 协定第 2.1 条（b）规定的客观标准或条件。假定雇员数量超过一万人的企业共有三家，并分别获得补贴数量的 50%、40% 及 10%。根据欧共体的方法，判断"不成比例"应比较这些特定补贴接受者获得的补贴利益份额与这些企业在该国整体经济中所处的位置。如果将特定补贴接受者获得的补贴利益份额与其在整体经济中贡献的就业率进行比较的话，除非没有获得补贴的企业的就业率为零，否则获得补贴的三家企业在整体经济中分别创造的就业率就不可能是相应的 50%、40% 及 10%。因此，至少其中一家企业会被认定接受了"不成比例"的补贴利益。但事实上，根据 SCM 协定第 2.1 条（b），由于补贴是根据客观标准或条件授予的，因此相关计划不具有专向性。由此导致的结果是，根据 SCM 协定第 2.1 条（b）认定不具有专向性的补贴，当其被置于 SCM 协定第 2.1 条（c）之下进行考察时，却会得出专向性成立的结论。欧共体的方法导致 SCM 协定第 2.1 条（b）与（c）之间存在直接的冲突，显然不符合 WTO 争端解决的实践。①

三、美国判断"不成比例"的标准

美国在"美国波音公司补贴案"中抗辩称，波音公司并非威奇托市工业收益债券计划的唯一获益者，"不成比例"的判断应比较

---

① See United States Measures Affecting Trade in Large Civil Aircraft-Second Complaint（Complainant: European Communities），WT/DS353/R, 31 March 2011, paras.7.761–7.763.

波音公司获得的工业收益债券占据威奇托市发行的全部工业收益债券的比例，与波音公司创造的就业占据威奇托市工业收益债券其他接受者所创造的就业比例。因此，威奇托市的工业收益债券计划不具有"不成比例"的事实专向性。[①] 美国的判断标准可以归结为比较波音公司补贴额占据补贴总额的比例与波音公司某项经济指标占据威奇托市工业收益债券其他接受者的某项经济指标的比例。

（一）美国"不成比例"判断标准的优点

美欧双方的共识在于，"不成比例"的判断需要比较两个比例，并且都同意第一个比例为波音公司获得的补贴数量占据所有补贴参与者获得的全部补贴数量的比例。双方的分歧仅仅在于如何确定第二个比例的分母。

详言之，欧共体主张判断"不成比例"应考虑"补贴授予机关管辖范围内的整体经济活动"，因此第二个比例的分母应是"威奇托市的某项经济指标"。而美国则主张判断"不成比例"应考虑"争议所涉补贴其他接受者的经济活动"，因此第二个比例的分母应是"威奇托市工业收益债券其他接受者的某项经济指标"。较之于欧共体提出的苹果与橘子之间的比较，美国的方法类似于苹果与苹果之间的比较，似乎更具有逻辑性。[②] 然而，美国的这　方法却与"不

---

① See United States Measures Affecting Trade in Large Civil Aircraft-Second Complaint（Complainant: European Communities），WT/DS353/R, 31 March 2011, paras.7.720–7.725.

② See United States Measures Affecting Trade in Large Civil Aircraft-Second Complaint（Complainant: European Communities），WT/DS353/R, 31 March 2011, para.7.764.

成比例"的第二个要素相悖。

（二）美国"不成比例"判断标准的不足

美国的标准违背"不成比例"的第二个判断要素，与 SCM 协定第 2.1 条（c）关于事实专向性判断"应考虑授予机关管辖范围内经济活动多样性程度"的要求相悖，不仅导致总是会得出专向性不成立的结论，而且使得补贴提供方极易规避进口国的反补贴税法。

第一，与 SCM 协定第 2.1 条（c）的要求相悖。"不成比例"的第二个要素强调相关判断应探究补贴对经济条件的扭曲，而非补贴对计划使用的扭曲。如前所述，为了说明补贴对经济条件的扭曲，必须将争议所涉补贴措施置于更为宽泛的整体经济的背景下进行考量。然而，美国的方法却将"不成比例"分析局限于争议所涉补贴的其他接受者这一狭窄的范围。在此情形下，美国的方法只能说明补贴计划的使用在补贴获得者之间是否均衡的问题，也只能表明补贴是否扭曲了计划的实施以及扭曲的程度。由于美国的方法脱离了补贴接受者在较为宽泛的整体经济中所处的地位，也就忽视了 SCM 协定第 2.1 条（c）关于事实专向性判断"应考虑授予机关管辖范围内经济活动多样性程度"的要求。

第二，总是会得出专向性不成立的结论。根据美国的方法，补贴可能被仅仅给予两家或三家企业，只要这两家或三家企业获得的补贴与他们各自的经济贡献相比符合一定的比例，就不会得出专向性存在的结论。最为极端的例子，是仅当一个企业获得全部补贴时，就永远都不会认定该企业获得了"不成比例"的补贴利益，因为该企业同时也构成补贴授予机关管辖范围内的全部经济活动。[①]
需要说明的是，在仅仅一个企业获得补贴的情形下，可以使用"有
限使用"来判断专向性。但是，问题同样在于，此类判断脱离了受
补贴企业在整体经济中所处的地位。[②]

　　第三，可能会严重限制专向性判断。在补贴工具的固有特征决
定了补贴获益者的情形下，美国的方法会严重限制专向性判断。比
如，政府向铁矿石提供补贴，名义上对于所有的产业均可获得。但
事实上，只有钢铁产业才会使用铁矿石，从而获得给予铁矿石的补
贴利益。由此，即使没有补贴，因为补贴工具的固有特性，钢铁产
业也会得到铁矿石。如果"不成比例"判断被限于使用补贴的产业，
就会认为是铁矿石的固有性质而非政府措施限制了铁矿石的使用，
进而得出专向性不存在的结论。但是，如果"不成比例"判断并未
局限于使用补贴的产业，而是被拓展至整个经济体中的所有产业，
则资源错配的情形就会凸显，从而钢铁产业获得"不成比例"补贴
利益的结论就可能成立。因此，美国的方法意味着在涉及自然资源
密集型产业的专向性判断中，总是会得出专向性不成立的结论。

　　第四，导致补贴提供方规避进口国的反补贴税法。比如，补贴
提供方设计了一项平等补贴三个产业的补贴计划。在每个产业都对
本国国民生产总值贡献了相同、但较小份额的情形下，如果"不成

---

① See United States Measures Affecting Trade in Large Civil Aircraft-Second Complaint
（Complainant: European Communities），WT/DS353/R, 31 March 2011, para.7.765.

② See United States Measures Affecting Trade in Large Civil Aircraft-Second Complaint
（Complainant: European Communities），WT/DS353/R, 31 March 2011, para.7.766.

比例"判断被局限于产业补贴计划特定使用者的范围，即使某一产业获得了巨额利益，也会得出不存在"不成比例"受益者的结论。但是，如果将该特定产业获得的补贴利益置于补贴授予机关管辖范围内整体经济的背景之下考察时，必然会得出"不成比例"成立的结论。

四、澳大利亚判断"不成比例"的标准

面对美欧在"美国波音公司补贴案"中提出的各不相同的"不成比例"判断标准，澳大利亚提出了"折中方案"，试图对美国与欧共体相关标准进行协调。[①]

（一）澳大利亚"不成比例"判断标准的优点

作为争端第三方，澳大利亚在"美国波音公司补贴案"提出了判断"不成比例"的第三种方法，即"不成比例"判断应考虑潜在能够使用补贴的所有实体。所谓潜在能够使用补贴的所有实体，指有资格获得补贴的所有实体。在补贴获得资格没有明确限制的情形下，"不成比例"的第二个分母将是补贴授予机关管辖范围内的整体经济活动。因此，澳大利亚判断"不成比例"的标准可以概括为比较波音公司补贴额占据总补贴额的比例与波音公司的某项经济指标占据所有潜在能够使用威奇托市工业收益债券实体的某项经济指

---

① See United States Measures Affecting Trade in Large Civil Aircraft-Second Complaint（Complainant: European Communities），WT/DS353/R, 31 March 2011, para.7.767.

标的比例。

澳大利亚的标准关注了"不成比例"的第三个要素，即遵循了既有 WTO 争端解决机构在专向性分析中的考虑——即使补贴资格受到某种限制，补贴仍有可能不具有专向性。通过将第二个比例的分母设定为潜在能够使用补贴的所有实体，澳大利亚的标准事实上排除了 SCM 协定第 2.1 条（a）和（b）规定的没有资格获得补贴、进而不可能获得补贴的企业，从而考虑了之前 WTO 争端解决机构关于专向性所作出的法律解释。然而，尽管存在上述优点，澳大利亚的标准同样存在无法克服的弊端。

（二）澳大利亚"不成比例"判断标准的弊端

澳大利亚"不成比例"判断方法总是会得出"不成比例"成立的结论，并且没有法律依据的支持。具体而言，澳大利亚"不成比例"判断标准的弊端包括以下几个方面：

第一，只要实际获得补贴的人数少于有资格获得补贴的人数，就会与欧共体的方法一样，导致第一个比较的分母小于第二个比较的分母，从而总是有可能认定至少某些企业获得了"不成比例"的补贴利益。因为在现实生活中，出于各种原因，并非每一个有资格获得补贴的实体都会申请补贴，从而实际上享受到了补贴利益。但是，由于第二个比较中的分母排除了那些没有资格获得补贴的企业，所以两个比较中的分母之间的差异不会太大。因此，尽管澳大利亚的方法也无法精确地反映补贴可获得性的真实情形，但较之于欧共体的方法，所存在的问题要小得多。

第二，忽视了 SCM 协定第 2.1 条（c）的规定。如前所述，SCM 协定第 2.1 条（c）的最后一个句子提及事实专向性判断"应考虑授予机关管辖范围内经济活动多样性程度"，而非如澳大利亚所主张的应考虑授予机关管辖范围内潜在能够使用或有资格获得补贴的经济活动多样性程度。因此，与美国标准的缺陷相同，澳大利亚的标准在 SCM 协定中同样找不到任何法律依据。

综上，WTO 各成员提出的"不成比例"的判断标准虽各有所长，但却都难避其短。尤其是，欧共体提出的判断标准恰是美国商务部在国内实践中惯常采用的方法。但由于这一方法对美国不利，美国遂在 WTO 争端中提出了其他判断标准，而"美国波音公司补贴案"专家组也仅仅是在考虑证据的基础上最终支持了欧共体的主张。[1] 因此，在 SCM 协定没有就"不成比例"判断作出任何说明、且 WTO 解释也未就此提供明确指导的情形下，各国基于诉讼策略和利益诉求的不同而提出不同的标准无可厚非，但却由此凸显了创设客观、公平的"不成比例"判断标准的重要性。

五、"不成比例"判断标准的构建

根据"不成比例"的三个构成要素，结合 WTO 争端解决机构的法律解释与适用，SCM 协定中"不成比例"的判断标准应分三

---

[1] See United States Measures Affecting Trade in Large Civil Aircraft-Second Complaint（Complainant: European Communities）, WT/DS353/R, 31 March 2011, paras.7.769–7.770.

个步骤。

（一）比较争议所涉补贴接受者获得的补贴利益占据补贴计划全部利益的比例

依据"不成比例"的第一个要素，判断"不成比例"的第一步应比较争议所涉补贴接受者获得的补贴利益占据补贴计划全部利益的比例，藉此说明补贴利益的分配情形。

在补贴接受者获得的补贴利益既定的情形下，补贴计划所提供的全部利益的多少，直接决定了补贴接受者获得补贴利益份额的大小。换言之，补贴计划所提供的全部利益与补贴接受者获得补贴利益的份额成反比关系。因此，如何确定补贴计划所提供的全部利益，就成为判断"不成比例"第一步的关键。根据 SCM 协定第 2.1 条，如果授予机关根据特定补贴计划提供争议所涉补贴，则该补贴计划提供的全部利益即为评估补贴利益分配的比较基准。① 因此，如何确定补贴计划，就成为判断"不成比例"的前提。

通常而言，SCM 协定意义上的补贴计划意指政府行为或实践，并且不限于政府的程序化行为。政府某些孤立的、一次性的行为，比如股本注入，也可能构成补贴计划。尤其是，此处的补贴计划与补贴提供经济体是否制定相应政策无关，其仅指政府人为的行动或实践。但政府行动或实践是一个极具延展性的概念，包罗万象，不一而足。因此，任何对补贴计划作出明确界定的设想，不论采取列

---

① See European Communities and Certain Member States Measures Affecting Trade in Large Civil Aircraft（Complainant: United States），WT/DS316/R, 30 June 2010, para.7.967.

举还是概括的方式，既在理论上有一定难度，又可能挤压相关实践所必须的弹性空间。因此，争议所涉措施是否构成补贴计划，需要视具体情形具体而定。

此外，根据 SCM 协定第 2.1 条（c）的规定，"不成比例"分析应考虑补贴计划的持续时间。但该持续时间指补贴计划的整个寿命期间还是其中的某一时段，曾是美国与欧共体在"欧共体空客公司补贴案"中的争论事项之一。欧共体认为，评估欧洲投资银行向空客公司提供的贷款期限，应考虑欧洲投资银行自 1957 年成立以来提供的全部贷款。然而，美国认为 2000 年至 2002 年间提供的贷款作为争议所涉贷款的期限更为合适。鉴于欧共体自 1957 年以来发生的技术革新、传统产业衰退、新兴产业出现及优先发展事项等的改变，该案专家组最终采纳了美国的观点，并强调补贴计划持续时间的确定应以合理为原则。①

鉴于专向性分析本身具有高度的事实依附性，补贴计划持续时间的划定，可能无法一概而论。在补贴计划历时较长、涉及金额较大的情形下，如果补贴计划持续时间指补贴计划的整个寿命期间，可能忽略补贴提供经济体在此期间发生的实质性变化。倘若以该补贴计划整个寿命期间的某一时段为基础，虽然避免了以补贴计划整个寿命期间作为比较基准的不足，但却使得"不成比例"的证明变得相对容易，从而诱发"不成比例"标准被滥用的风险。总之，补贴计划持续时间的确定，应以在作出专向性判断时哪一个更为合理

---

① See European Communities and Certain Member States Measures Affecting Trade in Large Civil Aircraft（Complainant: United States）, WT/DS316/R, 30 June 2010, para.7.970.

和合适为原则。

（二）比较补贴接受者所作的经济贡献占据补贴授予机关管辖范围内整体经济的比例

基于"不成比例"应探究补贴对经济条件的扭曲，而非补贴对计划使用的扭曲，判断"不成比例"的第二步应比较补贴接受者所作的经济贡献占据补贴授予机关管辖范围内整体经济的比例，以符合 SCM 协定第 2.1 条（c）的具体要求。

SCM 协定第 2.1 条（c）指出，事实专向性判断应考虑授予机关管辖范围内经济活动的多样性程度。作为区域经济学中的一个基本概念，经济多样性是关于经济成分或经济构成的一个量，通常用产业多样性来指代。① 经济多样性的衡量方法一直处在不断演进之中，并越来越朝着模型化、数理化的精确计量方向发展。考虑到专向性旨在甄别哪些补贴应受 SCM 协定规制，这种定性分析决定了经济多样性程度的衡量并不要求经济学意义上的定量分析。因此，早期经济学家通过比较不同产业的就业或收入占整体就业或收入的比重来衡量经济多样性程度的方法，不仅数据采集比较容易，而且计算与推理均相对简单，可为"不成比例"判断所借鉴。

需要说明的是，除不同产业间的就业指标之外，不同产业间的国民生产总值、国内生产总值、附加值及销售额等经济指标与补贴授予机关管辖范围内整体经济中的同类经济指标相比较，也可以作

---

① 参见张德常：《产业多样性与经济稳定关系研究评述》，《当代经济管理》2010 年第 3 期。

为经济多样性程度的衡量方法。因为这同样能从宏观角度衡量出补贴对整个市场乃至整个国民经济造成的扭曲。[1]

（三）比较补贴利益份额与经济贡献份额之间是否存在显著差异

判断"不成比例"的第三步，应比较补贴接受者获得的补贴利益份额与其对整体经济贡献份额之间是否相称。这既是"不成比例"第三个要素的必然要求，也是资源配置效率理论的具体应用。

资源配置效率理论要求受补贴者获得的补贴利益份额应与其所作出的经济贡献份额相称。当受补贴者获得的补贴利益份额与其对整体经济所作贡献份额相比等于 1 或更低时，即可说明争议所涉补贴不构成"不成比例"。尽管在此情形下，政府的补贴行为可能已经导致资源从没有获得补贴的企业或产业流向了获得补贴的企业或产业，从而对经济造成了一定程度的扭曲，但由于受补贴者获得的补贴利益并没有超过其所能产生的经济收益，所以资源配置仍然依据了资源的使用效率。

反之，如果受补贴者获得补贴利益的份额与其对整体经济所作贡献的份额相比大于 1，也并不能必然得出争议所涉补贴构成"不成比例"的结论。因为，依据"不成比例"判断的第三个要素，"不成比例"应追询补贴利益的分配何时会显著扭曲经济。换言之，当且仅当受补贴者获得补贴利益的份额显著大于其对整体经济所作贡

---

① 参见甘瑛：《国际货物贸易中的补贴与反补贴规则》，法律出版社 2005 年版，第 94 页。

献的份额时，方能说明争议所涉补贴计划已经显著扭曲了经济。为"不成比例"附加显著差异的额外条件，无疑可以防止"不成比例"判断中可能出现的错误与滥用，但却不得不面临显著如何确定、是否可以量化的难题。

美国曾在"韩国特种钢制产品案"中强调，仅当补贴利益比例与整体经济贡献比例之比达到 3 或 4 时，"不成比例"才可被视为肯定存在。① 此外，"巴西诉美国陆地棉补贴案"专家组也强调，并非对补贴可获得性的任何限制都应被视为具有专向性，仅仅那些受到足够限制的补贴才属于 SCM 协定的规制范围。② 考虑到专向性本身不可能通过精确的数学公式来推演，而事实专向性判断更是需要依据各案具体情形进行具体分析，因此"不成比例"判断中的此类模糊性与不确定性，可能是专向性本身无法解决的问题。尤其是，此类模糊性与不确定性在事实专向性的其他构成要素判断中同样存在。

就此而言，"不成比例"判断中的此类技术缺陷，可以结合事实专向性的其他要素，比如政府决定权的行使来综合判断。虽然这可能偏离严格依据法律规定的方法，使得"不成比例"判断容易受到法律之外力量的影响和牵制，但考虑到即使起草的最严谨的法律也不可能平衡所有相互冲突的利益目标，这种偏离不仅不可避免，而且可以接受。尤其是，这种偏离程度已经被严格限定在适当的范

---

① See Certain Steel Products from Korea, 58 Federal Register, 37343–44, 1993.

② See United States Subsidies on Upland Cotton（Complainant: Brazil）, WT/DS267/R, 8 September 2004, para. 7.1139.

围之内，最大限度地表现出了对法律规则的应有尊重，从而能够维护法律规则的稳定性、可预测性和有效性。

第四节　补贴地区专向性的法律含义

SCM 协定第 2.2 条规定："限于授予机关管辖范围内指定地理区域的某些企业的补贴属专向性补贴。各方理解，就本协定而言，不得将有资格的各级政府所采取的确定或改变普遍适用的税率的行动被视为专向性补贴。"[1] 据此，地区专向性包括授予机关、某些企业及指定地区三个构成要素。基于 WTO 成员对这三大要素的不同理解是引发补贴争端的原因之一，本章专列一节试图澄清地区专向性的基本含义。

一、地区补贴的授予机关包括地方政府与中央政府

WTO 成员关于地区补贴授予机关的分歧主要在于，其所指的仅仅是地方政府，还是包括中央政府。部分学者认为，地区补贴的授予机关既包括中央政府，又包括地方政府。[2] 部分学者认为，授

---

[1]　石广生主编：《乌拉圭回合多边贸易谈判结果：法律文本》，人民出版社 2002 年版，第 180 页。

[2]　参见贺小勇、祁小璇：《析 WT/DS379 案中对华反补贴的法律问题》，《世界贸易组织动态与研究》2011 年第 5 期。

予机关仅指地方政府。换言之，仅仅地方政府授予的地区补贴才使用地区专向性衡量扭曲程度，中央政府授予的地区补贴应根据法律专向性或事实专向性衡量扭曲程度。[①] 然而，将地区补贴的授予机关仅仅局限于地方政府存在以下不足：

第一，与 WTO 成员的既有实践不符。尽管地区专向性旨在衡量地区补贴对贸易的扭曲程度，但并不意味着地区补贴的授予机关仅仅是地方政府。由于地区补贴对促进国家或地区可持续发展、矫正不同发展水平的国家或地区在经济一体化过程中出现的市场失灵具有重要意义[②]，地区补贴通常由一个国家或地区的中央政府自上而下有规划地实施。因此，认为地区补贴的授予机关不包括中央政府的观点与 WTO 成员的既有实际不符。

第二，与 WTO 的政治考虑相悖。WTO 的成员数量众多，且各成员之间的政治体制不尽相同，主要有联邦制和单一制两种。就联邦制而言，中央政府以下的各级地方政府享有独立于中央政府的自治权，有权在其管辖范围内提供独立的政治、经济和社会补贴。此类 WTO 成员宪法的分权规定使得地区补贴的授予机关多为地方政府，但也并不排除中央政府提供地区补贴的可能性。就单一制的 WTO 成员而言，提供地区补贴的主体虽然通常是中央政府，但也不乏地方政府在得到中央政府授权后提供地区补贴的可能性。考虑

[①]　参见毛杰：《SCM 协定中财税措施地区专向性特别规定初探》，《时代法学》2010 年第 8 期。

[②]　参见毛杰：《SCM 协定中财税措施地区专向性特别规定初探》，《时代法学》2010 年第 8 期。

到 WTO 对成员不同宪政体制的尊重与接受，地区补贴的授予机关不宜排除中央政府。

第三，授予机关包括中央政府不会引起 SCM 协定第 2 条内部的矛盾。反对授予机关包括中央政府的理由之一，是中央政府授予指定地区全部企业的补贴可能具有 SCM 协定第 2.1 条意义上的法律专向性或事实专向性，但将此类补贴置于 SCM 协定第 2.2 条之下予以考察时，却可能得出不具有地区专向性的结论。同一补贴可能得出两种相反的法律认定，意味着 SCM 协定第 2 条内部存在矛盾。[①] 然而，这一理由并不成立。

首先，其建立在某些企业仅指授予机关管辖范围指定地区内部分企业的基础之上[②]，然而通过其后分析可知这是对某些企业的误解。其次，假定授予机关不包括中央政府致使中央政府提供的地区补贴仅能根据 SCM 协定第 2.1 条判断专向性，则在地区补贴几乎总是将补贴利益局限于特定地理范围的情形下，此类补贴将总是被认定具有专向性，而这一结果无疑与 SCM 协定的目的相悖。

第四，授予机关包括中央政府不会使得 SCM 协定第 8.2 条（b）变得多余。[③]SCM 协定第 8.2 条具体规定如下：

---

① 参见毛杰：《SCM 协定中财税措施地区专向性特别规定初探》，《时代法学》2010 年第 8 期。

② See United States Definitive Anti-Dumping and Countervailing Duties on Certain Products from China（Complainant: China），WT/DS379/R, 22 October 2010, para.9.109.

③ 在此需要说明的是，尽管 SCM 协定第 8 条已经失效，但由于其曾经构成 SCM 协定结构中非常重要的一个组成部分，因此，对于 WTO 各成员理解其他条款的意图和含义仍然是重要的上下文。See United States Subsidies on Upland Cotton（Complainant: Brazil），WT/DS267/R, 8 September 2004, para.7.907, footnote 1086.

8.2 尽管有第三部分和第五部分的规定，但是下列补贴属不可诉补贴：

（a）……

（b）按照地区发展总体框架对一成员领土内落后地区的援助，且在符合条件的地区内属非专向性（属第 2 条范围内），但是：

（ⅰ）每一落后地区必须是一个明确界定的毗连地理区域，具有可确定的经济或行政特征；

（ⅱ）该地区依据中性和客观的标准被视为落后地区，表明该地区的困难不是因临时情况产生的；此类标准必须在法律、法规或其他官方文件中明确说明，以便能够进行核实；

（ⅲ）标准应包括对经济发展的测算，此种测算应依据下列至少一个因素：

——人均收入或人均家庭收入二者取其一，或人均国内生产总值，均不得高于有关地区平均水平的 85%；

——失业率，必须至少相当于有关地区平均水平的110%；

以上均按三年期测算；但是该测算可以是综合的并可包括其他因素。①

由上可知，SCM 协定第 8.2 条（b）规定落后地区补贴应是非

---

① 石广生主编：《乌拉圭回合多边贸易谈判结果：法律文本》，人民出版社 2002 年版，第 186 页。

专向性补贴。反对授予机关包括中央政府的理由是，如果中央政府授予的地区补贴使用地区专向性衡量扭曲程度，则中央政府向落后地区（地区内所有企业）提供的补贴显然都不具有专向性，这使得 SCM 协定第 8.2 条（b）的规定成为多余。[①]

然而，这一理由除了仍然建立在某些企业误解的基础之上，还忽略了中央政府向落后地区提供歧视性补贴的可能。详言之，在中央政府名义上扶持落后地区，但实际上仅对落后地区个别企业或产业提供补贴的情形下，该类补贴尽管具有第 2 条意义上的专向性，但由于其在落后地区仍然具有专向性从而无法援引第 8.2 条（b）予以豁免。由此，授予机关包括中央政府非但不会使得第 8.2 条（b）变得多余，反而凸显了其在 SCM 协定中的重要性。

第五，与美国实践相悖。作为全球对地区补贴采取反措施的主要经济体，美国早在 1982 年"联邦德国共和国钢铁产品反补贴调查案"中裁决中央政府提供的补贴具有地区专向性。[②]此外，在 1986 年"加拿大新鲜大西洋洋底栖息鱼反补贴调查案"中，认为联邦政府提供的补贴具有地区专向性。[③]这一规则与实践在 1995 年 SCM 协定生效后仍然未变，并在 21 世纪以降的调查中也从未将中央政府排除在地区补贴的授予机关之外。

---

① 参见毛杰：《SCM 协定中财税措施地区专向性特别规定初探》，《时代法学》2010 年第 8 期。

② See Certain Steel Products from the Federal Republic of Germany, 47 Federal Register,39345, 1982.

③ See Certain Fresh Atlantic Ground fish from Canada, 51 Federal Register, 10041,10048, 1986.

综上，将地区补贴的授予机关解释为不限于地方政府，还囊括了中央政府的观点似乎更为客观。而从上述授予机关的分析中可知，国际社会关于地区专向性的分歧还涉及某些企业的界定。

二、某些企业无关全部企业与部分企业之分

国际社会关于地区补贴所涉某些企业的含义，存在两种不同的观点。一种观点认为，某些企业仅指企业的一种地理限制，即企业只要位于授予机关管辖范围内的指定地区即可，使用某些这一措辞仅仅是为了与指定地区之外的企业对比，此即"广义说"。美国是这种观点的主要提议者[1]，并且得到澳大利亚[2]与加拿大[3]的支持。另外一种观点认为，某些企业除了必须位于授予机关管辖范围内的指定地区之外，某些这一措辞还表明获得补贴的企业必须是指定地区内的部分企业。换言之，如果是指定地区内全部企业均可获得的补贴则不具有地区专向性，此即"狭义说"。目前，欧共体[4]和中国

---

[1]　See United States Definitive Anti-Dumping and Countervailing Duties on Certain Products from China, WT/DS 379/R, 22 October 2010, para.9.128.

[2]　See United States Definitive Anti Dumping and Countervailing Duties on Certain Products from China（Complainant: China）, WT/DS379/R, 22 October 2010, para.9.121.

[3]　See United States Definitive Anti-Dumping and Countervailing Duties on Certain Products from China（Complainant: China）, WT/DS379/R, 22 October 2010, para.9.122.

[4]　See European Communities and Certain Member States Measures Affecting Trade in Large Civil Aircraft（Complainant: United States）, WT/DS316/R, 30 June 2010, para.7.1224. See also United States Definitive Anti-Dumping and Countervailing Duties on Certain Products from China, WT/DS379/R, 22 October 2010, para.9.123.

是这种观点的主要倡议者①，无疑，某些企业被界定的越宽泛，地区专向性的认定就越容易。究竟哪一种观点较为可取，需要进行相对客观、中立的分析。

（一）"狭义说"具有一定的弊端

"狭义说"是补贴提供方基于自身利益关切，对某些企业作出的一种限缩性解释。通过剖析这一观点可能引起的结构性难题、SCM 协定的谈判历史、世界主要经济体的实践及地区补贴的影响机制，可知"狭义说"存在如下不足。

第一，当地区补贴的授予机关是中央政府而非地方政府时，会导致 SCM 协定第 2.2 条变得多余。如前所述，地区补贴的授予机关既可能是地方政府，也可能是中央政府。当地区补贴由地方政府授予时，认为某些企业必须不仅被限于授予机关管辖范围内的指定地区，还必须被限于指定地区内的部分企业，尚不会引起 SCM 协定第 2.1 条(a) 所涉法律专向性与第 2.2 条所涉地区专向性之间的重叠。但是，倘若地区补贴是由中央政府授予时，无论获得补贴的部分企业是否位于指定地区，实际上已经具有第 2.1 条（a）意义上的法律专向性。在此情形下，SCM 协定第 2.2 条仅仅是对第 2.1 条（a）的重复。如此解释，显然不符合 WTO 争端解决机构的既有实践。②

---

① See United States Definitive Anti-Dumping and Countervailing Duties on Certain Products from China（Complainant: China），WT/DS379/R, 22 October 2010, para.9.109.

② See United States Standards for Reformulated and Conventional Gasoline, WT/DS2/R, 20 May 1996, para.23.

第二，导致 SCM 协定第 8.2 条（b）变得多余。理解某些企业最直接的上下文，是 SCM 协定第 8.1 条（b）和第 8.2 条（b）。SCM 协定第 8.1 条具体规定如下：

8.1 下列补贴应被视为不可诉补贴：

（a）不属第 2 条范围内的专向性补贴；

（b）属第 2 条范围内的专向性补贴，但符合以下第 2 款(a)项、（b）项或（C）项规定的所有条件。[①]

需要说明的是，SCM 协定第 8 条并非旨在改变第 2 条的专向性规则。相反，SCM 协定第 8.1 条（b）对构成第 2 条意义上的专向性补贴提供了不可诉的例外，如果其符合第 8.2 条（b）规定的条件的话。根据前述 SCM 协定第 8.2 条（b）的规定，给予落后地区的补贴，首先必须具有 SCM 协定第 2 条意义上的专向性；其次，在争议所涉指定地区之内不具有专向性。如果某些企业是指定地区内的部分企业，在补贴对于指定地区内所有企业均可获得的情形下，该类补贴在指定地区必然具有非专向性，从而使得 SCM 协定第 8.2 条（b）的规定变得多余。

第三，SCM 协定第 2.2 条的谈判历史不支持狭义说。应合及如何规制地方政府提供的地区补贴，一直是 SCM 协定谈判中一个极具争议性的问题。欧共体认为，地方政府向该地区内所有企业提供

[①] 石广生主编：《乌拉圭回合多边贸易谈判结果：法律文本》，人民出版社 2002 年版，第 185 页。

补贴的经济效果，与中央政府向相同地区内的相同企业提供相同补贴的经济效果没有什么不同。[①] 换言之，无论授予机关是中央政府还是地方政府，补贴被限于指定地区这一地理限制本身将使其自动具有专向性。乌拉圭回合谈判中的邓克尔文本基本反映了欧共体的主张："不考虑授予机关的性质，对指定地区内所有企业均可获得的补贴属专向性补贴。"[②] 但是，加拿大认为这一规定将极大地限制加拿大国内广泛存在的、普遍可获得的省级政府补贴，并可能严重影响加拿大联邦政府与省级政府之间的宪政平衡。[③] 因此，SCM 协定的最终文本是对欧共体与加拿大协调的产物："限于授予机关管辖范围内某些企业的补贴属专向性补贴。"

从邓克尔文本中的"所有企业均可获得"到 SCM 协定中的"限于某些企业"的改变，意味着地区专向性的判断标准由之前单一的地理限制，转向地理限制与补贴可获得性并置。但是，能否进一步推断出某些企业是指定地区内的部分企业而非全部企业呢？考虑到 SCM 协定中的专向性是 WTO 不同成员之间利益博弈和立场妥协的产物，因此对该协定的任何解释都应反映各成员共同、真实的意思表示。在谈判历史并未明确表明对某些企业进行限制、且 WTO 各成员尚存分歧的情形下，对某些企业进行限缩解释似乎应谨慎

---

① See Elements of the Negotiating Framework, Submission by the European Community, MTN.GNG/NG10/W/31, 27 November, 1989.

② See Draft Final Act Embodying the Results of the Uruguay Round of Multilateral Trade Negotiations, MTN.TNC/W/FA, 20 December 1991.

③ See Communication from the Permanent Mission of Pakistan, MTN.TNC/W/37, 26 November 1990.

而为。

第四，继承了 SCM 协定第 2.1 条中某些企业的弊端。SCM 协定第 2.1 条中的某些企业是对"一个企业或产业或一组企业或产业"的简称。由于 SCM 协定没有就"一个企业或产业或一组企业或产业"的含义作出说明，并且 WTO 争端解决机构的解释不仅含糊不清，甚至还自相矛盾，因此倘若 SCM 协定第 2.2 中的某些企业沿用第 2.1 条中某些企业的含义，将愈发加大地区专向性判断的不确定性。

第五，授予机关向指定地区内部分企业提供的补贴并不必然扭曲贸易。详言之，在授予机关将一项补贴仅仅局限于指定地区内特定企业获得的情形下，可能仅仅改变了受补贴企业的生产模式，而不会影响其贸易模式。比如，生产某文具的成本在进口国是每个150 元，而在出口国的 A 地和 B 地分别是每个 100 元和 110 元。出口国给予 B 地生产企业每个文具 10 元的补贴，通常对国际贸易没有影响，因为地区补贴虽然降低了出口国的整体福利水平，但文具的出口价格和国际贸易都不会受到影响。

第六，与欧共体与中国各自的域内实践相悖。尽管欧共体和中国在 WTO 争端中均诉称某些企业是指定地区内的部分企业，但在各自的反补贴调查中均是仅仅根据补贴存在地埋限制就认定了地区专向性，并未深入探究补贴是被指定地区内的全部企业还是部分企业获得的问题。比如，欧共体在"印度磺胺酸反补贴终裁"中认为印度马哈拉施特拉省政府提供的激励措施具有地区专向性时指出："该计划仅仅对于已经在马哈拉施特拉省这一指定地区内投资的企业可以获得，对位于该地区之外的企业无法获得，并且利益水平因企业所处地域的不同而不同，因此争议所涉计划具有地区专向性。"① 此外，中国在"欧共体太阳能多晶硅反补贴终裁"中认定德国"改善区域经济结构共同任务"的投资赠款具有地区专向性时指出："上述项目仅仅授予德国境内某些特定地区内的企业，而不是所有德国企业均有权获得，因此符合地区专向性的认定条件。"②

（二）"广义说"在特定条件下具有合理性

"广义说"无须探究补贴是被指定地区内的全部企业还是部分企业获得，意味着指定地区内全部企业均可获得的补贴仍然具有地区专向性。因此，"广义说"在本质上是对地区补贴必然引起资源错配和贸易扭曲观点的反映，因此存在一定的弊端。

第一，与国际贸易比较优势理论相悖。国际贸易比较优势理论认为，在生产要素能够在区域之间自由流动的条件下，政府向辖区内所有企业普遍平等地提供补贴，既不会改变受补贴企业的生产模式，也不会改变其贸易模式，所能改变的仅仅是受补贴企业的区位选择。因此，指定地区内所有企业均可获得的补贴相当于中央政府授予的普遍可获得性补贴，从而不具有专向性。③

---

① See Commission Regulation No. 573/2002 of 3 April 2002 Imposing a Provisional Countervailing Duty on Imports of Sulphanilic acid Originating in India, OJ L87/5, 4.4, 2002.

② 参见《关于对原产于欧盟的进口太阳能级多晶硅反补贴调查最终裁定的公告》（2014 年第 26 号），中华人民共和国商务部网，2014 年 4 月 30 日。

③ See Alexander Pieter Matthijs, "The Specificity Test under U.S. Countervailing Duty Law", *Michigan Journal of International Law*, 1989.

　　第二，在补贴仅仅限于落后地区时，补贴是否扭曲贸易应探究受补贴企业之间是否存在歧视，而非受补贴地区之间是否存在歧视。当然，可能存在下述情形，即给予特定地区的补贴旨在影响该地区内特定产品的生产从而影响了正常的市场竞争，甚或进口国市场上同类产品生产商之间的竞争。但是，这仅仅是一种推测。从理论上而言，只要补贴授予机关给予一个企业或产业的利益没有超过另一个企业或产业，则受补贴企业或产业的生产模式与贸易模式均不会受到影响，仅仅是其区位模式会发生改变。

　　此外，即使地区补贴计划提供的补贴利益过度补偿了该地区的初始劣势，位于该地区内所有不同产业的所有企业也获得了相同的利益，并且税收、通胀及汇率等宏观经济因素同样能够发挥矫正作用从而不会引起贸易扭曲。比如，授予机关向指定地区内的所有企业提供 10％ 的生产补贴。在该计划之下，利益被授予了所有的企业或产业，因此这些企业或产业获得的补贴通常不具有专向性。需要说明的是，上述考虑虽然纳入了受补贴地区是落后地区的特殊情形，但仍然忽视了给予落后地区的补贴可能引发其他地区企业迁入的特殊情形。

　　第三，仅在给予落后地区的补贴足以吸引其他地区的企业迁入时，"广义说"的合理性才得到凸显。所谓转位成木，是指政府向落后地区提供的补贴通常会吸引其他地区的企业迁入该地所引起的成本。换言之，仅仅在地区补贴利益能够补偿企业转位成本的基础上，受补贴产业或企业的贸易模式才会发生改变。在此情形下，无论地区补贴是否被限于指定地区内的部分企业，均会导致资源错配并引起贸易扭曲。反补贴税旨在抵消地区补贴计划所提供的净补贴，即从落后地区落户所增加了成本的政府补贴中扣除在该国主要工业区落户的标准成本。由此，仅仅授予指定地区内的企业或产业一项净竞争优势的地区补贴才具有地区专向性。

需要说明的是，尽管认定地区补贴是否补偿了转位成本的难度较大，但并不能由此否认"广义说"的合理性。此外，考虑到"中国诉美国对部分产品征收反倾销税和反补贴税案"专家组①和"欧共体空客公司补贴案"专家组②也均支持"广义说"，SCM 协定第2.2 条中的某些企业似乎应采"广义说"。尤其是，争议所涉各国在 WTO 争端解决实践中所持观点均与其国内实践不符的事实，再次表明相关分歧仅是各国基于利益保护和诉讼策略选择的现实产物而已。因此，尽管"广义说"的合理性尚待进一步加强，但作为法律价值的一种现实反映，在本质上是现实条件下的一种不得已的选择。

三、指定地区应附加目的限制

WTO 成员关于指定地区的争议，主要发生在中国与美国之间。美国认为，指定地区指补贴授予机关管辖范围内可识别的任何一块

---

① See United States Definitive Anti-Dumping and Countervailing Duties on Certain Products from China（Complainant: China），WT/DS379/R, 22 October 2010, paras.9.125–9.139.

② See European Communities and Certain Member States Measures Affecting Trade in Large Civil Aircraft（Complainant: United States），WT/DS316/R, 30 June 2010, paras.7.1223–7.1234.

土地，并将中国各类工业园、创新园、保税区、经济技术开发区及高新技术产业开发区界定为指定地区。然而，中国认为，SCM 协定第 2.2 条中的指定地区应是一个具有明确经济或行政特征的毗连地理区域。由于中国各类工业园没有明确的经济或行政特征，因此不构成指定地区。

中国主要援引 SCM 协定第 8.2 条（b）(i）支持自己的解释。事实上，SCM 协定第 8.2 条（b）和第 2.2 条涉及两个既截然不同但又互有联系的事项。如前所述，SCM 协定第 8.2 条（b）主要对具有第 2 条意义上的专向性补贴提供了不可诉的例外。为了防止对落后地区进行任意界定而规避 SCM 协定的纪律，第 8.2 条（b）(i）至（iii）对落后地区进行了严格的界定。换言之，SCM 协定第 8.2 条（b）旨在确保实际上被提供给一个建立在确定的、可量化参数基础上的、经济上落后地区的一项通常可获得的补贴不可以被采取反措施，借此排除那些事实上扭曲国际贸易的、伪装的落后地区补贴。

就此而言，SCM 协定第 8.2 条（b）中的落后地区，必须具有明确的经济或行政特征。但是，第 2.2 条中的指定地区仅仅旨在识别地区专向性。因此，其并不需要施加如同第 8.2 条（b）中落后地区的限制条件。尤其是，如果 SCM 协定第 2.2 条中指定地区的含义与第 8.2 条（b）中的落后地区相同的话，SCM 协定的起草者会在这两个地方使用相同的措辞。需要注意的是，尽管 SCM 协定第 2.2 条所涉指定地区无须具备明确的经济或行政特征，但并不意味着如同美国所声称的，指定地区是补贴授予机关管辖范围内任何一块可被识别的土地。① 因为不受任何限制的指定地区，将会破坏补贴措施使用方与反补贴措施使用方之间业已达成的权利义务平衡。因此，必须对指定地作出某种限制。

事实上，美国已经在"中国金属装饰反补贴调查案"中进行了有益的尝试。在该案中，美国商务部在分析中国大连华美龙金属制品有限公司（"华美龙公司"）获得的土地使用权是否具有地区专向性时，认为华美龙公司位于中国沿海开放经济区（大连市），而沿海开放经济区是中国政府为了税收目的而指定的。因此，与位于工业区的土地使用权不同，位于沿海经济开放区的土地使用权不具有地区专向性。② 美国商务部的推理是，中国划定沿海经济开放区旨在减轻落户企业的税收负担，而非意在提供优惠的土地使用权。换言之，沿海经济开放区这一地理范围的划定与土地使用权没有关系，所以位于此类地域范围内的土地使用权不具有地区专向性。由此，从指定地区的设置是否与争议所涉补贴措施存在关联，可以对指定地区附加目的限制。

综上，地区补贴的授予机关既包括地方政府，又包括中央政府；某些企业旨在区分指定地区的内部企业与外部企业，无关全部企业与部分企业之分；指定地区应在地理限制的基础上附加目的限制。

---

① See United States Definitive Anti-Dumping and Countervailing Duties on Certain Products from China（Complainant: China），WT/DS379/R, 22 October 2010, para.9.144.

② See Issues and Decision Memorandum for Final Determination on Countervailing Duty Investigation: Wire Decking from the People's Republic of China, 3 June 2010.

第五章　补贴的不利影响

可诉性补贴仅仅在对 WTO 其他成员的利益造成不利影响时，才可被采取 SCM 协定中的反措施。基于是否引起不利影响是可诉性补贴可否被采取反措施的决定性因素，本章对补贴的不利影响予以特别探究。

第一节　不利影响概述

SCM 协定规定任何成员不得通过使用补贴而对其他成员的利益造成不利影响。关于不利影响的具体情形及其判断因素，WTO 争端解决机构在实践中均有所涉及。

一、不利影响的具体情形

SCM 协定第 5 条关于不利影响的具体规定如下：

任何成员不得通过使用第 1 条第 1 款和第 2 款所指的任何补贴而对其他成员的利益造成不利影响，即：

（a）损害另一成员的国内产业；

（b）使其他成员在 GATT 1994 项下直接或间接获得的利益丧失或减损，特别是在 GATT1994 第 2 条下约束减让的利益；

（c）严重侵害另一成员的利益。本条不适用于按《农业协定》第 13 条规定的对农产品维持的补贴。[①]

根据上述规定，不利影响包括国内损害、利益丧失或减损以及严重侵害三种情形。

（一）国内损害

SCM 协定一共在两个地方提及国内损害。一个地方是 SCM 协定第三部分规定不可诉补贴的第 5 条；另外一个地方是 SCM 协定第五部分规定反补贴措施的第 15 条。SCM 协定第 15.1 条规定：就 GATT1994 第 6 条而言，对损害的确定应根据肯定性证据，并应包括对以下内容的客观审查：（a）补贴进口产品的数量和补贴进口产品对国内市场同类产品价格的影响，及（b）这些进口产品随之对此类产品国内生产者产生的影响。[②] 那么，SCM 协定第 15 条所涉

---

① 石广生主编：《乌拉圭回合多边贸易谈判结果：法律文本》，人民出版社 2002 年版，第 182 页。

② 参见石广生主编：《乌拉圭回合多边贸易谈判结果：法律文本》，人民出版社 2002 年版，第 192 页。

国内损害的判断因素，对于 SCM 协定第 5 条中不利影响的判断是否同样适用呢？

由于 SCM 协定第 5 条和第 15 条均使用了国内损害这一相同的词语，根据 WTO 争端解决机构的实践，相同的措辞应赋予相同的含义。尤其是，SCM 协定第 5 条（a）中的脚注 11 规定："此处使用国内产业损害的措辞与第五部分使用的含义相同。"[1]因此，第15条提及的国内损害以及因果关系的判断因素，对于第 5 条中不利影响的判断同样适用。否则，将会不适当地为 SCM 协定第三部分语境下的损害分析确立与第五部分下的损害分析不同的法律标准与义务，而这与脚注 11 的规定相悖。这一观点已经得到"欧共体空客公司补贴案"专家组的认同。[2]

（二）利益丧失或减损

SCM 协定第 5 条（b）规定的利益丧失或减损，既包括违反之诉，又包括非违反之诉。墨西哥在"美国《2000 年持续倾销与补贴抵消法》案"中关于不利影响的诉称，就同时涉及违反之诉与非违反之诉。根据 DSU 第 3.8 条的规定："如发生违反在适用协定项下所承担义务的情况，则该行为被视为初步构成利益丧失或减损案件。这通常意味着一种推定，即违反规则对适用协定的其他成员造

---

① 石广生主编：《乌拉圭回合多边贸易谈判结果：法律文本》，人民出版社 2002 年版，第 182 页。
② See European Communities and Certain Member States Measures Affecting Trade in Large Civil Aircraft（Complainant: United States），WT/DS316/R, 30 June 2010, paras.7.2068 and 7.2080.

成不利影响，在此种情况下，应由被起诉的成员自行决定是否反驳此指控。"① 由于墨西哥没有证明补贴的使用造成利益丧失或减损，该案专家组遂根据 DSU 第 3.8 条否定了墨西哥的申诉。②

SCM 协定的起草者在第 5 条中设想的情形，是补贴的使用造成利益丧失或减损的可能性。对此，SCM 协定第 7.1 条规定："除《农业协定》第 13 条的规定外，只要一成员有理由认为另一成员给予或维持的第 1 条所指的任何补贴对其国内产业产生损害、使其利益丧失或减损或产生严重侵害，则该成员可请求与另一成员进行磋商。"③ 由于 SCM 协定第 7.1 条澄清了补贴的使用相当于补贴的授予或维持，从而构成理解 SCM 协定第 5 条的上下文。正是在此意义上，"美国《2000 年持续倾销与补贴抵消法》案"专家组认为："尽管在该法之下支付没有被授予，但维持抵消计划本身构成了 SCM 协定第 5 条(b) 中利益丧失或减损的非违反之诉。"④ 换言之，补贴计划的存在以及补贴计划的潜在使用，可以认定计划的使用。⑤

---

① 石广生主编：《乌拉圭回合多边贸易谈判结果：法律文本》，人民出版社 2002 年版，第 272 页。

② See United States Continued Dumping and Subsidy Offset Act of 2000（Complainants: Australia; Brazil; Chile; European Communities; India; Indonesia; Japan; Republic of Korea; Thailand）, WT/DS217/R, 16 September 2002, paras.7.118–7.119.

③ 石广生主编：《乌拉圭回合多边贸易谈判结果：法律文本》，人民出版社 2002 年版，第 184 页。

④ See United States Continued Dumping and Subsidy Offset Act of 2000（Complainants: Australia; Brazil; Chile; European Communities; India; Indonesia; Japan; Republic of Korea; Thailand）, WT/DS217/R, 16 September 2002, para.7.122.

⑤ See United States Continued Dumping and Subsidy Offset Act of 2000（Complainants: Australia; Brazil; Chile; European Communities; India; Indonesia; Japan; Republic of Korea; Thailand）, WT/DS217/R, 16 September 2002, para.7.123.

（三）严重侵害

SCM 协定第 6.3 条规定了判断严重侵害的实质性标准。该条的具体规定如下：

如下列一种或多种情况适用，则可产生第 5 条（C）款意义上的严重侵害：

（a）补贴的影响在于取代或阻碍另一成员同类产品进入提供补贴成员的市场；

（b）补贴的影响在于在第三国市场中取代或阻碍另一成员同类产品的出口；

（c）补贴的影响在于与同一市场中另一成员同类产品的价格相比，补贴产品造成大幅价格削低，或在同一市场中造成大幅价格抑制、价格压低或销售损失；

（d）补贴的影响在于与以往三年期间的平均市场份额相比，提供补贴成员的一特定补贴初级产品或商品的世界市场份额增加，且此增加在给予补贴期间呈一贯的趋势。[1]

根据上述规定，严重侵害的判断包括以下几个层面：

第一，SCM 协定第 6.3 条提及的贸易影响直接等同于严重侵害。具体而言，SCM 协定第 6.3 条的引言——"如下列一种或多种情况

---

[1]　石广生主编：《乌拉圭回合多边贸易谈判结果：法律文本》，人民出版社 2002 年版，第 182—183 页。

使用"表明 SCM 协定第 6.3 条（a）（b）（c）中提及的补贴对贸易的影响，也即补贴的后果对于构成 SCM 协定第 5 条（c）中的严重侵害具有决定性。换言之，SCM 协定第 6.3 条（a）（b）（c）中提及的任一贸易影响，可以直接等同于第 5 条（c）中的严重侵害。[①] 需要强调的是，此处的侵害必须是严重侵害。根据"巴西诉美国陆地棉补贴案"专家组的观点，严重侵害意味着调查所涉补贴对巴西陆地棉生产和（或）贸易影响的侵害在程度上必须是重大的、并非轻微或可以忽略的。[②]

第二，"另一成员"仅指利益受损的申诉方。SCM 协定第 5 条（c）的表述是"严重侵害另一成员的利益"。那么，对"另一成员"利益的严重侵害，仅指提出了严重侵害申诉的特定 WTO 成员的利益，还是也包括除申诉方之外的其他 WTO 成员的利益？根据 SCM 协定的相关上下文，似乎不排除考虑 WTO 所有成员的利益遭到不利影响的情形。但是，"巴西诉美国陆地棉补贴案"专家组认为："其他成员利益受到严重侵害的事实，仅仅用来支持巴西所提出的补贴影响的证据，并不能作为我们得出结论的基础。"[③]换言之，所有成员的利益遭到不利影响的情形均应予以充分考虑，但仅仅是起到补强申诉方证据证明力的作用。

---

① See United States Subsidies on Upland Cotton（Complainant: Brazil），WT/DS267/R, 8 September 2004, para.7.1395.

② See United States Subsidies on Upland Cotton（Complainant: Brazil），WT/DS267/R, 8 September 2004, para.7.1393.

③ See United States Subsidies on Upland Cotton（Complainant: Brazil），WT/DS267/R, 8 September 2004, paras.7.1414–7.1415.

第三，严重侵害的申诉方与国籍无关。通常而言，提起严重侵害的申诉方是调查所涉产品的生产国。但是，如果调查所涉产品并非原产于该国，仅仅调查所涉产品的生产者是一家该国的公司，那么作为 SCM 协定第 6.3 条（a）（b）（c）中提及的补贴影响的结果，比如取代或阻碍或价格削低，该国能否主张其已经遭到了严重侵害？对此，"美国诉印度尼西亚影响汽车特定措施案"专家组区分了一国产品和一国生产者之间的不同，并否定生产者的国籍与严重侵害的确证相关。① 由此，严重侵害中申诉方的确定，与调查所涉产品生产者的国籍无关。相反，其关注的是调查所涉产品的原产地国。

二、与不利影响判断相关的若干问题

梳理 WTO 争端解决实践可知，在判断补贴是否造成不利影响时，补贴及其利益是否继续存在与不利影响的判断无关。相反，不利影响的判断与补贴存续的参考期间有关，并且补贴存续的参考期间越长，不利影响存在的可能性就越小。

第一，不利影响的判断与补贴是否存在无关。根据 SCM 协定第 5 条的序言，不利影响的存在通常以补贴存在为前提。但是，倘若造成不利影响的原因，即补贴已经不复存在，那么不利影响是否仍然存在呢？换言之，在评估不利影响时，倘若造成不

---

① See Indonesia Certain Measures Affecting the Automobile Industry（Complainant: United States）, WT/DS59/R, 2 July 1998, paras.14.198–14.201.

利影响的补贴已经失效，那么是否还有必要分析其可能造成的不利影响呢？进而，提供补贴的 WTO 成员是否仍应就已经不存在的补贴承担相应的责任呢？这一追问涉及评估不利影响的时间范围。

考虑到 SCM 协定的目标和目的，尤其是 SCM 协定中的反措施试图抵消的是补贴造成的不利影响而非补贴本身，因此即使补贴已经被终止，但只要补贴造成的不利影响还在继续，那么提供补贴的 WTO 成员就必须为此承担相应的法律责任。质言之，造成不利影响的补贴是否存在，与 SCM 协定第 5 条所涉的不利影响是否存在无关。事实上，"欧共体空客公司补贴案"上诉机构在考虑 SCM 协定生效之前被提供的补贴是否造成第 5 条的影响时，也认为不利影响的判断与补贴是否存在无关。质言之，已经失效或不存在的补贴不会被排除在 SCM 协定的规制范围之外。①

第二，不利影响的判断与利益是否存在无关。不仅补贴是否继续存在与不利影响是否存在无关，而且补贴的效果，也即补贴利益在不利影响分析的参考期间是否继续存在也与不利影响的判断无关。

考虑到一项补贴计划通常有一定的时间期限，补贴的效果也会随着时间的流逝而减少，直至在补贴期满后的某个时点上消失，因此补贴利益似乎并无必要在判断不利影响的参考期间仍然存在。

---

① See European Communities and Certain Member States Measures Affecting Trade in Large Civil Aircraft（Complainant: United States），WT/DS316/AB/R, 18 May 2011, para.686.

对此，"欧共体空客公司补贴案"上诉机构明确指出，SCM 协定第 5 条和第 6 条并不要求申诉方证明利益应在不利影响分析的参考期间继续存在。① 此外，由于判断不利影响无须对补贴利益进行精确量化，因此补贴利益传递分析在 SCM 协定第 5 条之下也没有必要。②

第三，不利影响的判断与补贴存在的参考期间有关。尽管补贴以及利益是否存在均与不利影响是否存在无关，但补贴存在的参考期间则与不利影响是否存在相关，并且二者呈反比关系。

一般而言，评估补贴所引发现时的不利影响不太可能，因为直接数据通常无法获得。因此，为了得出现时不利影响的结论，调查机关不得不评估过去提供的补贴。由此引发的问题是，过去提供的补贴的参考期限究竟多长？ SCM 协定第 5 条（a）并未就评估争议所涉补贴是否对申诉方利益造成不利影响应考虑的时间期限作出规定。此外，SCM 协定第 5 条（c）与第 6.3 条（a）（b）（c）也未针对严重侵害的形式作出类似的规定。在所有涉及不利影响评估的条款中，仅仅 SCM 协定第 6.4 条提及了时间期限。详言之，SCM 协定第 6.4 条规定：就第 3 款（b）项而言，对出口产品的取代或阻碍，在遵守第 7 款规定的前提下，应包括已被证明存在不利于未受补贴的同类产品相对

---

① See European Communities and Certain Member States Measures Affecting Trade in Large Civil Aircraft（Complainant: United States），WT/DS316/AB/R, 18 May 2011, para.713.

② See European Communities and Certain Member States Measures Affecting Trade in Large Civil Aircraft（Complainant: United States），WT/DS316/AB/R, 18 May 2011, paras.769–777.

市场份额变化的任何情况（经过一段足以证明有关产品明确市场发展趋势的适当代表期后，在通常情况下，该代表期应至少为一年）。[①] 然而，第 6.4 条也仅仅是规定了通常情形下可被考虑的最短时间周期，其既没有提及开始日期或结束日期，也没有提及相关期间的合适长度。

面对 SCM 协定关于评估不利影响参考期间的缺乏，"欧共体空客公司补贴案"专家组认为："在缺乏任何特定指导的情形下，应该避免作出参考期间的先验选择。"[②] 据此，"欧共体空客公司补贴案"专家组似乎认为，评估不利影响的参考期间，属于反补贴调查机关决定的范围。但可以确定的是，参考期间越长，不利影响存在的可能性就越小，反之则反然。

第二节　严重侵害

与国内损害、利益丧失或减损相比，严重侵害是最可能引起争议的不利影响情形之一。因此，本节结合 WTO 争端解决实践，专门探究严重侵害的含义与判断标准。

[①] 参见石广生主编：《乌拉圭回合多边贸易谈判结果：法律文本》，人民出版社 2002 年版，第 183 页。

[②] See European Communities and Certain Member States Measures Affecting Trade in Large Civil Aircraft（Complainant: United States），WT/DS316/R, 30 June 2010, paras.7.1693–7.1694.

一、严重侵害的含义

严重侵害是一个完全不同于国内损害的概念。国内损害通常与一个成员领土之内某个特定的产业有关，而严重侵害通常与一个成员的补贴所引起的另一个成员的产品贸易有关。在严重侵害的语境下，不利影响包括 SCM 协定第 6.3 条（a）（b）（c）提及的各类市场上既定产品进出口数量或市场份额的丧失（超过公平份额的取代或阻碍）、不利的价格影响或者二者的联合。①

SCM 协定第 6.3 条的引言规定如下："如下列一种或多种情况适用，则可产生第 5 条（c）中的严重侵害……"规定中使用"可（may）"这一词语，在 SCM 协定第 6 条中发挥着交叉引用或相互参照的功能。详言之，为了证明严重侵害，SCM 协定第 6.3 条（a）至（d）中所提及的价格和（或）数量影响可以被交叉引用。此外，SCM 协定第 6.3 条（c）中提及不利影响所使用的限定词，即"大幅"也可以被交叉引用，藉此表明在补贴所造成的价格抑制或价格压低不重要或无关紧要的情形下，严重侵害应被视为不存在。②

实质上，严重侵害这一概念关注的，是补贴对相关产品市场可能产生的不利影响，或者补贴对相关产品贸易可能产生的不利影

---

① See Republic of Korea Measures Affecting Trade in Commercial Vessels（Complainant: European Communities）, WT/DS273/R, 7 March 2005, para.7.578.
② See Republic of Korea Measures Affecting Trade in Commercial Vessels（Complainant: European Communities）, WT/DS273/R, 7 March 2005, para.7.582.

响。就此而言，似乎不能简单地将这些不利影响视为一个独立的、不同于严重侵害的概念。相反，SCM 协定第 6.3 条（a）（b）（c）枚举的不利影响本身就是严重侵害。① 这一结论可以从 SCM 协定第 6.2 条中得到印证。

SCM 协定第 6.2 条规定："尽管有第 1 款的规定，但是如提供补贴的成员证明所涉补贴未造成第 3 款列举的任何影响，则不得视为存在严重侵害。"②"欧共体诉韩国影响商船贸易措施案"专家组认为，SCM 协定第 6.2 条表明严重侵害的推定是可被反驳的，如果被诉方能够证明争议所涉补贴没有造成 SCM 协定第 6.3 条所列举的任何影响的话。③ 由此，SCM 协定第 6.2 条的规定暗示了第 6.3 条列举的不利影响本身就是严重侵害。"欧共体诉韩国影响商船贸易措施案"专家组的这一观点得到"美国诉印度尼西亚影响汽车特定措施案"专家组的认同。④

由此，一旦 SCM 协定第 6.3 条（a）至（d）中的条件得到确证，即可证明存在严重侵害。换言之，SCM 协定第 5 条（c）意义上的严重侵害可被直接解释为第 6.3 条（a）至（d）所列举的各类情形。这意味着，SCM 协定第 6.3 条规定的不利影响是认定 SCM 协定第

---

① See Republic of Korea Measures Affecting Trade in Commercial Vessels（Complainant: European Communities）, WT/DS273/R, 7 March 2005, para.7.593.

② 石广生主编：《乌拉圭回合多边贸易谈判结果：法律文本》，人民出版社 2002 年版，第 182 页。

③ See Republic of Korea Measures Affecting Trade in Commercial Vessels（Complainant: European Communities）, WT/DS273/R, 7 March 2005, para.7.583.

④ See Indonesia Certain Measures Affecting the Automobile Industry（Complainant: United States）, WT/DS59/R, 2 July 1998, paras.14.254–14.255.

5 条（c）意义上的严重侵害的充分基础。[①]

二、严重侵害的具体形式

根据 SCM 协定第 6.3 条的规定，严重侵害的具体形式包括取代或阻碍、价格削低、价格抑制、价格压低四种情形。

（一）取代或阻碍

如前所述，SCM 协定第 6.3 条（a）和（b）都提及了取代或阻碍。那么，何谓取代或阻碍呢？

就补贴对特定产品市场可能产生的不利影响而言，取代或阻碍的通常含义均与特定产品的市场份额下降有关。"美国诉印度尼西亚影响汽车特定措施案"专家组认为：取代指销售数量下降的情形，阻碍指本应发生的销售实际上没有发生的情形。[②] 值得关注的是，"欧共体空客公司补贴案"上诉机构根据取代的字典含义，进一步将取代解释为受补贴产品与申诉方同类产品之间的一种替代效应。基于 SCM 协定第 6.3 条（a）提及的是补贴提供成员的市场，而第 6.3 条（b）提及的是第三国市场，所以这两个条款提及的取代的含义应有所不同。其中，第 6.3 条（a）中的取代指在补贴提供成员的

---

① See United States Subsidies on Upland Cotton-Recourse to Article 21.5 of the DSU by Brazil, WT/DS267/RW, 18 December 2007, para.10.255.

② See Indonesia Certain Measures Affecting the Automobile Industry（Complainant: United States）, WT/DS59/R, 2 July 1998, para.14.218.

市场中申诉方同类产品的进口被受补贴产品替代的情形，第 6.3 条 (b) 中的取代指在第三国市场上申诉方同类产品的出口被受补贴产品的出口替代的情形。①

此外，根据阻碍的字典含义，"欧共体空客公司补贴案"上诉机构认为阻碍的含义比取代要宽泛得多。详言之，阻碍指的是如果不存在受补贴产品的阻碍或妨碍的话，申诉方同类产品的出口或进口原本会扩大，或者申诉方同类产品的进口或出口原本会实现。当然，不排除取代与阻碍发生重叠的情形。但受制于条约解释的有效原则，不得不对每一个条款所包含的概念作出区别。②

"欧共体空客公司补贴案"上诉机构关于取代和阻碍的解释表明，在取代和阻碍之间进行严格的区分比较困难。大概而言，取代指实际销售发生了下降，阻碍指原本应增加的销售大于实际增加的幅度，或者原本应下降的销售小于实际下降的幅度。③ 也可能存在其他情形，比如申诉方同类产品的进口或出口正在下降，但下降的幅度大于原本应下降的幅度。在此类进口或出口下降可被观察到的程度上，这种情形可被视为取代。倘若此类下降不可能被直接观察

---

① See European Communities and Certain Member State Measures Affecting Trade in Large Civil Aircraft（Complainant: United States），WT/DS316/AB/R, 18 May 2011, para.1160.

② See United States Standards for Reformulated and Conventional Gasoline（Complainant: Brazil），WT/DS4/AB/R, January 1996, para.21. See also Japan Taxes on Alcoholic Beverages（Complainant: United States），WT/DS11/AB, 4 October 1996, para.106.

③ See European Communities and Certain Member State Measures Affecting Trade in Large Civil Aircraft（Complainant: United States），WT/DS316/AB/R, 18 May 2011,paras.1160–1162.

到，即下降较之于原本可能的情形要剧烈地多以至于不易被直接观察到，则这种情形可被视为阻碍。

（二）"大幅"价格削低、价格抑制及价格压低

如前所述，SCM 协定第 6.3 条（c）规定，如果受补贴产品引起"大幅"价格削低、价格抑制、价格压低或销售损失，即可认定补贴造成了不利影响。这一规定包含以下几个层面的含义。

第一，"大幅"强调补贴引起受调查产品价格变动的程度。作为不利影响表现形式的价格削低、价格抑制和价格压低均有一个限定词——"大幅"（significant）。据此，补贴不仅应造成不利影响，而且此类不利影响还必须是"大幅"。"巴西诉美国陆地棉补贴案"专家组认为："大幅"价格削低、价格抑制和价格压低指一种重要的、有意义的或重大的价格变动情形。[1] 据此，"大幅"这一限定词旨在强调价格的影响或变动（削低、抑制或压低）必须是一种发生了明显变化的情形，仅仅足够程度的、能够有意义地影响调查所涉产品供给者价格的情形，才满足 SCM 协定 6.3 条（c）中"大幅"的要求。[2]

此外，就判断"大幅"考虑因素而言，"巴西诉美国陆地棉补贴案"专家组认为，陆地棉市场上构成"大幅"因素包括但不限于

---

① See United States Subsidies on Upland Cotton（Complainant: Brazil）, WT/DS267/R, 8 September 2004, para.7.1393.

② See Republic of Korea Measures Affecting Trade in Commercial Vessels（Complainant: European Communities）, WT/DS273/R, 7 March 2005, para.7.571.

价格小幅减少或降低，或在利润空间有限的情形下产品同质性意味着销售价格的弹性较大，或者经历了价格抑制的市场中贸易市场的规模等。尤其是，"大幅"判断不可能仅仅依赖数量水平的标准，其他如相同市场的性质和调查所涉产品的性质等因素也与此类评估相关。[1] 由此，"大幅"可能会以各种方式出现，并且相关考虑因素因案而异。

判断"大幅"的典型案例是"欧共体空客公司补贴案"。该案专家组在认定销售损失是"大幅"的时指出：在小直升机的购买中，波音公司的销售损失涉及空中柏林公司、捷克航空公司亚洲航空公司、伊比利亚航空公司、南非航空公司、泰国国际航空公司、新加坡航空公司、阿联酋航空公司和澳洲航空公司所购买的飞机。如果获得特定的销售是空客公司的战略重点的话，那么波音公司的销售损失是重大的，可被视为"大幅"销售损失。此外，在欧共体耽搁了其他大飞机制造商的学习效应和本行业规模经济获益能力的意义上，销售损失也可被视为是"大幅"的，并且销售损失的显著性超越了直接收入效应的显著性。尤其是，随后购买大飞机的既定客户也增加了销售损失的显著性。虽然其他大飞机制造商能够利用交货时段的优势发现潜在的其他客户从而挽回部分劣势，但这并没有减损销售损失的显著性。[2] 然而，基于"大幅"的判断通常建立在若

---

[1] See United States Subsidies on Upland Cotton（Complainant: Brazil）, WT/DS267/R, 8 September 2004, paras.7.1329–7.1330.

[2] See European Communities and Certain Member States Measures Affecting Trade in Large Civil Aircraft（Complainant: United States）, WT/DS316/R, 30 June 2010, para.7.1845.

干不同因素的基础之上，"巴西诉美国陆地棉补贴案"上诉机构认为，无须证明每一个此类因素都是"大幅"的。①

第二，价格削低指受补贴产品价格已经下降的情形。通常而言，价格削低指受补贴产品的价格在进口国市场上以低于进口国同类产品的价格进行销售的情形。一般而言，确证特定产品的价格已经下降比较简单。与价格削低相比，价格抑制的判断要复杂得多。

第三，价格抑制关注价格下降或价格增加低于原本应增加的情形。判断价格抑制的典型案例是"巴西诉美国陆地棉补贴案"。该案专家组认为，价格抑制要求审查价格是否被往下压、被阻止或防止往上升，或者虽然价格实际上增加，但增加的程度与强度小于其他情形下原本应增加的程度与强度。② 评估价格抑制的考虑因素包括在世界陆地棉市场中，美国陆地棉生产与出口的相对数量、陆地棉的一般价格趋势以及争议所涉补贴措施的性质。③ 该案专家组对价格抑制的上述解释，得到了本案上诉机构的认可。④

价格抑制关注价格是否由于补贴而低于原本应存在的情形。

① See United States Subsidies on Upland Cotton-Recourse to Article 21.5 of the DSU by Brazil, WT/DS267/AB/RW, 2 June 2008, para.416.
② See United States Subsidies on Upland Cotton（Complainant: Brazil）, WT/DS267/R, 8 September 2004, para.7.1279.
③ See United States Subsidies on Upland Cotton（Complainant: Brazil）, WT/DS267/R, 8 September 2004, para.7.1280.
④ See United States Subsidies on Upland Cotton（Complainant: Brazil）, WT/DS267/AB/R, 3 March 2005, para.424.

识别价格抑制需要在假定的基础之上进行比较，即在一个可观察到的事实情形（价格）和一个与事实相反的情形（价格原本应该是多少）之间进行比较。通过比较可以清楚地判断，缺乏补贴时的价格是否原本会增加，或价格原本增加的幅度会大于实际增加的幅度。[①] 需要说明的是，价格抑制与价格压低均涉及价格被压下来或降低的情形。如同前述提及的取代和阻碍会发生重叠一样，价格抑制与价格压低也可能会发生重叠。然而，价格抑制与价格压低是两个不同的概念，严格区分价格抑制与价格压低似乎存在一定的难度。

第四，价格压低强调价格下降趋势可被观察到的一种情形。价格压低是一种直接可被观察到的现象，即价格的下降趋势是直观的。确证一项产品的价格一直持平或仅仅小幅上涨、或下降相对比较简单。但是，确证一项产品的价格本不应该下降，或者本应增加的幅度大于实际增加的幅度则困难得多。尤其是，一个价格持平或下跌趋势的存在本身，尚不足认定价格被抑制或压低。所以，价格被抑制或压低的识别还需要审查价格变动的原因。其中，价格抑制强调价格受到某些力量限制的情形；价格压低不是简单地价格下降，而是价格被一种力量往下拉的情形。换言之，识别 SCM 协定第 6.3 条（c）意义上的价格抑制或者价格压低，不仅要有一个持平的或下降的价格趋势作为前提，而且这个趋势还必须是一个外生因素的结果，即争议所涉补贴造成的结果。如此，价格抑制与价格

[①] See United States Subsidies on Upland Cotton-Recourse to Article 21.5 of the DSU by Brazil, WT/DS267/AB/RW, 2 June 2008, para.351.

压低本身关注的是在缺乏争议所涉补贴的情形下，特定产品的价格原本应存在的情形。

第五，销售损失关注本应享有的市场份额的损失。与价格抑制或者价格压低强调一种市场的变动趋势不同，销售损失是一种市场现象，指原本享有的市场份额不复存在。"欧共体空客公司补贴案"上诉机构认为，销售损失是一个关系概念，既指受补贴公司赢得销售的行为，又指竞争公司失去销售的行为。因此，其一般发生于受补贴产品与申诉方的同类产品在同一市场上实际或潜在竞争的情形中。①

此外，SCM 协定第 6.3 条规定，"在同一市场中造成大幅价格抑制、价格压低或销售损失"，那么修饰或限定价格抑制与价格压低的"大幅"与同一市场这两个前提条件，是否也适用于销售损失呢？对此，"巴西诉美国陆地棉补贴案"上诉机构认为，同一市场适用于第 6.3 条（c）规定的包括销售损失在内的所有情形。②"巴西诉美国陆地棉补贴案"上诉机构的这一观点得到"欧共体空客公司补贴案"上诉机构的认可，并且后者进一步强调，申诉方援引 SCM 协定第 6.3 条时必须表明销售损失是"大幅"的。③

---

① See European Communities and Certain Member State Measures Affecting Trade in Large Civil Aircraft（Complainant: United States）, WT/DS316/AB/R, 18 May 2011, para.1214.

② See United States Subsidies on Upland Cotton（Complainant: Brazil）, WT/DS267/AB/R, 3 March 2005, para.407.

③ See European Communities and Certain Member State Measures Affecting Trade in Large Civil Aircraft（Complainant: United States）, WT/DS316/AB/R, 18 May 2011, para.1215.

三、判断严重侵害的方法

WTO 争端解决实践关于严重侵害的判断集中于价格抑制、价格压低和销售损失，并且在实践中逐渐形成了判断严重侵害的"两步走分析法"与"反事实分析法"。

（一）"两步走分析法"

判断严重侵害的"两步走分析法"，主要由"巴西诉美国陆地棉补贴案"专家组提出，并且严重侵害的判断涉及补贴影响的评估。

针对价格抑制的判断，"巴西诉美国陆地棉补贴案"专家组基本采用了以下三个独立的步骤：第一步，陆地棉世界市场价格是否存在价格抑制；第二步，此类价格抑制是否是"大幅"；第三步，"大幅"价格抑制与被诉称补贴之间是否存在因果关联。基于第一步和第二步都是对价格抑制的判断，因此这一方法被称为"两步走分析法"。

需要指出的是，该案专家组在价格抑制分析中涉及补贴影响。然而，该案上诉机构认为，专家组的分析没有法律错误。首先，SCM 协定第 6.3 条（c）并不排除此类方法。① 其次，"大幅"价格抑制分析不可能与补贴影响隔离开来。价格抑制分析通常涉及陆地棉世界市场价格的发展，比如在审查期间价格是否显著下降，

---

① See United States Subsidies on Upland Cotton（Complainant: Brazil），WT/DS267/AB/R, 3 March 2005, para.431.

或价格是否显著低于其他时期；补贴影响分析通常涉及与补贴性质相关的因素，比如补贴的大小、补贴与价格的关系、补贴对生产与出口的影响以及与价格抑制相关的补贴之外的其他因素。因此，价格抑制分析无法与补贴影响分析完全脱钩。[①] 再次，价格抑制中抑制一词的通常含义，暗示主体（被诉称的补贴）与客体（陆地棉的世界市场价格）同时存在。如前所述，价格抑制指被诉称的补贴不存在的情形下价格不会增加，或者虽然增加但增加幅度少于补贴不存在时的情形。价格抑制分析强调一种假设性的情况，即被诉称的补贴不存在。因此，不考虑补贴的影响，判断价格抑制是否存在将非常困难。就此而言，专家组在"大幅"价格抑制分析和补贴影响分析中涉及相同或类似的因素不一定是犯了错误。[②]

质言之，价格抑制分析与补贴影响分析涉及相同或类似的因素，这导致区别价格抑制与补贴影响存在一定的困难。面对"巴西诉美国陆地棉补贴案"专家组在区别价格抑制是否存在与价格抑制是否是补贴造成的影响时的含糊其词，"巴西诉美国陆地棉补贴案"专家组采用了"单一方法（unitary approach）"，将特定市场现象分析与此类市场现象和被诉称的补贴之间是否存在因果关系进行统一分析。[③]"巴西诉美国陆地棉补贴案"上诉机构认为"单一方法"至

---

① See United States Subsidies on Upland Cotton（Complainant: Brazil），WT/DS267/AB/R, 3 March 2005, para.432.

② See United States Subsidies on Upland Cotton（Complainant: Brazil），WT/DS267/AB/R, 3 March 2005, paras.433–434.

③ See United States Subsidies on Upland Cotton-Recourse to Article 21.5 of the DSU by Brazil, WT/DS267/RW, 18 December 2007, para.10.46.

少在识别价格抑制和其原因时有一个正确的基础[1]，并且"单一方法"的采用并未免除专家组清楚地识别"大幅"的义务[2]。

值得关注的是，"欧共体空客公司补贴案"专家组选择了"两步走分析法"，理由是美国提出的观点和证据（包括与价格抑制相关）使得"两步走分析法"对于评估争议所涉 SCM 协定第 6.3 条（a）（b）（c）中的不利影响完全合适。但是，该案专家组没有解释为什么"两步走分析法"完全合适。此外，该案专家组提及"巴西诉美国陆地棉补贴案"上诉机构对"两步走分析法"表示的保留，但是没有解释为什么那些保留在本案中无关紧要。[3]

最终，"欧共体空客公司补贴案"上诉机构指出，很难理解 SCM 协定第 6.3 条（a）（b）（c）所描述的市场现象孤立于被诉的补贴。相反，评估补贴的影响时，识别市场现象是评估本身固有的。任何试图在识别 SCM 协定第 6.3 条中的市场现象而不考虑争议所涉补贴的做法都是初步性的，因为第 6.3 条中提及的市场现象是被诉补贴的影响。这意味着"两步走分析法"仅仅是将分析的核心推延到了第二步。此外，通过人为地搁置市场现象是否被诉补贴造成的影响，反补贴调查方可能忽略实际中存在的市场现象。[4]

---

[1] See United States Subsidies on Upland Cotton-Recourse to Article 21.5 of the DSU by Brazil, WT/DS267/AB/RW, 2 June 2008, para.354.

[2] See United States Subsidies on Upland Cotton-Recourse to Article 21.5 of the DSU by Brazil, WT/DS267/AB/RW, 2 June 2008, para.361.

[3] See European Communities and Certain Member States Measures Affecting Trade in Large Civil Aircraft（Complainant: United States），WT/DS316/AB/R, 18 May 2011, para.1109.

[4] See European Communities and Certain Member States Measures Affecting Trade in Large Civil Aircraft（Complainant: United States），WT/DS316/AB/R, 18 May 2011, para.1110.

（二）"反事实分析法"

与"巴西诉美国陆地棉补贴案"专家组所采取的"两步走分析法"不同，"巴西诉美国陆地棉补贴案"专家组创设的"单一方法"本质上是"反事实分析法"。[1]

"反事实分析法"侧重探究不存在补贴的情形下，受补贴产品的价格是否原本会增加，或者增加是否会超过实际发生的情形。根据这一方法，判断价格抑制是在一个可观察到的事实情形（价格）与一个反事实情形（价格原本会是什么）之间进行比较。与价格抑制相比，价格压低可被直接观察到。此类价格下跌是否由补贴造成，需要考虑在缺乏补贴时价格原本存在的情形。

如前所述，"反事实分析法"得到"巴西诉美国陆地棉补贴案"上诉机构的认同。[2] 巴西在该案中没有诉称美国补贴对陆地棉世界市场价格具有直接影响，相反其诉称补贴对美国陆地棉种植者的种植决策产生了影响，并最终影响了美国陆地棉的生产水平。因此，相关分析首先应关注补贴对生产水平的影响，即与不存在补贴时原本会出现的情形相比，补贴是否会导致更多的生产，这实际上关涉归因于补贴的边际生产问题。在陆地棉的生产可能增加的情形下，相关分析将继续关注供给增加是否对世界市场价格产生影响。在其

---

[1] See United States Subsidies on Upland Cotton-Recourse to Article 21.5 of the DSU by Brazil, WT/DS267/RW, 18 December 2007, para.10.46.

[2] See United States Subsidies on Upland Cotton（Recourse to Article 21.5 of the DSU by Brazil）, WT/DS267/AB/RW, 2 June 2008, para.354.

他条件相同的情形下，由补贴引起的边际生产的增加将会对陆地棉的世界价格产生影响，尤其当提供补贴的经济体在全球产出中占据重大份额时。

由此，分析价格抑制需要考虑生产和价格影响，而这需要对补贴的影响进行量化。此类量化无疑是困难的，因为缺乏补贴时的价格增加不可能被直接观察得到。此外，量化分析可能需要借助经济学模型或其他定量技术。此类模型或技术可以估算补贴存在时是否有较高的生产水平，并且反过来是否影响了生产价格。因此，经济学模型与定量技术为分析补贴及其他因素与价格变动之间的关系提供了框架。①

由于证明价格下降、价格稳定或价格微小增加相对比较简单，而证明价格不应下降，或者价格原本增加比实际增加得更多则比较困难，所以相关分析应审查这些可被观察到的趋势及原因。由此，在"反事实分析法"之下，SCM 协定第 6.3 条中的特定市场及其与被诉称补贴之间是否存在因果关系的分析可予统一实施。与之相比，"两步走分析法"的基础似乎并不牢固。因此，"欧共体空客公司补贴案"上诉机构重申了对"反事实分析法"的偏好。②

"反事实分析法"不仅适用于价格抑制和价格压低的判断，而且也适用于销售损失的判断。如同 SCM 协定第 6.3 条（a）（b）中

---

① See United States Subsidies on Upland Cotton（Recourse to Article 21.5 of the DSU by Brazil），WT/DS267/AB/RW, 2 June 2008, paras.355–356.

② See European Communities and Certain Member States Measures Affecting Trade in Large Civil Aircraft（Complainant: United States），WT/DS316/AB/R, 18 May 2011, paras.1110–1111.

的取代或阻碍分析，评估 SCM 协定第 6.3 条（c）所涉销售损失是否是补贴造成的不利影响，也需要比较申诉方的实际销售情形与被诉企业在缺乏补贴时原本的销售情形。如果被诉方的受补贴企业所赢得的销售将原本会被申诉方的竞争产品所代替，则可认定被诉称的补贴造成了销售损失的不利影响。

值得关注的是，"欧共体空客公司补贴案"上诉机构特别强调，从较为宽泛的市场角度进行审查，第 6.3 条（c）中的销售损失与第 6.3 条（a）（b）中的取代或阻碍之间可能存在重叠。但是，二者之间仍然存在区别：第 6.3 条（a）（b）有明确的地理中心——补贴提供成员的市场与第三国市场，而第 6.3 条（c）中的同一市场更有弹性，其还可能包括世界市场；此外，第 6.3 条（c）要求销售损失是"大幅"，暗示评估可能包括定量分析与定性分析，而第 6.3 条（a）（b）并不涉及"大幅"定性，因此相关评估主要涉及定量分析。①

由此，SCM 协定第 6.3 条（c）中的销售损失，是申诉方国内生产者没有得到的那一部分销售份额。替代性地，这部分销售份额由被诉方的供应商获得。作为一个关系观念，销售损失的评估既要关注已经获得销售份额的受补贴企业的行为，又要关注诉称失去了销售份额的相互竞争的企业的行为。考虑到市场的特性，此类评估既可以集中于特定的促销活动，也可以宽泛地聚焦市场中的批发

---

① See European Communities and Certain Member States Measures Affecting Trade in Large Civil Aircraft（Complainant: United States），WT/DS316/AB/R, 18 May 2011, paras.1214–1218.

销售。

在此需要注意的是，"两步走分析法"也可以评估销售损失。但是，"两步走分析法"中的第一步所得出的结论仍是初步的，因为其仅仅表明谁失去了销售及谁得到了销售。识别销售损失仍有待第二步分析，即销售损失是否可被归于被诉称的补贴。虽然"两步走分析法"可以用来评估销售损失，但最为合适的方法似乎是"反事实分析法"。总之，对于独立、正确地识别被诉称补贴的影响而言，"反事实分析法"提供了一个有用的分析框架。①

第三节　判断严重侵害的其他问题

一、严重侵害判断应依据国内损害的因果关联标准

如同国内损害判断必须证明补贴和损害之间存在因果关联，严重侵害的识别也需要证明补贴与"大幅"价格抑制、价格压低或销售损失之间存在因果关联。②"欧共体诉韩国影响商船贸易措施案"专家组为此创设了"要不是检测法"。③

---

① See European Communities and Certain Member States Measures Affecting Trade in Large Civil Aircraft（Complainant: United States），WT/DS316/AB/R, 18 May 2011, para.1110.

② See Republic of Korea Measures Affecting Trade in Commercial Vessels（Complainant: European Communities），WT/DS273/R, 7 March 2005, para.7.604.

③ See Republic of Korea Measures Affecting Trade in Commercial Vessels（Complainant: European Communities），WT/DS273/R, 7 March 2005, para.7.612.

"要不是检测法"旨在探究补贴不存在的情形下价格原本会是什么。在价格压低的申诉中，补贴与价格之间是否存在肯定性关联，需要探究缺乏补贴时调查所涉产品的价格是否会下降，或者价格下降的幅度是否小于实际下降的幅度。就价格抑制而言，需要探究缺乏补贴时调查所涉产品的价格是否会增加，或者价格本应增加的幅度是否大于实际增加的幅度。"要不是检测法"得到"巴西诉美国陆地棉补贴案"专家组与"巴西诉美国陆地棉补贴案"上诉机构支持的认同。①

本质上，判断因果关联的"要不是检测法"与前述判断价格抑制的"反事实分析法"是一致的。SCM 协定第 6.3 条（c）并没有提及因果这一词语。相反，其规定严重侵害体现在"补贴的影响在于……造成……大幅价格抑制、价格压低或销售损失"。由此，第 6.3 条（c）仅仅要求在补贴与"大幅"价格抑制之间存在因果关联。因果关联中的"因"关注的是可能触发一个特定事件的因素，而"果"关注的则是该特定事件引起的后果。因此，补贴所造成的影响，比如价格抑制，必须是由一系列的因果关联造成的，并且此类因果关联与被指控的补贴相关。②

需要说明的是，"巴西诉美国陆地棉补贴案"上诉机构对"要不是检测法"的使用得到"欧共体空客公司补贴案"上诉机构的认同。

① See United States Subsidies on Upland Cotton（Complainant: Brazil）, WT/DS267/R, 8 September 2004, para.10.49. See also United States Subsidies on Upland Cotton-Recourse to Article 21.5 of the DSU by Brazil, WT/DS267/AB/RW, 2 June 2008, para.370.

② See United States Subsidies on Upland Cotton- Recourse to Article 21.5 of the DSU by Brazil, WT/DS267/AB/RW, 2 June 2008, paras.371–372.

后者特别将这一因果关联界定为"真实和实质的因果关联",并强调"真实和实质的因果关联"标准适用于 SCM 协定第 6.3 条涉及的所有的严重侵害情形。①

二、不归因性分析对于判断严重侵害并非必须

根据证明责任分配,申诉方应举证证明争议所涉补贴与不利影响之间存在因果关联。证明难度取决于大量的因素和事实情况,包括但不限于申诉方提出的产品广度。相关证明因素包括补贴的性质,补贴的运作方式,补贴被提供给特定产品的程度、市场条件,补贴接受者的活动,以及被诉产品的价格抑制与价格压低之间的概念性距离。无论既定案件中的事实情形是什么,申诉方为证明肯定性因果关联而提供的证据以及满足这一举证要求的困难和方式通常因案而异。②

但可以明确的是,在补贴与特定水平的价格之间存在关联本身,不可能也不足以确证补贴引发了"大幅"价格抑制。③ 此外,如果 SCM 协定第 6.3 条提及的市场影响是由于被诉称的补贴之外的其他原因引起的,那么在补贴与不利市场影响之间不存在

---

① See European Communities and Certain Member States Measures Affecting Trade in Large Civil Aircraft(Complainant: United States), WT/DS316/AB/R, 18 May 2011, para.1232.

② See Republic of Korea Measures Affecting Trade in Commercial Vessels(Complainant: European Communities), WT/DS273/R, 7 March 2005, para.7.560.

③ See United States Subsidies on Upland Cotton-Recourse to Article 21.5 of the DSU by Brazil, WT/DS267/RW, 18 December 2007, para.10.133.

因果关联，此即不归因性分析。质言之，不归因性分析可以排除补贴与不利影响之间的初步因果关联是否存在衰减影响的其他因素。

"欧共体诉韩国影响商船贸易措施案"专家组在认同"巴西诉美国陆地棉补贴案"专家组关于因果关联解释的基础之上，不仅强调了是否存在减弱因果关系或致使补贴的不利影响不那么"大幅"其他可能因素，[①] 而且特别提示道："谨记在心的是，需要考虑除补贴之外的、可识别的其他因素的影响，借此认定此类因素是否减弱了可能认定的肯定性因果关系，或者致使补贴的影响，即价格抑制或价格压低不再显著。"[②] 由此，该案专家组强调了不归因分析对于识别因果关联的重要作用。

那么，在使用"要不是检测法"评估因果关联的情形下，综合评估影响调查所涉产品世界市场价格的因素还有没有必要呢？"巴西诉美国陆地棉补贴案"专家组对此予以了否认："既有证据支持在缺乏美国市场贷款和反周期补贴时，陆地棉的世界市场价格将会显著增加。虽然中国在陆地棉市场中扮演了一个重要的角色，但这并没有减少美国补贴对世界供给市场所引发的陆地棉世界市场价格的影响。关注中国需求与供给的份额不会改变的事实是，美国拥有陆地棉约 40% 的世界出口份额，能够对世界市场价格施加实质上

---

① See Republic of Korea Measures Affecting Trade in Commercial Vessels（Complainant: European Communities）, WT/DS273/R, 7 March 2005, para.7.617.

② See Republic of Korea Measures Affecting Trade in Commercial Vessels（Complainant: European Communities）, WT/DS273/R, 7 March 2005, para.7.618.

与之成比例的影响。"[1] 由此，该案专家组认为，因果关联分析对于评估影响被诉产品的世界市场价格的其他因素没有必要。

美国将"巴西诉美国陆地棉补贴案"专家组的这一裁决提出上诉。该案上诉机构支持专家组所采用的方法，理由是专家组采取的"要不是检测法"足以确证"大幅"价格抑制是补贴造成的不利影响之一。[2] 由此，尽管因果关联分析需要排除补贴之外的因素影响市场的可能性，但在采用"要不是检测法"判断因果关联时，不归因性分析并非是必须的。

三、判断严重侵害无须量化补贴数量

尽管评估补贴的不利影响需要分析补贴对价格的影响，从而需要考虑补贴规模或大小，但是评估补贴的不利影响无须精确量化补贴的数量。

较之于与价格联系不怎么密切的一项数额较小的补贴而言，与价格联系密切的一项较大数额的补贴对价格具有较大的影响。在其他事项相同的情形下，给予一项既定产品的补贴越小，其影响补贴接受者成本或收入的程度也越小，并且对补贴接受者为该产品所支付的价格的影响也越小。详言之，在 SCM 协定第 6.8 条和第五部

---

① See United States Subsidies on Upland Cotton-Recourse to Article 21.5 of the DSU by Brazil, WT/DS267/RW, 18 December 2007, para.10.243.

② See United States Subsidies on Upland Cotton-Recourse to Article 21.5 of the DSU by Brazil, WT/DS267/AB/RW, 2 June 2008, paras.373–375 and para.378.

分的语境下解读第 6.3 条（c），在分析补贴的影响是否造成"大幅"价格抑制时，相关的考虑因素包括被诉补贴的规模及其与相关市场中产品价格之间的联系。然而，这并不意味着第 6.3 条（c）施加了精确量化补贴数量的义务。[①]

　　事实上，补贴利益的精确量化仅仅对于 SCM 协定第五部分才是必要的，对于 SCM 协定第三部分中的可诉性补贴并非不可或缺。这是因为，SCM 协定第五部分规定的是反补贴措施，在通过征收反补贴税抵消补贴时，所征的反补贴税额不能超过补贴提供成员提供的补贴数量。因此，在征收反补贴税的语境下，精确量化补贴利益数额就成为必然的要求。而 SCM 协定第三部分涉及严重侵害分析的重点是调查所涉产品的技术和价格变化对进出口成员的市场影响，因此精确量化补贴利益的数量并无必要。

---

① See United States Subsidies on Upland Cotton（Complainant: Brazil），WT/DS267/AB/R, 3 March 2005, para.461, paras.465–467.

第六章　禁止性补贴

禁止性补贴是应受 SCM 协定规制的另一类补贴，具体包括出口补贴与进口替代补贴。鉴于这两类禁止性补贴的含义与判断区别较大，本章对这两类补贴予以分别论述。

第一节　出口补贴的含义及判断

禁止性补贴主要体现于 SCM 协定第 3 条。其中，第 3.1 条（a）规定出口补贴。出口补贴可分为法律上的出口补贴与事实上的出口补贴，并且这两类补贴既紧密联系又互有区别。

一、法律上的出口补贴的含义及判断

SCM 协定第 3.1 条（a）规定：法律或事实上视出口实绩为唯一条件或多种其他条件之一而给予的补贴，包括附件 1 列举的补

贴。^①据此，法律上的出口补贴指法律上视出口实绩为唯一条件或多种其他条件之一而给予的补贴。

（一）法律上的出口补贴的构成要素

法律上的出口补贴指法律、法规或其他法律文件规定视出口实绩而定的补贴，其核心是"视……而定"所揭示的一种可能性。^②"美国外国销售公司税收待遇案"是 WTO 争端解决机构界定法律上的出口补贴的典型案例之一。

"美国外国销售公司税收待遇案"涉及美国国内税法向外国销售公司的所得提供以下三类税收优惠：在美国之外成立的销售公司的对外贸易所得被视为与美国国内商业或贸易不存在有效联系的国外来源收入，因此可以在美国国内免征所得税；外国销售公司的美国母公司享有延迟就对外贸易收入纳税的权利；外国销售公司的美国母公司对从外国销售公司获得的与对外贸易收入相关的股息免于征税。

该案专家组认为：首先，美国外国销售公司税收措施构成 SCM 协定第 1.1 条（a）（1）（ii）中的"政府放弃本应征收的税收"^③，并授予了第 1.1 条（b）意义上的利益^④。其次，美国国内税法所涉外

---

① 参见石广生主编：《乌拉圭回合多边贸易谈判结果：法律文本》，人民出版社 2002 年版，第 180 页。

② See Canada Measures Affecting the Export of Civilian Aircraft（Complainant: Brazil），WT/DS70/AB/R, 2 August 1999, para.166.

③ See United States Tax Treatment for Foreign Sales Corporations（Complainant: European Communities），WT/DS108/R, 8 October 1999, para.7.102.

④ See United States Tax Treatment for Foreign Sales Corporations（Complainant: European Communities），WT/DS108/R, 8 October 1999, para.7.103.

国销售公司税收优惠仅适用于对外贸易收入。补贴及其数额取决于美国货物出口或提供与出口此类货物有关的服务所产生的收入，对外贸易收入反过来又取决于美国货物的出口，或与美国货物出口有关的服务收入，因此属于 SCM 协定第 3.1（a）条中的预期出口。① 最后，美国外国销售公司税收措施既构成补贴，又以预期出口为条件，符合第 3.1 条（a）规定的在法律上视出口实绩为条件的禁止性补贴。② 需要说明的是，该案专家组的这一裁决得到本案上诉机构的支持。③

WTO 争端解决实践表明，识别禁止性补贴的前提是存在 SCM 协定第 1 条意义上的补贴。④ 出口补贴不仅应满足第 1 条中的财政资助与利益要件，而且应以出口实绩为条件。⑤

---

① See United States Tax Treatment for Foreign Sales Corporations（Complainant: European Communities）, WT/DS108/R, 8 October 1999, paras.7.108.

② See United States Tax Treatment for Foreign Sales Corporations（Complainant: European Communities）, WT/DS108/R, 8 October 1999,para.7.108 and para.7.130.

③ See United States Tax Treatment for Foreign Sales Corporations（Complainant: European Communities）, WT/DS108/AB/R, 24 February 2000, para.95.121.

④ See Canada Export Credits and Loan Guarantees for Regional Aircraft（Complainant: Brazil）, WT/DS222/R, 28 January 2002, para.7.16.

⑤ See Canada Measures Affecting the Export of Civilian Aircraft（Complainant: Brazil）, WT/DS70/AB/R, 2 August 1999, paras.162–180.See also United States Tax Treatment for Foreign Sales Corporations（Complainant: European Communities）, WT/DS108/AB/R, 24 February 2000, paras.96–121. See also Canada Certain Measures Affecting the Automotive Industry（Complainant: Japan）WT/DS139/AB/R, 31 May 2000, paras.95–117.See also Canada Measures Affecting the Export of Civilian Aircraft-Recourse by Brazil to Article 21.5 of the DSU, WT/DS70/AB/RW, 21 July 2000, paras.25–52.

（二）补贴视出口实绩而定包括明示与暗示两种情形

法律上的出口补贴指法律、法规或其他法律文件规定补贴视出口实绩而定的情形。最简单也最不寻常的情形是，法律、法规或其他法律文件将出口补贴的条件制定得非常明确。而在出口补贴条件尽管含蓄但是清楚的情形下，补贴仍然可被认为是法律上视出口实绩而定的补贴。因此，法律上视出口实绩而定的补贴，要求从法律、法规或其他法律文件所使用的措辞中推断出口的条件性。① 需要说明的是，法律、法规或其他法律文件关于补贴视出口实绩而定的规定，既可以是明示的，也可以是暗示的。明示的情形主要体现在前述"美国外国销售公司税收待遇案"，暗示的情形则出现在"日本诉加拿大影响汽车某些措施案"。

在该案中，加拿大对汽车生产商实行进口免税政策，条件是该生产商当年生产的某型号国产汽车的销售额与全国所有该类汽车的销售之比大于或等于基准年份内两项销售额的比率。该案上诉机构认为，这一免税政策实际上使得汽车生产商的出口量越多，生产销售比就越大，所能获得的进口免税额就越多。尤其是，当基准年份生产销售比为 1∶1 时，汽车生产商不出口就无法享受进口免税的

---

① See Canada Certain Measures Affecting the Automotive Industry（Complainant: Japan），WT/DS139/AB/R, 31 May 2000, para.100. See also Canada Export Credits and Loan Guarantees for Regional Aircraft（Complainant: Brazil），WT/DS222/R, 28 January 2002, para.7.365. See also United States Tax Treatment for Foreign Sales Corporations-Recourse to Article 21.5 of the DSU by the European Communities, WT/DS108/RW, 20 August 2001, paras.8.54–8.56.

优惠。尽管规定免税政策的法律文件没有规定出口实绩条件，但却可以从中推导出获得免税是以出口实绩为条件的，所以争议所涉措施构成法律上的出口补贴。[①]

此外，在"巴西诉加拿大影响支线飞机出口措施案"中，由于提供出口信贷机构的职责之一是直接或间接地支持加拿大发展出口贸易而提供全方位的风险管理服务与产品融资，所以该案专家组认为，虽然相关法律文件没有明确规定出口信贷，但是隐含了提供出口补贴的意图，因此构成法律上的出口补贴。[②]据此，判断法律上的出口补贴，应主要探究相关法律、法规或其他法律文件是否规定补贴应根据出口实绩而定。就此而言，法律上的出口补贴的判断，与出口是否真实发生没有关系。

（三）内销企业获得相同补贴的事实与法律上的出口补贴的认定无关

虽然法律规定补贴根据出口实绩授予，但在没有出口的情形下，内销企业获得相同补贴的事实，与法律上的出口补贴的认定无关。

需要说明的是，判断法律上视出口实绩而定的补贴，并非指整个法律规定的条件均以出口实绩为条件。换言之，即使法律的一部

---

① See Canada Certain Measures Affecting the Automotive Industry（Complainant: Japan），WT/DS139/AB/R, 31 May 2000, para.104.

② See Canada Measures Affecting the Export of Civilian Aircraft（Complainant: Brazil），WT/DS70/R, 14 April 1999, para.9.230.

分规定了以出口实绩为获得补贴的条件，也足以构成出口补贴。尤其是，即使争议所涉补贴在其他条件下也是可以获得的，也并不会影响其视出口实绩而定的性质。[①] 当补贴授予与出口实绩之间的此类联系在法律上并不清晰时，识别出口补贴需要探究二者之间是否存在事实上的联系，此即事实上的出口补贴。

二、事实上的出口补贴的含义及判断

事实上的出口补贴指补贴在事实上视出口实绩而授予的补贴。SCM 协定第 3.1 条（a）中的脚注 4 对事实上这一词语作出了解释：如事实证明补贴的给予虽未在法律上视出口实绩而定，而事实上与实际或预期出口或出口收入联系在一起，则符合此标准。[②] 据此，事实上的出口补贴包括三个构成要素：授予补贴、出口实绩及补贴授予与出口实绩之间存在联系。

（一）必需的结果：补贴授予

根据事实上的出口补贴的定义可知，补贴授予是其引发的必然结果。本质上，授予补贴是一个事实问题。

在"美国波音公司补贴案"中，欧共体指控美国华盛顿州

---

① See United States Subsidies on Upland Cotton（Complainant: Brazil），WT/DS267/AB/R，3 March 2005，para.582.

② 参见石广生主编：《乌拉圭回合多边贸易谈判结果：法律文本》，人民出版社 2002 年版，第 180 页。

《HB2294 法》向波音公司提供了五种税收优惠，具体包括营业税的减少，试验性生产开发支出、计算机软硬件与财产税的营业税抵免，计算机软硬件及外围设备、建筑服务及设备的销售税或使用税豁免，租赁特许权税豁免以及财产税豁免。该案专家组认为：首先，《HB2294 法》提供的前三种税收优惠构成 SCM 协定第 1.1 条（a）（1）（ii）中的"政府放弃本应征收的税收"①；其次，税收减免是政府提供的礼物，从而授予了波音公司利益②；最后，相关税收优惠具有 SCM 协定第 2.1 条（a）的法律专向性③。

由上可知，事实上的出口补贴中的授予补贴，指的是授予同时满足 SCM 协定第 1 条与第 2 条意义上的专向性补贴。换言之，只有争议所涉措施同时具备财政资助、利益及专向性三个要素，才可以认定事实上的出口补贴中的授予补贴。

（二）必需的条件：出口实绩

SCM 协定第 3.1 条（a）中的出口实绩分为实际或预期的出口或出口收入④，因此，出口可以分成预期出口与实际出口。实际出口是一种已经实现或实际上已经发生的出口。而预期出口则是可被

---

① See United States Measures Affecting Trade in Large Civil Aircraft-Second Complaint (Complainant: European Communities), WT/DS353/R, 31 March 2011, para.7.139.

② See United States Measures Affecting Trade in Large Civil Aircraft-Second Complaint (Complainant: European Communities), WT/DS353/R, 31 March 2011, para.7.171.

③ See United States Measures Affecting Trade in Large Civil Aircraft-Second Complaint (Complainant: European Communities), WT/DS353/R, 31 March 2011, para.7.212.

④ See Canada Measures Affecting the Export of Civilian Aircraft-Recourse by Brazil to Article 21.5 of the DSU, WT/DS70/RW, 9 May 2000, para.5.33.

期待、但事实上可能发生也可能不会发生的出口。① 实际出口是一种比较确定的情形，实践中争议较多的是预期出口。

预期出口中的预期是指补贴授予当局的预期，还是补贴接受者的预期，是"美国波音公司补贴案"的争议点之一。对此，该案专家组明确指出，补贴的授予是否取决于预期出口，需要分析补贴的授予是否因为授予当局对于出口的预期。② 考虑到 SCM 协定试图约束成员方政府的行为而非私人主体的行为，并且第 3.2 条旨在禁止补贴的授予而非补贴的接受，所以从补贴授予当局的角度审查预期出口是否发生可能更为合适。

但是，从补贴授予当局的角度来识别出口预期可能存在一定问题。首先，可能产生不公平的结果。比如，有两项采用相同方式运作并在市场上产生相同扭曲效果的补贴计划，当政府提供补贴的理由相异时，可能未必均会被认定为事实上的出口补贴。其次，关注补贴授予当局的理由可能导致对第 3.1 条(a)的规避变得相对容易，因为授予当局的理由很难确定。尽管如此，"美国波音公司补贴案"专家组还是认为，为了判断补贴授予当局在授予补贴与预期出口之间是否存在联系，有必要确定补贴授予是否因为对于出口存在一定的预期。③ 那么，如何证明补贴授予当局预期出口呢？

① See United States Measures Affecting Trade in Large Civil Aircraft-Second Complaint（Complainant: European Communities），WT/DS353/R, 31 March 2011, para.7.1536.
② See United States Measures Affecting Trade in Large Civil Aircraft-Second Complaint（Complainant: European Communities），WT/DS353/R, 31 March 2011, para.7.1538.
③ See United States Measures Affecting Trade in Large Civil Aircraft-Second Complaint（Complainant: European Communities），WT/DS353/R, 31 March 2011, para.7.1539.

在"美国波音公司补贴案"中，欧共体为了证明《HB2294 法》授予的补贴与预期出口之间存在关联，提交了美国波音公司的出口导向证据与生产能力证据。具体而言，美国波音公司的出口导向证据包括：

第一，美国波音公司和航空航天产业协会提供的《民用航空十年调查》。该文件指出，包括美国波音公司在内的美国航空航天产业对美国经济贸易的积极平衡作出了重大贡献。其中，在 1989—2005 年间，美国波音公司大型民用飞机销售额的 60% 源自出口销售。此外，一份美国华盛顿州副州长的讲话记录表明，华盛顿州是美国出口贸易依存度最大的州，而美国波音公司占该州出口的 50%。①

第二，美国华盛顿州州长关于美国波音公司出口导向的认知证据。美国华盛顿州州长在一次发言中指出："现在，我们必须比以往更积极地利用和保护我们在贸易中的竞争优势……扩大贸易，发挥本州优势对于我们努力恢复经济尤为重要……我们必须……尽一切可能让顶级公司，包括那些能加强我们国际贸易竞争优势的公司留在本州。如您了解，我们正在大力争取波音公司 787 型飞机总装落户于本州。波音公司历来是本州甚至本国的主要出口商，我们希望本州能保留波音公司的组装和供应工作……扩大国际贸易是我们创造就业机会的一部分。"②

---

① See United States Measures Affecting Trade in Large Civil Aircraft-Second Complaint（Complainant: European Communities），WT/DS353/R, 31 March 2011, para.7.1548.

② See United States Measures Affecting Trade in Large Civil Aircraft-Second Complaint（Complainant: European Communities），WT/DS353/R, 31 March 2011, para.7.1549.

第三，美国华盛顿州州长撰写的一封题为"承诺重述"的信。该信是华盛顿州为波音公司 787 型飞机制造设施落户所提要约的一部分："我最近对中国进行的贸易访问，是政府如何在帮助波音公司和华盛顿州的其他公司保持竞争力方面发挥有益且重要作用的又一个例子。我会见了中国的高级政府官员和航空公司高管，以促进中国购买美国波音公司制造的飞机。"①

第四，美国波音公司 787 型飞机的生产和组装受市场驱动。商用飞机市场的国际化导致竞争异常激烈。尽管美国波音公司进行了大量投资并为 787 型飞机的市场竞争作出了真诚的努力，但仍然无法保证这些市场如期实现。②

此外，欧共体提交的美国波音公司生产能力条件的具体证据包括：

第一，《HB2294 法》对波音公司生产能力条件作出了具体要求。《HB2294 法》要求波音公司建设一个年产能力至少 36 架飞机的装配设施，此类装配设施一旦被建成，其生产能力将会得到完全释放或被完全利用。③

第二，波音公司的生产能力要求相当于出口要求，或创造了

① See United States Measures Affecting Trade in Large Civil Aircraft-Second Complaint（Complainant: European Communities）,WT/DS353/R, 31 March 2011, para.7.1550.

② See United States Measures Affecting Trade in Large Civil Aircraft-Second Complaint（Complainant: European Communities）, WT/DS353/R, 31 March 2011, para.7.1551.

③ See United States Measures Affecting Trade in Large Civil Aircraft-Second Complaint（Complainant: European Communities）, WT/DS353/R, 31 March 2011, paras.7.1552–7.1554.

出口预期。因为美国国内的市场需求不足以吸收 36 架 787 型飞机，因此波音公司必须增加出口。①

第三，美国华盛顿州政府给予补贴时预期出口。因为营业税减税是一项从价补贴，为了评估《HB2294 法》向波音公司提供营业税减税的价值，美国华盛顿州政府必然拥有波音公司销售大型民用飞机及预期收入的详细信息。②

在欧共体看来，波音公司的出口导向、生产能力以及华盛顿州政府对于波音公司在美国市场容量的了解，均可证明华盛顿州政府意识到波音公司必然会维持或增加出口。本案专家组仔细评估欧共体提交的证据后认为，欧共体已经成功证明补贴授予者预期了出口。③ 该案专家组的理由包括：

第一，商用飞机市场具有国际性。《华盛顿州与波音公司关于奥林巴斯项目选址协定》第 10.6.1 条提及，商用飞机市场是国际性市场，即该市场并非是一个仅仅局限于美国的国内市场，而是销售发生在全球的市场。市场性质的国际性，提供了包括美国华盛顿州在内的各方预期美国波音公司 787 型飞机销售将涉及出口的证据。④

---

① See United States Measures Affecting Trade in Large Civil Aircraft-Second Complaint（Complainant: European Communities），WT/DS353/R, 31 March 2011, paras.7.1555–1558.

② See United States Measures Affecting Trade in Large Civil Aircraft-Second Complaint（Complainant: European Communities）WT/DS353/R, 31 March 2011, para.7.1559.

③ See United States Measures Affecting Trade in Large Civil Aircraft-Second Complaint（Complainant: European Communities），WT/DS353/R, 31 March 2011, para.7.1561.

④ See United States Measures Affecting Trade in Large Civil Aircraft-Second Complaint（Complainant: European Communities），WT/DS353/R, 31 March 2011, para.7.1562.

第二，美国波音公司实施出口导向。大量波音公司出口导向的信息表明，随着波音公司 787 型飞机装配设施从《HB2294 法》提供的税收补贴中获益，以及波音公司对该州出口实绩所作贡献，表明华盛顿州政府预期出口将会增加或继续。因此，补贴的授予者预期了出口。①

（三）必需的或有联系：补贴授予与出口实绩之间存在联系

补贴授予与出口实绩之间存在或有联系是一种条件性关系，包括法律上的出口条件性与事实上的出口条件性。其中，事实上的出口条件性的确证比较困难。

补贴授予与出口实绩之间存在或有联系，源自 WTO 争端解决机构对脚注 4 中"与……联系"这一措辞的解释。

具体而言，"日本诉加拿大影响汽车某些措施案"上诉机构首次将 SCM 协定第 3.1 条（a）中的"视……而定"与脚注 4 中的"与……联系"相挂钩并认为，脚注 4 中的"与……联系"是第 3.1 条（a）中"视……而定"的同义词，二者均指一种条件性。② 此外，"美国诉澳大利亚汽车皮革生产商与出口商补贴案"专家组进一步指出，SCM 协定第 3.1 条（a）中"视……而定"与脚注 4 中"与……联

---

① See United States Measures Affecting Trade in Large Civil Aircraft-Second Complaint（Complainant: European Communities）, WT/DS353/R, 31 March 2011, para.7.1566.

② See Canada Certain Measures Affecting the Automotive Industry（Complainant: Japan）, WT/DS139/AB/R, 31 May 2000, para.107.See also Canada Export Credits and Loan Guarantees for Regional Aircraft（Complainant: Brazil）, WT/DS222/R, 28 January 2002, para.7.365 and paras.7. 367–7.368.

系"共同使用，在补贴授予与出口实绩之间确立了紧密联系。① 那么，这种紧密联系究竟是一种什么关系呢？

"巴西诉加拿大影响支线飞机出口措施案"专家组认为，二者之间的关系是一种条件性关系。② 该案上诉机构同意专家组的这一解释，进而将 SCM 协定第 3.1 条（a）中的"视……而定"与条件性联系起来："'与……联系'的通常含义确认了 SCM 协定第 3.1 条（a）中的可能性与条件性之间的一种连接……在任何既定的案件中，事实必须证明补贴的授予依赖实际或预期的出口，或视实际或预期的出口而定。仅仅政府预期出口所引发的结果之一是授予补贴尚不足以证明事实上的出口补贴。"③

那么，如何证明二者之间存在联系呢？"巴西诉加拿大影响支线飞机出口措施案"专家组创设性地提出了"要不是检测法"，即要不是授予补贴之后将会发生出口销售，补贴就不会被授予。这是在补贴授予与预期出口之间存在简单的、强有力的、直接关联的有效指示。④ 然而，该案上诉机构认为专家组应解释并使用条约中实际使用的语言⑤，进而从"事实上视……出口实绩而定"的通常含义

---

① See Australia Subsidies Provided to Producers and Exporters of Automotive Leather（Complainant: United States），WT/DS126/R, 25 May 1999, para.9.55.

② See Canada Measures Affecting the Export of Civilian Aircraft（Complainant: Brazil），WT/DS70/R, 14 April 1999, para.9.331.

③ See Canada Measures Affecting the Export of Civilian Aircraft（Complainant: Brazil），WT/DS70/AB/R, 2 August 1999, para.171.

④ See Canada Measures Affecting the Export of Civilian Aircraft（Complainant: Brazil），WT/DS70/R, 14 April 1999, para.9.339.

⑤ See Canada Measures Affecting the Export of Civilian Aircraft（Complainant: Brazil），WT/DS70/AB/R, 2 August 1999, para.171, footnote 102.

出发，强调"视……而定"包括法律上的出口条件性与事实上的出口条件性。然而，尽管法律上的可能性和事实上的可能性使用相同的法律标准，但用来证明每一种可能性的证据却可能并不相同。其中，法律上的出口可能性建立在相关法律文件的基础之上，而事实上的出口可能性的确证则困难得多。[①]

三、事实上的出口补贴的 WTO 实践

判断事实上的出口补贴的核心在于确证补贴授予与出口实绩之间存在联系。WTO 争端解决机构的相关实践表明，证明补贴授予与出口实绩之间存在联系涉及大量错综复杂的证据，导致事实上的出口补贴的认定难度较大。

（一）补贴授予与出口实绩之间存在联系的 WTO 否定性实践

确定补贴授予与预期出口之间存在联系，需要有表面上确凿的证据。WTO 争端解决机构否定事实上出口可能性的典型案例，是"美国波音公司补贴案"和"澳大利亚汽车皮革案"。

在"美国波音公司补贴案"中，欧共体诉称《HB2294 法》下的补贴授予与预期出口之间存在联系，并提交下述证据证明自己的主张：首先，《HB2294 法》规定的生产能力条件要求波音公司每年生产至少 36 架高效飞机，生产能力条件的要求意味着华盛顿州政

府预期出口将会增加，因此，补贴授予视是否符合生产能力条件而定；其次，华盛顿州州长希望波音公司落户该州的考虑之一是波音公司的出口实绩；再次，华盛顿州州长促进波音公司的 787 型飞机在中国销售；最后，《HB2294 法》规定只有生产出口产品的公司才能获得补贴。

然而，该案专家组认为，欧共体没有确证《HB2294 法》中补贴授予与预期出口之间存在联系。[①] 专家组的理由具体包括：首先，波音公司的生产能力条件不足以确证补贴授予与预期出口之间存在联系。即使生产能力条件可能创造出口预期，但该条件也不足以确证二者存在联系，因为补贴授予所依赖的生产能力条件与预期出口之间的联系在法律内部或其他层面均不明确。由于创造高价值的就业机会、税收收入和上游经济活动以及建立重要装配设施等要求也被纳入了《HB2294 法》，因此《HB2294 法》极有可能并未将生产能力条件视为事实上的预期出口进而补贴被授予的前提条件。[②] 其次，华盛顿州州长的演讲具有较低的证明价值，因为其"希望具有国际贸易优势的公司留在华盛顿州内"的声明并没有明确提到税收激励措施。[③] 此外，华盛顿州州长的信件具有较低的证明价值。因为与中国政府进行的商谈并未表明华盛顿州州长将

---

① See United States Measures Affecting Trade in Large Civil Aircraft-Second Complaint (Complainant: European Communities), WT/DS353/R, 31 March 2011, para.7.1576.

② See United States Measures Affecting Trade in Large Civil Aircraft-Second Complaint (Complainant: European Communities), WT/DS353/R, 31 March 2011, para.7.1578.

③ See United States Measures Affecting Trade in Large Civil Aircraft-Second Complaint (Complainant: European Communities), WT/DS353/R, 31 March 2011, para.7.1576.

中国视为一个特定的出口市场。① 补贴的授予可能是因为华盛顿州希望波音公司 787 型飞机装配落户本州以提升本地就业或实现其他好处。质言之，缺少证据表明补贴的授予是因为预期出口。② 在补贴授予与预期出口相关联的基础上，《HB2294 法》不构成事实上的出口补贴。③

值得关注的是，除了在"美国波音公司补贴案"中否定事实上的出口可能性，WTO 争端解决机构还在"澳大利亚汽车皮革案"中作出了同样的裁决。该案专家组认为，虽然调查所涉 Howe 公司是一个高度出口导向型的企业，并且通过出口销售款项偿还贷款，但在补贴授予与出口实绩之间的可能性要素并未得到充分确证。该案专家组作出上述结论的具体理由包括：首先，贷款合同中没有任何条款明确地将争议所涉贷款与 Howe 公司的生产或销售联系在一起，因为贷款支付或还款条件均未将贷款直接与出口业绩或销售业绩相挂钩。④ 其次，偿还贷款的资金不一定源自出口销售，在签订贷款合同时没有预计出口销售将产生偿还贷款的资金，相反偿还贷款的资金最终由 Howe 及其母公司决定。⑤ 再次，贷款担保是

① See United States Measures Affecting Trade in Large Civil Aircraft-Second Complaint（Complainant: European Communities），WT/DS353/R, 31 March 2011, para.7.1580.
② See United States Measures Affecting Trade in Large Civil Aircraft-Second Complaint（Complainant: European Communities），WT/DS353/R, 31 March 2011, para.7.1583.
③ See United States Measures Affecting Trade in Large Civil Aircraft-Second Complaint（Complainant: European Communities），WT/DS353/R, 31 March 2011, para.7.1584.
④ See Australia Subsidies Provided to Producers and Exporters of Automotive Leather（Complainant: United States），WT/DS126/R, 25 May 1999, para.9.73.
⑤ See Australia Subsidies Provided to Producers and Exporters of Automotive Leather（Complainant: United States），WT/DS126/R, 25 May 1999, para.9.75.

Howe 公司的母公司的财产留置及保证。担保形式是母公司的财产及保证，因此争议贷款最终由 Howe 公司的母公司负责偿还。由于母公司有其他的业务并生产其他产品，因此有能力提供偿还贷款的资金。①

基于澳大利亚政府仅仅是向一家商业生存能力取决于出口的公司提供了贷款，并且贷款的发放条件和偿还贷款的资金均不取决于出口业绩，"澳大利亚汽车皮革案"专家组最终作出了否定性的裁决。

（二）补贴授予与出口实绩之间存在联系的 WTO 肯定性实践

WTO 争端解决机构主要在"澳大利亚汽车皮革案"与"巴西诉加拿大影响支线飞机出口措施案"中认定补贴授予与预期出口之间存在肯定性联系。

"澳大利亚汽车皮革案"所涉澳大利亚政府向 Howe 公司提供总计最高额为 3000 万澳元的赠款。赠款分三期并根据 Howe 公司的业绩目标支付，因此 Howe 公司必须以最佳努力实现业绩目标。该案专家组认为，赠款合同在事实上视出口实绩而定，因为在预期出口与补贴授予之间存在紧密联系。② 专家组得出这一结论的证据包括：

---

① See Australia Subsidies Provided to Producers and Exporters of Automotive Leather（Complainant: United States），WT/DS126/R, 25 May 1999, para.9.75.

② See Australia Subsidies Provided to Producers and Exporters of Automotive Leather（Complainant: United States），WT/DS126/R, 25 May 1999, para.2.3.

第一，在签订赠款合同时，澳大利亚政府清楚地知道 Howe 公司出口其产品的大部分比例。证据表明，澳大利亚政府制定赠款计划旨在确保 Howe 公司在失去"纺织品、服装和鞋类进口信贷计划"与"汽车产品出口促进计划"提供的资金后仍然可以从事该商业。因此，预期出口是澳大利亚政府提供赠款的重要条件之一。①

第二，为了达到销售业绩目标，Howe 公司不得不继续甚至增加出口。因为澳大利亚的国内市场太小，无法消化目标设定的生产水平，所以 Howe 公司不得不继续出口。因此，销售绩效目标实际上是出口绩效目标。澳大利亚政府在提供补贴时意识到了这一点，因此 Howe 公司的预期出口业绩是澳大利亚政府提供赠款的条件之一。②

第三，赠款仅仅被提供给唯一的汽车皮革出口商。Howe 公司是澳大利亚唯一的皮革生产和出口商。尤其是，那些仅仅供应国内市场的生产商并未获得该项赠款。③

第四，澳大利亚政府向 Howe 公司提供赠款旨在帮助后者渡过难关。在澳大利亚政府签订赠款合同之际，澳大利亚和美国达成了一项和解协定，自愿取消了鼓励澳大利亚汽车皮革出口的"纺织品、

① See Australia Subsidies Provided to Producers and Exporters of Automotive Leather（Complainant: United States），WT/DS126/R, 25 May 1999, para.9.66.

② See Australia Subsidies Provided to Producers and Exporters of Automotive Leather（Complainant: United States），WT/DS126/R, 25 May 1999, para.9.67.

③ See Australia Subsidies Provided to Producers and Exporters of Automotive Leather（Complainant: United States），WT/DS126/R, 25 May 1999, para.9.69.

服装和鞋类进口信贷计划"与"汽车产品的出口促进计划"下的补贴资格，所以赠款旨在补偿 Howe 公司在上述两项计划下失去的利益。①

除"澳大利亚汽车皮革案"中的"赠款计划"被认定在补贴授予与预期出口之间存在联系之外，WTO 争端解决机构还在"巴西诉加拿大影响支线飞机出口措施案"中作出了肯定性裁决。在该案中，加拿大"技术合作伙伴计划"为加拿大地区飞机部门的高科技计划提供资金，资金能否被偿还只取决于资金接受者的飞机销售是否成功。本案专家组以 16 个不同的事实性要素为基础，认定"技术合作伙伴计划"下的补贴授予与预期出口相关联，因此"技术合作伙伴计划"构成"事实上……视出口实绩而定"的补贴，补贴授予与预期出口或出口收入相关联。②

无疑，事实上的出口条件性，即补贴授予与预期出口之间相关联是事实上出口条件性的核心。③ 补贴授予和出口实绩之间存在可能性的联系，必须从授予补贴的周围和构成补贴的全部事实结构中予以推断。尽管 WTO 争端解决机构明确考虑支持特定产品的销售，并且非常注重出口销售的比例，然而在任何情况下，没有一个因素本身可能是决定性的。④

---

① See Australia Subsidies Provided to Producers and Exporters of Automotive Leather (Complainant: United States), WT/DS126/R, 25 May 1999, paras.9.63–9.65.

② See Canada Measures Affecting the Export of Civilian Aircraft (Complainant: Brazil), WT/DS70/R, 14 April 1999, paras.9.340–9.341.

③ See Canada Measures Affecting the Export of Civilian Aircraft (Complainant: Brazil), WT/DS70/AB/R, 2 August 1999, paras.169–172.

④ See Canada Measures Affecting the Export of Civilian Aircraft (Complainant: Brazil), WT/DS70/AB/R, 2 August 1999, para.167.

第二节　进口替代补贴的含义及判断

进口替代补贴是政府给予本国产品替代进口产品的国内使用者或替代产品生产者的补贴。进口替代补贴通过阻碍外国产品进入本国市场的方式发展本国产业，使其在与本国产品的竞争中处于劣势地位，因此可能对进口贸易产生抑制或扭曲作用。

一、进口替代补贴的含义

SCM 协定第 3.1 条（b）规定，视使用国产货物而非进口货物的情况为唯一条件或多种其他条件之一而给予的补贴[①]，即进口替代补贴。其中，"视……而定"与第 3.1 条（a）所涉出口补贴相同。[②]换言之，"视……而定"的法律标准不仅适用于出口补贴的条件性，而且适用于进口替代补贴的条件性。[③]

值得关注的是，SCM 协定第 3.1 条（a）规定出口补贴既包括法律上的出口补贴，又包括事实上的出口补贴，但第 3.1 条（b）规定进口替代补贴时，却并未指明此类补贴是否既包括法律上的进

[①] 参见石广生主编：《乌拉圭回合多边贸易谈判结果：法律文本》，人民出版社 2002 年版，第 180 页。

[②] See Canada Measures Affecting the Export of Civilian Aircraft（Complainant: Brazil），WT/DS70/AB/R, 2 August 1999, para.166.

[③] See Canada Certain Measures Affecting the Automotive Industry（Complainant: Japan）WT/DS139/AB/R, 31 May 2000, para.123.

口替代补贴，又包括事实上的进口替代补贴。对此，"日本诉加拿大影响汽车某些措施案"专家组认为，SCM 协定第 3.1 条（b）中的条件性仅指法律上的条件性，并没有被拓展至事实上的条件性。原因是，SCM 协定第 3.1 条（a）明确提及"在法律上或事实上视……而定的补贴"这一措辞在第 3.1 条（b）中并未出现。①

该案专家组的推理是，在 SCM 协定第 3.1 条（b）本身并未涉及这个问题的情形下，进口替代补贴是否也可以被分为法律上的进口替代补贴与事实上的进口替代补贴，不得不求助于 SCM 协定第 3.1 条（a）的上下文。就此而言，专家组依赖的事实是第 3.1 条（a）中有明确的措辞表明其适用于法律上或事实上视……而定的补贴，但第 3.1 条（b）却没有这样的表述。在该案专家组看来，与第 3.1 条（a）紧密相连的第 3.1 条（b）中此类表述的缺乏，表明第 3.1 条（b）仅仅适用于在法律上视使用国产货物代替进口货物的情形。

然而，需要注意的是，虽然省略必有含义，但不同语境下的省略可能有不同的含义，并且省略本身未必是决定性的。由于"日本诉加拿大影响汽车工业某些措施案"专家组仅仅注意到第 3.1 条（a）是解释第 3.1 条（b）的上下文，但却没有在解释第 3.1 条（b）时审查其他上下文，尤其没有考虑 SCM 协定的目标和目的，②因此"日本诉加拿大影响汽车工业某些措施案"上诉机构认为 SCM 协定第

---

① See Canada Certain Measures Affecting the Automotive Industry（Complainant: Japan），WT/DS139/R, 11 February 2000, paras.10.220–10.222.

② See Canada Certain Measures Affecting the Automotive Industry（Complainant: Japan），WT/DS139/AB/R, 31 May 2000, paras.137–138.

3.1 条（b）中省略事实上的条件性对于第 3.1 条（b）的使用范围是否被扩及事实上的条件性并不具有决定性。

尤其是，SCM 协定第 3.1 条（b）中"视使用国产货物替代进口货物而定"的通常含义，对于第 3.1 条（b）是否同时包括法律上和事实上视使用国产货物代替进口货物并不明确。尽管第 3.1 条（b）没有包含"事实上视……而定的补贴"，但也没有明确地将"事实上视……而定的补贴"排除在外。因此，SCM 协定第 3.1 条（b）的解释不得不援引其他上下文。

需要说明的是，在 WTO 框架下，除 SCM 协定规定进口替代补贴之外，GATT1994 第三章第 4 条也涉及使用国产货物替代进口货物的措施。GATT1994 第三章第 4 条与 SCM 协定第 3.1 条（b），均适用于要求使用国产货物代替进口货物的措施。考虑到 GATT1994 第三章第 4 条包括法律上和事实上的不一致性，如果 SCM 协定中的类似条款仅仅适用于法律上的不一致性，则在逻辑上值得商榷。因此，SCM 协定第 3.1 条（a）中的"法律上或事实上"的这一表述在第 3.1 条（b）中的缺席，不一定意味着第 3.1 条（b）仅仅涉及法律上的条件性。尤其是，如果 SCM 协定第 3.1 条（b）仅仅局限于法律上视使用国产货物代替进口货物的话，将与 SCM 协定的目标和目的相悖，因为这将使得 WTO 成员非常容易地规避其在 SCM 协定下承担的义务。

基于上述原因，SCM 协定第 3.1 条（b）中的条件性，既包含法律上的条件性，又包含事实上的条件性。质言之，进口替代补贴包含法律上的进口替代补贴与事实上的进口替代补贴。

二、进口替代补贴不适用于农业

如前所述，SCM 协定第 3.1 条规定，除《农业协定》的规定外，下列属第 1 条范围内的补贴应予禁止。由此，SCM 协定第 3.1 条规定了例外，即《农业协定》的特别规定优先于 SCM 协定第 3 条。[①]换言之，SCM 协定第 3.1 条（a）和（b）分别规定的出口补贴和进口替代补贴，均不适用于农业补贴。

然而，需要注意的是，《农业协定》没有任何与进口替代补贴相关的规定。"巴西诉美国陆地棉补贴案"上诉机构认为，SCM 协定第 3.1 条（b）禁止使用国产货物替代进口货物的补贴是明确且清晰的。因为，SCM 协定第 3.1 条（b）将使用国产货物代替进口货物的补贴视为禁止性补贴，可以预期《农业协定》的起草者会包含一个同等明确且清楚的条款，如果其的确试图禁止给予农产品补贴的话。

该案上诉机构的法律推理是，如果 WTO 各成员试图在《农业协定》的语境下禁止进口替代补贴，则会在《农业协定》中予以明确规定。由于《农业协定》没有此类规定，因此可以推断 WTO 成员并不禁止向农产品提供进口替代补贴。换言之，不能将 SCM 协定中禁止进口替代补贴的规定扩展至农业产业。

[①] See United States Subsidies on Upland Cotton（Complainant: Brazil），WT/DS267/AB/R, 3 March 2005, para.547.

第七章　不可诉补贴

不可诉补贴主要包括研发补贴、落后地区补贴等。在不可诉补贴已经失效的情形下，中国政府在近期关于 WTO 的改革中提出"恢复不可诉补贴并扩大范围"的建议。[①] 本章基于中国政府的这一改革建议，探讨了新形势下恢复不可诉补贴的必要性与可行性，并就如何恢复不可诉补贴提出基本策略与具体建议。

第一节　研发补贴

研发补贴原来属于 SCM 协定中的不可诉补贴，不受反补贴纪律的约束。仅在不可诉补贴失效后[②]，研发补贴才归于可诉性补贴

[①]　参见《中国关于世贸组织改革的建议文件》，中华人民共和国商务部网，2019 年 5 月 14 日。

[②]　按照 SCM 协定第 31 条的规定，有关不可诉补贴的第 8 条和第 9 条自《WTO 协定》生效之日起临时适用 5 年，补贴与反补贴措施委员会将在不迟于该期限结束前 180 天审议这些规定的运用情况，以期确定是否延长其适用。结果到 5 年期限届满时，该委员会没有作出延长适用的决议，因此不可诉补贴条款失效。

的范畴，并受到 SCM 协定的规制。正是在此背景下，美国《拜杜法》所涉知识产权权利分配被 WTO 争端解决机构认定为可诉性补贴。然而，基于研发补贴的正外部性，重新激活并制定一个包括知识产权权利分配在内的不可诉研发补贴条款具有一定的必要性和可行性。

一、美国《拜杜法》的补贴困境

为了鼓励科技成果的商业转化，美国《拜杜法》赋予私人研发实体保留政府资助项目研发成果知识产权的选择权。基于私人研发实体通常选择保留权利，因此其事实上享有政府资助项目研发成果的知识产权。① 然而，美国这一知识产权权利分配规则与实践，已被 WTO 争端解决机构认定为可诉性补贴。

（一）美国《拜杜法》中的知识产权权利分配

第二次世界大战后，美国政府在技术转移理论的指导之下，开始大量向政府实验室和大学的科技研发活动提供资金支持。然而，对于此类研发成果的所有权归属，美国国内却存在两种截然不同的观点。一种观点认为，政府资助项目下的研发成果应归于政府，因

① 需要说明的是，此处的"知识产权"不限于知识产权法意义中的专利、商标和著作权，而是泛指所有具有市场价值的研发成果的所有权；"私人研发实体"仅与政府相对而言，也即政府之外的所有研发实体，比如非营利性科研机构、大学和企业等，均属于"私人研发实体"的范围。

为其建立在公共开支基础之上，而且只有研发成果进入公共领域并免费对公众开放，才能更好地服务于社会公众。然而，另一种观点则认为，政府资助项目下的研发成果应归于承担研发活动的私人实体，唯其如此，才能促进研发成果的商业转化或产业扩散。①

面对这一分歧，美国政府最初采取折中方案，即政府和私人研发实体通过分配权利的方式实现研发成果的共享，试图在上述两种对立的观点之间维持平衡。为此，美国罗斯福总统于 1945 年设立的国家专利计划委员会，主张政府资助项目下的研发成果归于私人研发实体，但政府可以获得有限的使用权；而美国司法部于 1947 年向杜鲁门总统递交的报告则建议，政府应获得此类研发成果的所有权，私人研发实体应仅享有有限的使用权。在上述权利分配争论无果之际，美国肯尼迪总统于 1963 年制定的知识产权政策，也未就此争论做出澄清或说明。② 当且仅当美国联邦科学技术委员会于 1968 年委托美国审计署和哈布里奇事务所研究这一争论时，政府资助项目下研发成果的所有权归属才得以明确。

以国家卫生研究院资助的药物化学研究项目为例，美国审计署和哈布里奇事务所首先批评了美国健康、教育与福利部的政策，即拒绝将政府资助项目下的专利权授予大学；其次，指出目前亟待澄清的问题是专利在什么情形下应归于大学，在什么情形下应归于国

① See Rebecca, S. Eisenberg, "Public Research and Private Development: Patents and Technology Transfer in Government-Sponsored Research", *Virginia Law Review*, 1996.
② See Dubowy Irene Ribeiro, "Subsidies Code, Trips Agreement and Technological Development: Some Consider ations for Developing Countries", *Journal of Technology Law & Policy*, 2003.

家卫生研究院；最后，建议美国健康、教育与福利部创设专利协议机构，赋予大学技术转让或技术许可的权利，借此激发大学申请专利并转移技术的积极性。①

遵从这一研究结论，美国健康、教育与福利部于同年设立了专利协议机构，并将国家卫生研究院资助项目下的研发成果所有权授予从事研发活动的大学。然而，尽管此举有效地提升了大学获得专利所有权的数量，但专利协议机构尚未完全鼓励专利的排他性许可，致使公众几乎丧失了对美国专利体制的信心。此外，缺乏统一的专利权属政策，也极大地制约了美国研发成果的商业转化。② 由此导致的结果是，到 20 世纪 70 年代末，美国的高科技优势不仅没有转化为产业竞争优势，国际竞争力反而落后于推行产业政策的日本。

为了彻底解决研发成果与商业转化脱节的困境，美国国会于 1980 年通过了参议员伯奇·拜尔与罗伯特·杜尔提议的《拜杜法》，明确将政府资助项目下的研发成果所有权授予大学、非营利性科研机构和中小企业。三年后，美国里根总统将《拜杜法》的适用主体进一步拓展至大企业。此后，美国政府通过一系列行政备忘录、政府通知、补充议案和条约集等法律文件，细化了《拜杜法》的相关规定和执行措施，并最终形成了以《拜杜法》为核心的科技知识产

① See Tina K. Stephen, "Asian Initiatives on Bayh-Dole, with Special Reference to India: How Do We Make It More Asian", *Chicago-Kent Journal of Intellectual Property*, 2010.

② See Daniel E. Stern, "Stalled Patents: Re-Incentivizing Universities to Review Their Portfolios of Unlicensed Patents to Achieve the Bayh-Dole Act's Unfunded Mandate", *Hofstra Law Review*, 2017.

权管理制度。①

（二）美国《拜杜法》中的知识产权权利分配受 SCM 协定的规制

尽管《拜杜法》将政府资助项目下的知识产权授予私人研发实体，有力地促进了美国的科技创新，但这一权利归属却始终面临政府向私人研发实体转移利益的质疑。因为政府资助在本质上属于公共财政的投资行为，由此形成的研发成果具有准公共产品的属性，其所有权本应归于政府，并由全体民众共同享有。②然而，《拜杜法》将原本属于政府的权利，以近乎无偿的方式让与私人研发实体，后者因此从政府手中获得了一定的好处或竞争优势。③

事实上，《拜杜法》的支持者们并不否认这一质疑。然而，他们寄希望于此类显著提高了商业转化率或产业开发率的私有权利，会产生一定程度的社会净收益。详言之，虽然社会公众可能被暂时剥夺了研发成果的所有权，但更多、更好的研发成果，将会被受到利益驱动的私人研发实体以更充分、更彻底地方式开发出来，并最

---

① 比如 1986 年《联邦技术转移法》、1998 年《技术转让商业化法》及 1999 年《美国发明人保护法》等法律，在继承《拜杜法》指导思想的基础上，进一步奖励创新者并促进技术转移。与此同时，各大学和政府实验室相继设立了专门从事专利管理和技术转移的组织机构。

② See Julie Kimbrough L., Laura N. Gasaway, "Publication of Government-Funded Research, Open Access, and the Public Interest", *Vanderbilt Journal of Entertainment & Technology Law*, 2016.

③ See Frischmann Brett, "Innovation and Institutions: Rethinking the Economics of U.S. Science and Technology Policy", *Vermont Law Review*, 2000.

终使社会大众普遍获益。因此，较之于无偿获得未经商业转化或产业开发的研发成果，社会公众将从这一知识产权私有化的制度安排中获得更多的好处。① 尤其是，为了最大限度地协调研发成果转化和公共利益保护之间的潜在冲突，《拜杜法》已经授权美国政府在特定条件下可以行使介入权。介入权在本质上是一种政府许可，即政府有权强制私人研发实体将其知识产权许可给第三方实施。② 然而，尽管政府实施强制许可可以缓和上述利益转让的质疑，但是将财政资助项目下研发成果的知识产权授予私人研发实体，无疑会增强后者的市场竞争优势。因为其不仅接受政府的研发资金，而且还享有研发成果的所有者权益，这在一定程度上相当于"双重补贴"。③

需要说明的是，在 1995 年 1 月 1 日 WTO 成立之前，研发补贴基本不受任何国际规则的约束。在 WTO 成立且 SCM 协定生效之后，研发补贴尽管被纳入 SCM 协定的规制范围，但也仅仅被视为不可诉补贴。当且仅当不可诉补贴条款于 2000 年失效之后，研发补贴才从理论上归于可诉性补贴的范畴，从而受到 SCM 协定的约束。就此而言，作为一种新型的研发补贴措施，《拜杜法》为支持研发成果商业转化而实施的知识产权权利分配应受 SCM 协定中可诉性补贴的规制。

---

① See Whalen Ryan, "The Bayh-Dole Act and Public Rights in Federally Funded Inventions: Will the Agencies Ever Go Marching In", *Northwestern University Law Review*, 2015.

② 参见陈迎新、李施奇、周玥：《美国〈拜杜法〉介入权改革及其对中国的启示》，《中国科技论坛》2017 年第 7 期。

③ See Lee Peter, "Toward a Distributive Agenda for U.S. Patent Law", *Houston Law Review*, 2017.

（三）美国《拜杜法》所涉知识产权权利分配构成可诉性补贴的 WTO 实践

在研发补贴受 SCM 协定规制的情形下，欧共体在"美国波音公司补贴案"中向 WTO 争端解决机构诉称，美国宇航局和国防部将政府资助项目中产生的专利、数据和商业秘密的所有权授予波音公司，构成 SCM 协定意义上的可诉性补贴。

"美国波音公司补贴案"是 WTO 争端解决机构首次涉及知识产权与可诉性补贴交互作用的案件。尽管该案专家组以欧盟未能证明《拜杜法》构成专向性为由，通过适用司法经济原则，规避了争议所涉知识产权私有化是否构成可诉性补贴的问题，但上诉机构却以该争议与美国宇航局和国防部向波音公司提供研发资金、设备、设施和人员共同构成一项独立补贴为由，最终认定其属于 SCM 协定意义上的可诉性补贴，并建议美国政府撤销该补贴。[①] 需要说明的是，"美国波音公司补贴案"做出撤销补贴的依据是 SCM 协定第 7.8 条。SCM 协定第 7.8 条规定："如专家组报告或上诉机构报告获得通过，其中确定任何补贴对另一成员的利益导致第 5 条范围内的不利影响，则给予或维持该补贴的成员应采取适当步骤以消除不利影响或应撤销该补贴。"[②]

---

① See United States Measures Affecting Trade in Large Civil Aircraft-Second Complaint (Complainant: European Communities), WT/DS353/AB/R, 12 March 2012, paras.661–662.

② 参见石广生主编：《乌拉圭回合多边贸易谈判结果：法律文本》，人民出版社 2002 年版，第 184 页。

遵照 WTO 上诉机构的裁决和建议，美国政府试图通过波音公司与美国宇航局及国防部签订专利许可协议的方式，消除《拜杜法》造成的不利影响。① 然而，这一专利许可协议仍然建立在政府资助项目下的知识产权归于波音公司的基础之上。详言之，在这一新专利许可协议中，波音公司是许可人，美国宇航局和国防部是被许可人，前者授予后者为商业目的制造、使用、许诺销售、销售、进口其知识产权产品的权利，并且这一权利不可撤销、不可排他、不可转让且免于支付许可使用费。尤其是，美国宇航局和国防部不得再许可这一权利，不得在与第三方合作的商业企业中行使这一权利，不得允许第三方为商业目的制造或销售此类知识产权产品。② 由此，美国宇航局和国防部在专利许可协议之下享有的专利许可，本质上是一种商业许可。考虑到其在《拜杜法》之下还享有政府许可，所以波音公司获得政府资助项目下的知识产权，事实上受到美国政府许可和商业许可的双重约束。美国政府据此认为，经由专利许可协议调整后的美国宇航局和国防部与波音公司之间的知识产权权利分配已经符合现行市场惯例，因此不会再授予波音公司利益。

然而，需要注意的是，美国宇航局和国防部在政府许可和商业许可下的权利兼具非排他性和免费性。这意味着，尽管美国宇航局和国防部无需因实施任一许可而向权利所有者（波音公司）支付许

---

① See United States Measures Affecting Trade in Large Civil Aircraft-Second Complaint (Complainant: European Communities), WT/DS353/15, 23 September 2012.

② See United States Measures Affecting Trade in Large Civil Aircraft-Second Complaint (Complainant: European Communities), WT/DS353/RW, 9 June 2017, para.8.37.

可使用费，但波音公司却保留向第三方授予其商业许可并收取许可使用费的权利。美国宇航局和国防部关于排他性许可权的缺乏，意味着波音公司能否对其所拥有的知识产权或产品进行商业开发，并不取决于美国宇航局和国防部是否行使其权利。尤其是，虽然美国宇航局和国防部被赋予商业许可，但由于其事实上实施该许可的可能性较低，因此新设专利许可协议提供的权利分享实际上毫无意义。

在提出上述异议并与美国政府磋商无果的情形下，欧共体再次将美国的上述执行措施诉至 WTO 争端解决机构。该案执行专家组认为，与正常市场中私人合作研发项目下受托方获得的权利相比，经专利许可协议调整后的权利分配，仍然导致波音公司享有一定的竞争优势。因此，美国的执行措施不符合 SCM 协定第 7.8 条的要求，并未消除《拜杜法》造成的不利影响。值得特别关注的是，在否定美国的执行措施之后，执行专家组将美国宇航局和国防部的研发项目细分为采购合同（procurement contracts）和援助工具（assistance instruments），进而认为美国国防部与波音公司在采购合同下的知识产权权利分配构成服务采购。[1] 但是，关于服务采购是否应受 SCM 协定规制的问题，执行专家组却并未涉及，因此这一界定随后遭到执行上诉机构的否定。[2] 历时 15 年，美欧之间关于政府

---

[1] See United States Measures Affecting Trade in Large Civil Aircraft-Second Complaint (Complainant: European Communities), WT/DS353/RW, 9 June 2017, paras.8.371–8.374.

[2] See United States Measures Affecting Trade in Large Civil Aircraft-Second Complaint (Complainant: European Communities), WT/DS353/AB/RW, 28 March 2019, paras.5.66–5.106.

资助项目下知识产权权利归于与私人实体的争议，最终以其构成可诉性补贴而告一段落。

WTO 争端解决机构关于美国《拜杜法》所涉知识产权权属构成可诉性补贴的裁决，对中国现行科技产业政策带来挑战。为了鼓励研发成果实现商业转化，《中华人民共和国科学技术进步法》(《科技进步法》) 第 20 条借鉴美国《拜杜法》，将政府资助项目下的知识产权授予了承担研发工作的私人研发实体。围绕《科技进步法》第 20 条的原则性规定，中国各级地方立法机构结合本地资源禀赋，纷纷制定了兼具共通性与差异性的地方性"拜杜规则"。在中国科技产业政策已被屡屡诉至 WTO 争端解决机构且多数政策被控补贴的情形下，[①] 在中国政府试图通过"恢复不可诉补贴并扩大范围"来遏制国外反补贴措施误用和滥用的现阶段，降低或消除研发补贴遭遇国际反补贴的法律风险，需要深入探究政府资助项目知识产权权利分配与可诉性研发补贴之间的逻辑耦合。

二、政府资助项目知识产权权利分配与可诉性研发补贴的逻辑耦合

如前所述，SCM 协定中的可诉性补贴包括三个累积性构成要素：财政资助、利益和专向性。政府资助项目下的知识产权归私人研发实体是否构成可诉性补贴，需要分别评估其是否满足上述三个

---

① 参见黄宁、陈宝明、丁明磊：《从被诉案件看中国科技创新政策与世贸规则的协调》，《中国科技论坛》2019 年第 12 期。

要素。

（一）政府资助项目下知识产权归私人研发实体构成财政资助

SCM 协定第 1.1 条（a）（1）（i）明确规定，财政资助包括"资金直接转移"，并特别枚举了赠款、贷款和股本投资这三种情形。在政府资助研发项目中，政府向私人研发实体提供资金，由此产生的研发成果归于后者，政府仅仅获得免费的、非独占的、不可转让且不可撤销的使用权。在此情形下，政府和私人研发实体之间不存在以货币资金作为对价的直接交易。相反，货币资金的产出物，即研发成果的知识产权，在政府和私人研发实体之间是共享的。由于此类共享的权利具备货币价值，并且可被计入政府和私人研发实体的资产之中，因此二者之间的关系相当于合资企业。在合资企业中，政府投入研发资金，获得研发成果的使用权；私人研发实体承担具体的研发任务，获得研发成果的所有权。本质上，政府和私人研发实体之间的这种权利义务分配，与 SCM 协定第 1.1 条（a）（1）（i）所枚举的股本投资相同。①

首先，二者均具有经济利益的互惠性。在股本投资的情形下，政府向企业注入资本，是以获得股份为回报的，政府有权获得可归属于该投资的股息和其他资本收益。在政府资助研发项目中，政府向私人研发实体提供研发资金时，也预期了某种回报，即研发可能获得的科技信息、商业发现、发明专利和有价值的数据等。尽管这

---

① See United States Measures Affecting Trade in Large Civil Aircraft-Second Complaint (Complainant: European Communities), WT/DS353/R, 31 March 2011, paras.5.9–5.13.

种回报不是经济上的，但却具有经济利益。

其次，二者均具有获益的不确定性。政府在股本投资中能否获得预期回报，取决于被投资的企业是否成功。政府向企业提供股本时，并不知道后者将会如何运作。与之相比，在政府资助研发项目中，政府向私人研发实体提供研发资金时，也不确定该研发在将来能否取得成功。研发的成功与否，有赖于私人研发实体是否发现了有价值的信息、发明或数据。由此，能否获益以及获益多少的不确定，是股本投资和政府资助研发项目中知识产权归于私人研发实体的共同特征。

最后，二者均具有投资的高风险性。作为股权投资者的政府，在企业成功时获得回报，在企业失败时遭受损失。因此，股本投资的风险在于所投资本及其机会成本的损失。在政府资助研发项目下，政府向私人研发实体提供研发资金的风险，同样是该笔资金及支持其他研发项目的机会损失。因此，政府资助研发的性质，而非政府提供资金的形式，决定了政府资助项目下知识产权归私人研发实体可能构成"资金直接转移"类型的财政资助。

如前所述，除了满足财政资助的要求，SCM 协定意义上的补贴还需以财政资助的接受者获得利益为要件。因此，政府资助研发项目下的私人研发实体，是否因获得研发成果的所有权而享有某种利益，就成为另外一个不得不回答的问题。

（二）政府资助项目下知识产权归私人研发实体授予了利益

SCM 协定第 1.1 条（b）中的利益，概指受补贴者获得了在正常市场中原本无法获得的好处或优势。由此，利益这一概念本身意味着，利益的判断需要以市场作为比较基准。[1] 就政府资助研发项目下的知识产权归私人研发实体而言，如果私人研发实体获得知识产权的条件，优于其在正常市场中原本能够获得此类权利的条件，则可证明其享有了某种利益。[2]

一般而言，在正常的市场中，由于知识产品的生产方式已从个性创造转向投资创造，致使知识产权的归属也已从激励创造者转向了激励投资者。在投资者和创造者均为市场参与者的正常交易中，研发成果的所有权一般归于投资者。而创造者为了获得此类权利，将不得不与投资者进行博弈或谈判。因此，正常市场条件下的研发成果的所有权归属，较有利于研发投资者，较不利于研发创造者。

在政府资助研发项目中，法律预先将研发成果的所有权赋予了私人研发实体，其与政府之间不存在关于研发成果所有权归属的有效谈判。在此情形下，私人研发实体获得了正常市场中原本不得不通过谈判才能取得的权利，而政府则丧失了在正常市场中原本属于自己的权利。因此，政府资助研发项目下的知识产权归属私人研发实体，较有利于研发创造者，较不利于研发投资者。基于政府资助项目下知识产权的归属结果与正常市场中的权利分配结果相悖，可

[1] See Canada Measures Affecting the Export of Civilian Aircraft (Complainant: Brazil), WT/DS70/AB/R, 12 August 1999, paras.157–158.

[2] See Brazil Export Financing Programme for Aircraft (Complainant: Canada), WT/DS46/R, 14 April 1999, para.7.24.

以认为私人研发实体获得了利益。①

既属于 SCM 协定第 1.1 条（a）（1）（i）中的财政资助，又向私人研发实体提供了 SCM 协定第 1.1 条（b）中的利益，政府资助研发项目下的知识产权归私人研发实体可被认定构成 SCM 协定意义上的补贴。根据前述关于可诉性补贴的定义可知，一项补贴是否构成可诉性补贴，尚需进一步剖析其是否具有 SCM 协定第 2 条中的专向性。

（三）政府资助项目下知识产权归私人研发实体具有事实专向性

专向性旨在探究补贴是否仅仅被提供给特定企业或产业。这是因为，仅仅特定企业或产业获得的补贴才会扭曲资源配置，从而可被采取反措施。SCM 协定第 2 条根据补贴造成扭曲的方式和程度，将专向性分为法律专向性和事实专向性。需要指出的是，由于《拜杜法》并未将政府资助项目下知识产权权利分配限于某一特定企业或产业，相反其在全国范围内统一实施，因此不具有法律专向性。② 然而，根据 WTO 争端解决机构的实践，不具有法律专向性的补贴，仍需分析其是否具有事实专向性。③ 由于"美国波音公司

---

① See United States Measures Affecting Trade in Large Civil Aircraft-Second Complaint (Complainant: European Communities), WT/DS353/AB/R, 12 March 2012, para.662.

② See United States Measures Affecting Trade in Large Civil Aircraft-Second Complaint (Complainant: European Communities), WT/DS353/R, 31 March 2011, para.7.1294.

③ See United States Definitive Anti-Dumping and Countervailing Duties on Certain Products from China (Complainant: China), WT/DS379/AB/R, 11 March 2011, para.370.

补贴案"专家组在否定美国《拜杜法》所涉知识产权权利分配具有法律专向性之后没有进行事实专向性分析，而上诉机构也以欧共体举证不力为由未能修正专家组的这一失误。①

如前所述，事实专向性重点关注补贴计划的运行是否存在事实上的限制。根据 SCM 协定第 2.1 条（c），识别事实专向性首先需要考虑是否存在"有限使用"，即有限数量的某些企业使用补贴。详言之，"有限使用"主要关注受补贴者的数量。如果一项补贴在事实上仅能被数量有限的接受者获得，即可认定该补贴构成"有限使用"。政府资助项目下的知识产权被授予私人研发实体，通常在一国范围内统一实施。因此，国内所有私人研发实体都有平等的机会，获得与政府签约的研发项目。由于数量众多的私人研发实体都能获得此类项目下的知识产权，致使知识产权私有化不可能被认定具有"有限使用"。

某一项补贴不具有"有限使用"，意味着补贴受益者比较宽泛。在补贴受益者的范围比较宽泛的情形下，事实专向性判断需要进一步关注补贴利益的使用水平，此即"主要使用"。这是因为，即使一项补贴有 3000 个使用者，但如果 90％的补贴利益都被提供给了其中 1 个使用者，则资源配置仍会遭到扭曲。② 由此，"主要使用"重点关注受补贴者获得一项补贴利益的份额。原则上，获得补贴

① See United States Measures Affecting Trade in Large Civil Aircraft-Second Complaint (Complainant: European Communities), WT/DS353/AB/R, 12 March 2012, paras.798–799.

② See Certain Softwood Lumber Products from Canada, 57 Federal Register, 22570, 22582, 1992.

利益的份额越大，或者补贴使用者的数量越少，就越容易确证"主要使用"。但究竟多少比例的补贴利益可以证明"主要使用"，SCM 协定及 WTO 争端解决机构均未提供任何指导。

值得关注的是，美国曾在"泰国纺织品和服装案"中认定，"争议所涉项目的 45% 以短期本票的形式，被提供给了泰国纺织品生产商。这个比例（45%）表明，涉案纺织品生产商主要使用了争议所涉项目的利益。"① 由此，获得一项补贴计划 45% 的利益构成"主要使用"。那么，获得一项补贴计划 10% 的利益，能否构成"主要使用"呢？鉴于"主要使用"具有高度的事实依附性，人为地划定一个固定比例作为"主要使用"的分界线似乎并不科学。

在"主要使用"判断不得不根据具体事实进行具体分析的情形下，为了克服这一做法带来的不确定性及不可预见性，可将获得补贴利益的固定比例作为一项可予反驳的假定。比如，使用一项补贴计划 10% 的利益可被假定具有"主要使用"，除非其他相关证据可以推翻该假定。以美国波音公司为例，其在 1991 年至 2004 年间平均获得美国宇航局全部研发合同的 23.4%，这一比例在 1998 年达到 31.4%；在 1991 年至 2005 年间，波音公司平均获得美国国防部全部研发合同的 12.6%，这一比例在 2001 年达到 17.7%，而包括波音公司在内的 5 家航空公司一共仅仅获得此类研发合同的 45.2%。② 鉴于波音公司签约了美国宇航局和国防部资助的多数研

---

① See Certain Apparel from Thailand, 50 Federal Register, 9819, 1985.

② See United States Measures Affecting Trade in Large Civil Aircraft-Second Complaint (Complainant: European Communities), WT/DS353/AB/R, 12 March 2012, para.792.

发合同，并相应地获得了这些研发项目下产生的知识产权，因此，美国宇航局和国防部资助研发项目下的知识产权权利分配，可初步假定具有"主要使用"之事实专向性。

政府资助项目下知识产权归于私人研发实体可能构成 SCM 协定中的可诉性补贴，招致 WTO 其他成员方采取反补贴措施或被诉至 WTO 争端解决机构的风险。换言之，政府资助项目下的知识产权权利分配与可诉性研发补贴之间的耦合，对一国的科技知识产权管理体制提出了新的合规性要求。在 WTO 这一多边贸易体制下恢复不可诉研发补贴并扩大其范围，无疑有助于中国未来占领科技创新的制高点，并掌握国际科技竞争规则的制定权和话语权。正是在此意义上，中国应就不可诉研发补贴规则的恢复和扩大，提出既顺应全球关切又兼顾自身利益的策略与方案。

三、中国在 WTO 中恢复并扩大不可诉研发补贴的策略与方案

随着世界经济格局深刻调整，WTO 及其代表的国际贸易法律体制面临空前危机，国际社会对 WTO 改革的必要性与急迫性已有充分认知。[①] 中国作为多边贸易体制的坚定维护者和国际补贴规则改革的深度参与者，可在 WTO 改革中积极倡导恢复并扩大不可诉研发补贴，并在具体方案中对私人研发实体进行分类识别与区别对待。

---

① 参见刘敬东：《WTO 改革的必要性及其议题设计》，《国际经济评论》2019 年第 1 期。

（一）在 WTO 改革中积极倡导恢复并扩大不可诉研发补贴

在世界众多经济体均已借鉴美国《拜杜法》将政府资助项目下的知识产权授予私人研发实体的情形下[①]，中国可在WTO改革中积极倡导恢复并扩大不可诉研发补贴的必要性、正当性和可行性。

第一，政府资助项目下知识产权归于私人研发实体的必要性。以 2018 年诺贝尔经济学奖得主罗默的研究为代表的内生增长理论认为，维持经济长期增长的最终推动力，是不断创新的科技和有效的知识产权。[②] 因此，对于投资风险大、投入成本高、回收期限长且收益不确定的研发，将研发成果的知识产权授予风险投资者，无疑会极大地刺激研发的商业投资，从而达到鼓励科技创新的目的。但是，这一制度安排仅适用于市场规律发生作用的领域。换言之，在市场失灵的地方，比如公共卫生与健康、国防安全、基础设施等具有公共利益属性的公共物品的研发，就不得不依赖政府注入资金，并通过与私人研发实体进行合作，以解决这一领域研发不足或缺失的困境。因此，将政府资助项目下的知识产权授予从事研发活

---

① 发展中国家有中国、印度、新加坡、南非、马来西亚、菲律宾等。See Michael S. Mireles, "The Bayh-Dole Act and Incentives for the Commercialization of Government-Funded Invention in Developing Countries", *University of Missouri-Kansas City Law Review*, 2007. 发达国家有日本、法国、英国、德国、奥地利、丹麦、挪威、葡萄牙、西班牙和芬兰等。See Michael S. Mireles, "Adoption of the Bayh-Dole Act in Developed Countries: Added Pressure for a Broad Research Exemption in the United States", *Maine Law Review*, 2007.

② 参见谢丹夏：《内生增长理论与最优知识制度设计》，《社会科学报》2018 年第 1628 期。

动的私人实体，旨在弥补或修正科技创新中的市场失灵。

弥补或修正科技创新中的市场失灵，是研发补贴最初被 SCM 协定界定为不可诉补贴的主要原因。根据 SCM 协定业已失效的第 8.2 条（a）的规定，在市场完全失灵的基础研究阶段，由于企业无法从市场上直接获得回报，所以研发风险不应由企业自行承担，而应由政府责无旁贷地提供补贴；在市场有效运行的商业性后期研究阶段，由于企业能够从市场上直接获得回报，所以研发风险只能由企业自己承担，政府不应提供补贴；在市场不完全失灵的商业性前期研究阶段，也即从基础研究到商业性后期研究的中间阶段，由于企业能否从市场上获得商业回报尚不确定，所以研发风险应由政府和企业共同承担，政府可以按照一定比例（工业研究成本的 75% 或竞争前开发活动成本的 50%）提供补贴。[1] 因此，政府资助项目下的知识产权归私人研发实体与原有的研发补贴相同，都不会对最终产品的价格产生影响，都遵循非专向性和非成本削减的基本规则[2]，本质上都是对科技创新市场失灵的修正与补足。正是在此意义上，恢复不可诉研发补贴并将其范围扩大至政府资助项目下的知识产权权利分配，具有一定的必要性。

第二，政府资助项目下知识产权归于私人研发实体的正当性。将政府资助项目下的知识产权授予私人研发实体，旨在鼓励研发成

---

[1]　参见李炼：《WTO〈补贴与反补贴协议〉与我国科技体制改革反思》，《科技进步与对策》2001 年第 12 期。

[2]　参见沈大勇、刘佳：《不可诉补贴的国际经济学分析》，《世界经济研究》2008 年第 3 期。

果的商业转化。因为要实现研发成果的使用价值，仍需投入一定的人力、物力和财力对研发成果进行二次开发。由于并非每一项二次开发都会成功，所以将政府资助项目中的知识产权授予私人研发实体，可以发挥知识产权的激励功能，后者因此具有从事商业转化的积极性。私人研发实体通过行使其所拥有的研发成果的使用权、许可权、收益权等权利，在实现自身利益目标的同时，完成了研发成果的商业转化。因此，政府资助项目下的知识产权归于私人研发实体，实际上是在划定私人研发实体的损益边界。无疑，权利行使充分、实施边界明晰的知识产权，为私人研发实体提供了可预见的收益，从而可以最大限度地调动其进行商业转化的积极性。

需要提及的是，在将政府资助项目下的知识产权归于私人研发实体的同时，政府在其中并非一无所获。作为研发项目的投资方，政府保留了免费的许可使用权；作为全体人民利益的代表，针对私人研发实体利用知识产权时忽略公共利益的情形，政府可以通过自己使用或许可他人使用的方式，矫正与调控私人研发实体对知识产权的不当利用。因此，政府与私人研发实体分享知识产权权利的规则安排，本质上契合知识产权作为私权的基本属性。在知识产权作为私权已被国际条约承认与强调的情形下，政府资助项目下知识产权私有化的双层权利主体结构，具备坚实的法理基础，因而具有一定的正当性。

第三，政府资助项目下知识产权归于私人研发实体的可行性。在欧盟已将美国《拜杜法》所涉知识产权权利分配诉至 WTO 争端解决机构的情形下，恢复并扩大不可诉研发补贴规则，最有可能遭到欧盟的反对。然而，考虑到欧盟研发补贴的力度之强和范围之广，中美两国联合《拜杜法》的其他追随者们，与欧盟达成共识并非没有可能。

欧盟主要通过《一般集体豁免条例》①和《研发创新框架》②提供研发补贴。其中，《一般集体豁免条例》明确研发补贴、研究基础设施投资补贴、创新集群补贴、中小企业创新补贴、流程和组织创新补贴、中小企业融资补贴及小型科创企业补贴等都免于被采取反措施；③《研发创新框架》则专门适用于那些不能被整体豁免的其他研发补贴。

就政府资助项目下的知识产权归属而言，不同的欧盟成员方遵守不同的规则。以大学为例，政府资助大学研发项目下的发明所有权，有两种归属模式。一种归于大学雇佣的发明者，比如芬兰、冰岛、瑞典和意大利；一种归属于大学自身，比如奥地利、比利时、丹麦、法国、德国、爱尔兰、荷兰、英国、西班牙、挪威和波兰。④欧盟委员会已经意识到研发成果商业转化的重要性，但尚未就政府资助项目下的知识产权归属制定统一的法律。而知识产权归于私人研发实体的规则安排，在一定程度上可以促进欧盟内部的科

---

① See The General Block Exemption Regulation, Commission Regulation, OJL187/1, 2014.

② See Framework for State Aid for Research and Development and Innovation, Commission Regulation, OJC198/1, 2014.

③ See Wendland Bernhard von, "New Rules for State Aid for Research, Development and Innovation", *European State Aid Law Quarterly*, 2015.

④ See Tina K. Stephen, "Asian Initiatives on Bayh-Dole, with Special Reference to India: How Do We Make It More Asian", *Chicago-Kent Journal of Intellectual Property*, 2010.

技创新。因此，相关规则值得科技知识产权管理制度尚不统一的欧盟参考或借鉴。

需要指出的是，发展中成员方和发达成员方之间的分歧，是不可诉研发补贴规则失效的主要原因。[①] 在多哈回合谈判中，发展中成员方曾在既有三类可持续发展目标（区域增长、研发创新和保护环境）之外[②]，提议增加第四种不可诉补贴，即生产多样化。根据发展中成员方的观点，为了实现生产多样化可以采取的措施包括：促进高附加值部门或技术密集型部门生产能力的措施；促进技术和创新应用、转化和发展的措施；促进中小企业发展的措施；支持和促进供需各方与学术机构密切协调和联系的措施。[③] 尽管这些措施的含义比较模糊，但总体上与政府资助项目下知识产权归于私人研发实体的目标似乎并不冲突。尤其是，当全球经济从传统生产要素转向以知识、技术和创新为基础的经济，为了弥合与发达成员方之间的技术鸿沟，发展中成员方已经意识到研发补贴不可诉的重要性。[④] 正是在此意义上，在新一轮国际补贴规则改革中，恢复并扩大不可诉研发补贴规则可能获得发展中成员方的认可，因此具有一

---

① 参见朱庆华：《SCM 协议不可诉补贴条款简析》，《世界贸易组织动态与研究》2007 年第 12 期。

② 参见洪艳蓉：《可持续发展与国家利益的较量——不可诉补贴介评》，《广西大学学报（哲学社会科学版）》1999 年第 6 期。

③ See Improved Rules under the Agreement on Subsidies and Countervailing Measures Non-Actionable Subsidies, TN/RL/W/41, 17 December 2002.

④ See Second Contribution by Cuba and Venezuela to the Negotiating Group on Rules Expanding on the Proposal Concerning Non-Actionable Subsidies, TN/RL/W/131, 11 July 2003.

定的可行性。

（二）对私人研发实体进行分类识别并实施共同但有区别的待遇

政府资助项目中的私人研发实体，既可能是经济和创新实力较强的大企业，也可能是各方面都比较弱的中小企业，更可能是远离市场的大学和非营利性科研机构。私人研发实体在创新能力、市场规模和营利与否等方面存在的客观差异表明，应在对其进行类型化识别的基础上，实行共同但有区别的待遇。

第一，对私人研发实体进行分类识别。私人研发实体是科技创新的主体。在一国的科技创新系统中，大学和科研机构在基础研究中占有核心地位，是科学创新的主要主体；企业侧重应用研究，主要进行新技术的开发和运用，是技术创新的主导力量。基于大学、科研机构和企业在科技创新中的社会分工、研究偏好、运行逻辑以及创新行为之间存在的客观差异，为了合理配置科技创新资源，提高创新主体的科技创新效率，充分发挥不同创新主体的比较优势，世界主要经济体均对研发实体进行分类识别。比如，美国早已确立了企业、高校和科研机构在国家创新体系建设中的重要地位；[①] 前述提及的欧盟《一般集体豁免条例》和《研发创新框架》，也是建立在对私人研发实体进行分类识别的基础之上。尤其是，业已失效的不可诉研发补贴规则，同样对私人研发

---

① 参见郑琳琳：《三大技术创新主体科技成果与经济增长关系研究》，《科技进步与对策》2016 年第 2 期。

实体进行分类识别，并明确指出企业、高等教育机构和科研机构，是研发补贴的适格主体。

《国家中长期科学和技术发展规划纲要（2006—2020 年）》，也将企业、科研机构和高校列为国家科技创新的三大主体[①]，并得到《国家创新驱动发展战略纲要》的再次确认。[②] 除此之外，中国早在 2009 年《国家技术创新工程总体实施方案》中提出"形成和完善……产学研相结合的技术创新体系"[③]。在这一创新体系中，中国政府明确提出"让市场成为优化配置创新资源的主要手段"[④]。因此，科学技术活动的特点、科学研究的探索发现规律和技术创新的市场运行规律，决定了不可诉研发补贴规则需要对不同的科技创新主体进行分类识别，并提供不同的待遇。

第二，大学、非营利性科研机构获得政府资助项目下的知识产权构成不可诉补贴。具体而言，较之于企业，大学和非营利性科研机构通常从事公益性较强的基础研究，除非政府提供稳定、巨额和持续的财政资助，否则其将缺乏从事研发创新的必备资金。当大学和非营利性科研机构能够获得知识产权时，其将以排他性或非排他性的方式，许可商业企业使用其知识产品或权利，借此获得从事后

[①] 参见《国家中长期科学和技术发展规划纲要（2006—2020 年）》，中华人民共和国国务院新闻办公室网，2017 年 7 月 21 日。

[②] 参见《国家创新驱动发展战略纲要》，中华人民共和国中央人民政府网，2016 年 5 月 19 日。

[③] 参见《国家技术创新工程总体实施方案》（国科发政〔2009〕269 号），中华人民共和国中央人民政府网，2020 年 1 月 19 日。

[④] 参见《关于深化体制机制改革加快实施创新驱动发展战略的若干意见》，中华人民共和国中央人民政府网，2018 年 3 月 13 日。

续研发所必需的资金。① 正是凭借销售其所拥有的知识产权的使用权，大学和非营利性科研机构既能促进研发成果的商业转化，又实现了研发创新的自我资助。此外，与政府及其专门机构相比，大学和非营利性科研机构通常拥有更多的专家和设备，可以更有效和经济地完成研发任务。尤其是，大学和非营利性科研机构通常并非市场参与者，其从事研发创新旨在向社会提供公共产品或公共服务，而非谋求商业利益。因此，大学和非营利性科研机构获得政府资助项目下的知识产权，属于绝对可被豁免反措施的不可诉补贴。

第三，中小企业获得政府资助项目下的知识产权构成不可诉补贴。与大学和非营利性科研机构相比，企业通常有充分的利益驱动获得政府补贴。因为从政府手中受让研发项目下的知识产权，意味着企业能够在同一市场上，通过生产、使用或销售知识产品或其使用权来遏制竞争，从而获得其竞争对手无法享有的竞争优势。然而，企业又有大企业和中小企业之分。如果政府拒绝转让财政资助项目下的知识产权，中小企业通常无法有效地参与市场竞争，并且不愿意投资未来的研发。因此，赋予中小企业此类知识产权，有助于其在市场竞争中更容易取得成功，从而创造更多的就业岗位并促进经济发展。②

与中小企业相比，大企业通常拥有进行研发的雄厚财力和稳定

---

① See Daniel R. Cahoy, "Toward a Fair Social Use Framework for College and University Intellectual Property", *Journal of College and University Law*, 2015.

② See Bell Vanessa, "The State Giveth and the State Taketh Away: Patent Rights under the Bayh-Dole Act", *Southern California Interdisciplinary Law Journal*, 2015.

人员，即使被剥夺在政府资助项目下的知识产权，其从其他渠道获得研发资金的可能性也比中小企业要大得多。因此，大企业获得政府资助项目下的知识产权，仅在特定条件下可被视为不可诉补贴。

第四，大企业采用竞争性招投标程序获得的知识产权可被视为不可诉补贴。政府资助项目下的知识产权归属事先被法律固定，而非由政府和私人研发实体进行协商，是美国《拜杜法》所涉知识产权私有化被"美国波音公司补贴案"上诉机构视为可诉性补贴的主要原因。[①] 知识产权权属协商的缺乏意味着，政府以较之于市场条件更为优惠的条件，向私人研发实体提供了竞争优势。因此，为了消除大企业通过获得此类知识产权而可能享有的竞争优势，政府应在与大企业签署研发合同时规定，采用竞争性招投标机制确定研发成果的所有权归属。[②]

这是因为，当政府将研发项目交由大企业承担时，为了尽可能减少资助数额，最佳方法是采取公开竞争的招投标程序，选择报价最低的投标者。由于投标者之间的竞争将确保最后的中标者既不会赚取到较之于其原本所能赚取的利润更大的利润，又不会超过效率较次的投标者所能赚取的利润，所以这一机制能够确保最后的中标者通常是最有效率的企业。鉴于采用竞争性招投标程序选择受补贴者的结果，与正常市场条件下的竞争结果相同，因此政府采用这一

---

① See United States Measures Affecting Trade in Large Civil Aircraft-Second Complaint (Complainant: European Communities), WT/DS353/AB/R, 12 March 2012, para.650.

② See Tanya S. Gillis, "A Slippery Slope: The Future of Patents from Government-Funded R&D", *Journal of the Patent and Trademark Office Society*, 2014.

机制将其资助项目下的知识产权授予大企业，通常不会扭曲资源配置，因而不具有可诉性。考虑到几乎所有的大企业都会在招投标程序中要求取得研发项目下的知识产权，因此，竞争性招投标程序的采用，不仅能实现政府支持研发创新和鼓励商业转化的目的，而且可以最大限度地实现政府资助研发项目下知识产权归于私人研发实体与 SCM 协定的契合。

（三）恢复不可诉研发补贴的具体条款设计

业已失效的不可诉补贴原属 SCM 协定第四部分第 8 条。其中，第 8.2 条（a）具体规定了研发补贴。具体而言，原 SCM 协定第 8.2 条（a）规定如下：

（a）对公司进行研究活动的援助，或对高等教育机构或研究机构与公司签约进行研究活动的援助，如：

援助涵盖不超过工业研究 8 成本的 75% 或竞争前开发活动,成本的 50%；

且只要此种援助仅限于：

（i）人事成本（研究活动中专门雇佣的研究人员、技术人员和其他辅助人员）；

（ii）专门和永久（在商业基础上处理时除外）用于研究活动的仪器、设备、土地和建筑物的成本；

（iii）专门用于研究活动的咨询和等效服务的费用，包括外购研究成果、技术知识、专利等费用；

（iv）因研究活动而直接发生的额外间接成本；

（v）因研究活动而直接发生的其他日常费用（如材料、供应品和同类物品的费用）。①

根据原 SCM 协定第 8.2 条（a）的体例安排和逻辑结构，不可诉研发补贴规则的修订，首先需要在原来的位置即第四部分第 8 条恢复不可诉补贴的规定。其次，第 8.2 条（a）所界定的研发补贴，主要关注政府、企业与高等教育机构或科研机构之间的公私合作研发伙伴关系，并且所涉研发补贴通常属于与成本相关的货币性资助，比如人事成本（研究活动中专门雇佣的研究人员、技术人员和其他辅助人员的支出）、用于研究活动的仪器、设备、土地和建筑物的成本、专门用于研究活动的咨询和等效服务的费用（包括外购研究成果、技术知识、专利等费用），以及因研究活动而直接发生的额外间接成本和其他日常费用（如材料、供应品和同类物品的费用）。

就此而言，将政府资助项目下研发成果的知识产权赋予承担研发工作的私人实体，似乎不太容易被界定为成本。因此，不可诉研发补贴规则的修订，需要在原第 8.2 条（a）的基础上，重新拟定该条款的措辞，使其包含政府转让研发成果知识产权的内容。具体而言，第 8.2 条（a）关于研发补贴的规定可以分成两部分：第 8.2 条（a）（i）基本还原之前的公私合作研发补贴；第 8.2 条（a）（ii）

---

① 参见石广生主编：《乌拉圭回合多边贸易谈判结果：法律文本》，人民出版社 2002 年版，第 185 页。需要说明的是，由于该条所涉脚注与本部分的关联度不大，因此未将相关脚注予以具体列出。

规定政府资助项目下知识产权归于私人研发实体。根据前述研究结论，这一条款可以初步表述为："政府资助项目研发成果的知识产权归于私人研发实体（包括但不限于高等教育机构、中小企业、非营利性科研机构和大企业），属不可诉补贴。"

此外，如前所述，在知识产品商业化生产的现实情形下，由于高等教育机构、中小企业及非营利性科研机构在市场上获得商业投资的难度比较大，所以这些私人研发实体获得研发成果的知识产权属于绝对不可诉补贴，可以免于被采取反措施。而大企业仅在采用竞争性招投标程序获得这一知识产权时，才可被视为不可诉补贴。所以，还应在第8.2条（a）（ⅱ）中的大企业这一措辞处增加一个脚注，即"仅当大企业采用竞争性招投标程序获得政府资助项目下的知识产权时，其获得知识产权才可被视为不可诉补贴。"

最后需要说明的是，此处的高等教育机构，泛指实施高等教育的学校，包括所有能提供研究条件的大学、学院、高等职业技术学院等；此处的非营利性科研机构，泛指以知识创新为目标，向社会提供公益性知识产品的科研组织，包括独立的研发机构和政府的实验室等；此处的中小企业和大企业，均指从事营利性活动的经济组织，二者仅在人员规模和经营规模等经济指标上存在区别。

第二节　落后地区补贴

基于财政分权的特殊性与地区发展的不平衡性，中国政府通常采用地区补贴缩小地区差距、协调区域发展。在中国扶贫战略从消除绝对贫困转向解决相对贫困后，相对贫困治理不得不依赖政府建立长效地区补贴机制。为向适格地区补贴提供豁免例外的"安全阀"，中国可以在 WTO 新一轮改革中建议恢复落后地区补贴。[①]

一、在 WTO 中恢复落后地区补贴的逻辑

在 WTO 中恢复落后地区补贴，不仅具有一定的合理性与必要性，而且基于其他经济体极有可能与美国在利益交换基础上达成共识，因此具有较强的可行性。

（一）在 WTO 中恢复落后地区补贴的合理性

基于地区补贴可以修正或弥补落后地区的市场失灵，在 WTO 中恢复落后地区补贴可以为各经济体消除地区贫困创设合理的政策空间。

地区补贴是修正或弥补落后地区市场失灵的有效工具。在 SCM 协定之下，落后地区补贴不具有可诉性，属于成员可以自由使用且原则上免于被采取反措施的补贴。作为自由市场经济范式的产物，SCM 协定之所以向落后地区补贴提供豁免，概因其可以弥补或修正落后地区的市场失灵。

落后地区通常是市场机制不完善的地区。一般认为，完全竞争

---

① 需要说明的是，本书在解决地区相对贫困语境下探讨恢复不可诉落后地区补贴的逻辑，同样适用于市场失灵的其他情形。

的市场机制能够使资源配置达到帕累托最优。但是，落后地区的市场机制不完善，生产要素无法充分流动，导致区域内的公共产品供给不足、外部效应的内部化路径缺乏、收入分配不均及周期性经济波动频发。为了修正或弥补落后地区的此类市场失灵，政府应该运用补贴干预或介入落后地区的经济与社会发展。质言之，尽管补贴一般会扭曲市场、阻碍市场实现资源的最佳分配从而造成或加剧市场失灵以至于在原则上应予以禁止或限制，但在落后地区的市场存在先天性失灵的情形下，补贴却可以成为纠正此类市场扭曲并实现市场有效运作的有效工具。

地区市场失灵引致的地区发展失衡，在发达经济体和发展中经济体中均普遍存在。当通过缔结自由贸易协定推进全球或区域经济一体化时，不同发展水平经济体的趋同发展又会进一步引起或加剧地区市场失灵的全球化或区域化。因此，无论发达经济体还是发展中经济体，均有借助地区补贴修正地区市场失灵的现实需求。为了确保各经济体既能有效使用地区补贴，又能免遭反措施的威胁，国际社会早在关税与贸易总协定东京回合中为地区补贴创设了政策空间。

恢复落后地区补贴可以为消除地区贫困提供制度保障。东京回合达成的《补贴守则》明确指出，消除地区内工业、经济和社会劣势的补贴，是实现发展目标的重要工具，其使用不应受到限制。① 在乌拉圭回合谈判期间，尽管美国主张所有的补贴都不应不

---

① See Sadeq Z. Bigdeli, "Resurrecting the Dead-The Expired Non-Actionable Subsidies and the Lingering Question of Green Space", *Manchester Journal of International Economic Law*, 2011.

可诉,[①] 但瑞士[②]、日本[③]、澳大利亚[④]、加拿大[⑤] 及欧盟等发达经济体却坚持地区补贴不可诉。此外,韩国[⑥]、埃及[⑦]、哥伦比亚[⑧]、巴西[⑨]、印度[⑩] 等发展中经济体也主张弥补市场失灵的补贴不可诉。甚至代表最不发达经济体的孟加拉,也强调补贴是一国整体经济发展计划的一部分。[⑪] 最终,乌拉圭回合的谈判者根据补贴是修正还是造成了经济扭曲,将补贴分为合理的补贴与不合理的补贴,前者即为 SCM 协定中的不可诉补贴。不可诉补贴包括落后地区补贴,原则上不会被采取反措施。因此,SCM 协定实际上为各经济体利用地区补贴提供了制度保障。

落后地区补贴的失效[⑫],表明国际社会忽视了地区补贴的正当功能。尤其是,这一失效是 WTO 成员之间利益矛盾和立场冲突的

---

① See Elements of the Framework for Negotiations-Submission by the United States, MTN. GNG/NG10/W/29, 22 November 1989.

② See Elements of the Negotiating Framework-Communication from Switzerland, MTN. GNG/NG10/W/26, 13 September 1989.

③ See Communication from Japan, MTN.GNG/NG10/W/8, 12 August 1987.

④ See Elements of the Framework for Negotiations-Submission by Australia, MTN.GNG/NG10/W/32, 30 November 1989.

⑤ See Negotiating Group on Subsidies and Countervailing Measures Communication from Canada, MTN. GNG/NG 10/W/6, 1 June 1987.

⑥ See Communication from the Republic of Korea, MTN.GNG/NG10/W/5, 1 June 1987.

⑦ See Communication from Egypt, MTN.GNG/NG10/W/14, 30 November 1987.

⑧ See Communication from Colombia, MTN.GNG/NG10/W/13, 9 November 1987.

⑨ See Communication from Brazil, MTN.GNG/NG10/W/24, 10 November 1988.

⑩ See Elements of the Framework for Negotiations-Submission by India, MTN.GNG/NG10/W/ 33, 30 November 1989.

⑪ See Communication from Bangladesh, MTN.GNG/NG10/W/28, 13 November 1989.

⑫ See Minutes of the Special Meeting Held on 20 December 1999, G/SCM/M/22, 17 February 2000.

结果[①]，而非基于落后地区补贴缺乏合理性。因此，恢复落后地区补贴可以重塑地区补贴具有合理性的基本认知，进而为消除地区贫困提供制度保障。

（二）在 WTO 中恢复落后地区补贴的必要性

落后地区补贴失效导致全球各经济体的可持续发展能力普遍遭到削弱。为了突破此类困境，中国有必要在 WTO 中建议恢复落后地区补贴。

第一，世界各经济体一直或明或暗地提供地区补贴。以不可诉补贴生效期间（1995—1999）的 WTO 相关通报为例，共有 10 个成员使用了不可诉补贴，且大部分采取落后地区补贴的形式。这 10 个成员中包括四个发达经济体——美国、欧盟、加拿大和日本，六个发展中经济体——保加利亚、捷克、匈牙利、波兰、巴西与智利。[②] 由此，尽管发展中经济体的财力有限，但其使用地区补贴的意愿不仅不弱于发达经济体，而且使用地区补贴的偏好明显优于研发和环保补贴。[③]

---

① 美国、欧盟、澳大利亚、韩国、瑞士、加拿大、日本、智利、土耳其、中国香港、韩国、斯洛文尼亚、塞浦路斯、捷克共和国等经济体支持延长第 8 条。但是，马来西亚、菲律宾、印度、新西兰、巴基斯坦、洪都拉斯、以色列、巴西、印度尼西亚、哥伦比亚、巴拿马、埃及、泰国及多米尼加共和国等经济体则表示，除非通过修改第 8 条以考虑发展中成员方的利益，否则拒绝延长第 8 条。

② See Francisco Aguayo Ayala, Kevin P. Gallagher, "Subsidizing Sustainable Development under the WTO", *Journal of World Investment and Trade*, 2009.

③ 需要说明的是，6 个发展中经济体共报告 10 项落后地区补贴，5 项研发补贴，5 项环保补贴。

第二，当不可诉补贴于 2000 年失效时，落后地区补贴的潜力尚未完全发挥。发达经济体继续使用地区补贴，比如欧盟在联盟层面通过欧洲共同体结构基金、第六个研究和技术发展方案、共同农业政策基金以及成员层面的国家援助提供大量地区补贴。而发展中经济体一方面在多哈回合中主张恢复落后地区补贴，[1] 另一方面提议扩容不可诉补贴范围以囊括其实现合理发展目标所需的区域增长、技术研发、生产多样化及环境友好型生产方法，[2] 甚至试图将不可诉补贴与差别待遇挂钩而纳入仅由其实施的禁止性补贴。[3] 最终，尽管多哈回合的《反倾销和反补贴协议主席案文草案》保留了原 SCM 协定中落后地区补贴的规定，[4] 但由于多哈回合"胎死腹中"，落后地区补贴最终未能在该轮谈判中得以恢复。

第三，恢复落后地区补贴可以为各经济体实现地区可持续发展提供政策空间。"失去不可诉的豁免后，落后地区补贴受制于可诉性补贴规则，既可被诉诸 WTO 争端解决机构，又可被采取反补贴措施。至此，各经济体处理地区失衡、解决地区贫困问题的政策空间几近丧失，基于人类共同利益实现可持续发展的能力受到极大的减损。因此，通过恢复落后地区补贴，发展中经济体可以使用发达

---

① See Doha WTO Ministerial 2001: Ministerial Declaration, Implementation-related Issues and Concerns, WT/MIN (01)/DEC/1, 20 November 2001.

② See Implementation-related Issues and Concerns, 20 November 2001.

③ See Joint Statement by the SAARC Commerce Ministers on the Forthcoming Third WTO Ministerial Conference (Seattle) Communication from Sri Lanka on Behalf of the SAARC Member States of the WTO-Bandos Island, 22 October 1999.

④ See New Draft Consolidated Chair Texts of The AD and SCM Agreements, TN/RL/W/236, 19 December 2008.

经济体达到目前发展水平所使用的政策工具来挽救生命与生计，而发达经济体也可以借助这一政策空间来解决地区发展失衡并促进经济社会的和谐发展。

（三）在 WTO 中恢复落后地区补贴的可行性

国际社会关于地区补贴的分歧，主要发生于美国和其他经济体之间。基于其他经济体极有可能与美国在利益交换基础上达成共识，在 WTO 中恢复落后地区补贴具有一定的可行性。

第一，恢复落后地区补贴在根本上不会遭到美国的反对。应否及如何规制地区补贴的争议，除了发生于发达经济体与发展中经济体之间，更存在于发达经济体内部。比如，加拿大和欧盟一贯主张对地区补贴持宽松态度，并在多哈回合中支持讨论恢复落后地区补贴的议题，[①] 而美国则坚持地区补贴必然扭曲资源配置，[②] 应予以严格规制。[③] 本质上，仅当地区补贴过度补偿企业转位成本所带来的净竞争优势才可能扭曲贸易。美国并非不清楚这一点，事实上这也正是美国在 1979 年之前的实践。但由于其他经济体借助净竞争优

---

① See Communication from Canada, Improved Disciplines Under the Agreement on Subsidies and Countervailing Measures and the Anti-Dumping Agreement, TN/RL/W/1, 11 April 2002.

② 美国商务部在"比利时，法国，德意志联邦共和国，意大利、卢森堡、荷兰和英国的某些钢铁产品案"中指出："旨在影响特定地区之内特定产品竞争优势的补贴，应被界定为贸易扭曲和资源错配，并且肯定影响正常市场竞争，包括进口国市场中的生产者之间的竞争。"See Certain Steel Products From Belgium, France, the Federal Republic of Germany, Italy, Luxembourg, the Netherlands and the United Kingdom; Termination of Countervailing Duty and Anti-dumping Investigations, 47 FR 49058, 29 October 1982.

③ See David A. Gantz, "A Post-Uruguay Round Introduction to International Trade Law in the United States", *Arizona Journal of International and Comparative Law*, 1995.

势的概念规避美国反补贴税法，美国国会不得不摈弃这一实践，[①]
转而通过强调产业专向性来放松对地区补贴的规制。然而，由于缺
少有效的监管手段，[②] 美国最终通过狭义界定落后地区，对地区补
贴实施了更为严格的规制。[③] 考虑到美国的这一转向是行政监管缺
乏可操作性而非地区补贴欠缺合理性的结果，恢复落后地区补贴在
根本上不会遭到美国的反对。

第二，美国可能会为了获得其他规则下的利益而同意恢复落后
地区补贴。值得提及的是，美国之所以在乌拉圭回合中接受不可诉
补贴，是其对 SCM 协定第 6.1 条关于飞机产业的利益与其他成员
关于不可诉补贴利益之间进行权衡的结果。[④] 具体而言，SCM 协定
第 6.1 条中的脚注 16 明确规定："各方认识到，如因民用航空器的
实际销售低于预测的销售，而使以专利权使用费为基础的民用航空
器计划的筹资不能得到全部偿还，则此点本身不构成就本项而言的
严重侵害。"[⑤] 这一规定使得美国政府减免本国民用飞机制造商的金

---

① See Kevin C. Kennedy, "Worker, Industry, and Government Adjustment under the Canada-U.S. Free Trade Agreement", *Detroit College of Law Review*, 1989.

② See Peng Liu, Wenjun Zhou, Naixin Xiang, "Non-Actionable Subsidies within the WTO Legal Framework: From the Perspective of Renewable Energy-Related Trade Disputes", *Journal of WTO and China*, 2013.

③ See Certain Hot-Rolled Lead and Bismuth Carbon Steel Products from the United Kingdom, 58 Federal Register, 6237, 6243, 27 January 1993. See also Standard Chrysanthemums from the Netherlands, 61 Federal Register, 47888, 11 September 1996.

④ See Paul C. Rosenthal, Vermyle, Robert Tcvermylen, "The WTO Anti-dumping and Subsidies Agreements: Did the United States Achieve Its Objectives during the Uruguay Round", *Law and Policy in International Business*, 2000.

⑤ 参见石广生主编：《乌拉圭回合多边贸易谈判结果：法律文本》，人民出版社 2002 年版，第 182 页。

钱债务不再受可诉性补贴规则的约束。为了谋取这一豁免利益，美国在乌拉圭回合谈判中最终接受了其他经济体关于落后地区补贴不可诉的主张。

在 SCM 协定第 6.1 条业已失效且美国飞机补贴被欧盟推上 WTO"被告席"后，美国可能会为了重新获得该条下的利益而与希望恢复落后地区补贴的成员达成妥协。此外，美国偏好研发补贴，曾在关于是否延长不可诉补贴的讨论中采取了与加拿大和欧盟相同的立场。[①] 尤其是，在美国近 50 年实施的产业政策中，研发补贴的效果是最好的。[②] 在研发补贴已随落后地区补贴同时失效的情形下，不排除试图恢复研发补贴的美国与希望恢复落后地区补贴的经济体达成共识的可能。

二、在 WTO 中恢复落后地区补贴面临落后地区界定条件模糊的困境

SCM 协定意义上的落后地区补贴，主要指在落后地区内不具有地区专向性的补贴。当且仅当地区补贴不具有地区专向性时，才涉及其可否豁免 SCM 协定下的反措施，而这将唯一地取决于其是否位于落后地区。然而，SCM 协定界定落后地区的条件不仅忽视了发展中经济体利用地区补贴的现实需要，更忽略了各类经济体解

---

①   See Minutes of the Regular Meeting Held on 1–2 November 1999, G/SCM/M/24, 26 April 2000,

②   See Gary Clyde Hufbauer, Euijin Jung, "Scoring 50 years of US industrial policy 1970–2020", 12 January 2021.

决相对贫困的潜在需求。

第一，落后地区的单一维度指标不足以反映相对贫困的内涵。落后地区补贴被规定在原 SCM 协定第 8.2 条（b）。具体而言，原 SCM 协定第 8.2 条（b）规定如下：

（b）按照地区发展总体框架 31 对一成员领土内落后地区的援助，且在符合条件的地区内属非专向性（属第 2 条范围内），但是：

（i）每一落后地区必须是一个明确界定的毗连地理区域，具有可确定的经济或行政特征；

（ii）该地区依据中性和客观的标准被视为属落后地区，表明该地区的困难不是因临时情况产生的；此类标准必须在法律、法规或其他官方文件中明确说明，以便能够进行核实；

（iii）标准应包括对经济发展的测算，此种测算应依据下列至少一个因素：

——人均收入或人均家庭收入二者取其一，或人均国内生产总值，均不得高于有关地区平均水平的 85%；

——失业率，必须至少相当于有关地区平均水平的 110%；

以上均按三年期测算；但是该测算可以是综合的并可包括其他因素。①

---

① 参见人民出版社编：《乌拉圭回合多边贸易谈判结果：法律文本中国加入世界贸易组织法律文件》，人民出版社 2002 年版，第 186 页。

其中，脚注 31 将地区发展总体框架界定为"地区补贴计划是内部一致和普遍适用的地区发展政策的一部分，且地区发展补贴不给予地区发展没有或实际上没有影响的孤立地点"。此外，脚注 32 对"中性和客观标准"进行了解释。详言之，"中性和客观标准"指不优惠某地区的标准，不仅是适合于在地区发展政策框架内消除或减少地区差异。在这方面，地区补贴计划应包括对每一补贴项目给予援助数量的最高限额。此类最高限额必须根据受援地区的不同发展水平而有所差别，且必须以投资成本或创造就业成本进行表述。在最高限额以内，援助的分配应足够广泛和平均，以避免使按第 2 条规定的某些企业主要使用补贴，或给予它们不成比例的大量补贴。

根据上述规定，SCM 协定关于落后地区的衡量，主要依据人均收入，或人均家庭收入，或人均国内生产总值，或失业率等经济指标。在落后不限于经济落后的意义上，SCM 协定采取单一的经济指标并不能科学地测度落后地区。

一般而言，不同发展水平的经济体及同一经济体的不同地区之间，均存在不同程度的发展差距，并且不同地理空间和层次的落后地区通常具有不同的经济和社会表征。所以，世界各经济体均采用不同的指标界定落后地区。就此而言，落后地区是一个相对概念。基于落后地区发展与相对贫困治理存在场域叠加，任何试图采用单一指标测度全世界各类经济体内落后地区的做法，既忽略了不同经济体落后发生的异质性，又无法满足各经济体消减贫困的差异性。此外，发达经济体由于工业化水平和经济开发程度较高，通常采用低收入或高失业率等指标界定落后地区；而发展中经济体多处于农业自给自足的封闭或半封闭状态，通常采用贫困率与边缘化等指标划定落后地区。因此，SCM 协定既有的落后地区似乎更有利于发达经济体利用地区补贴。

基于单一经济指标只能说明一个经济体或地区的经济发展水平，并不能代表其全面发展水平。尤其是，落后地区的发展，不仅是经济的发展，更是社会的发展、人的发展，因此落后地区的测度需要增加具有发展因子的社会维度。

第二，落后地区的固定量化基准未能兼顾相对贫困的标准。SCM 协定中落后地区的量化基准，是收入不高于有关地区平均水平的 85%，或失业率不低于有关地区平均水平的 110%。基于落后与贫困之间具有要素同质的特点，落后地区的量化基准应兼顾地区的相对贫困标准。

目前，相对贫困标准的划定并无统一的方法。世界银行采用人群固定比例法，而经济合作与发展组织则采用收入比例法，以一个国家或地区社会中位收入或平均收入的 50% 作为该国或地区的贫困标准。基于收入比例法更接近相对贫困的内涵，可操作性更强，更易于贫困人群分享经济社会发展成果，世界众多经济体均采用收入比例法确定本国的贫困标准，仅仅是基于国情差异和政策目标在收入类型和比例选择上有所区别。[1] 本质上，贫困标准的测算除了应符合相对贫困的内涵，还应在政策上确保贫困可被消除。因此，相对贫困标准通常因一国的贫困状况和减贫进展而异。然而当脱离

---

[1] 参见高杨、刘庆莲、张堪钰:《相对贫困标准与人口识别：地方实践与政策启示》,《经济与管理评论》2022 年第 4 期。

一国的具体语境并被置于全球框架下考虑时，制定统一的贫困标准并嵌入落后地区的识别，却可能不利于补贴提供经济体利用地区补贴。比如，美国曾在"意大利面条案"中，[1] 以欧盟划定落后地区的失业率标准仅仅超过平均水平而非平均水平的 110% 为由，拒绝将欧盟为促进落后地区经济发展与结构调整、改造落后地区工业、促进落后农村地区发展而实施的欧洲区域发展基金、欧洲社会基金和欧洲农业指导与担保基金界定为落后地区补贴。因此，如何考虑不同经济体关于贫困的共同感受与贫困治理的不同趋向，将发达经济体之间、发达经济体与发展中经济体之间的贫困标准统一起来，设计梯度化的落后地区量化基准，无论是对长期以来已经确立的各国贫困标准各异的现状，还是对今后科学地界定落后地区补贴的豁免条件，都极具挑战性。

第三，落后地区的"中性和客观标准"未能考虑相对贫困的治理边界。SCM 协定中的落后地区，应依据"中性和客观标准"而定。尽管脚注 32 对"中性和客观标准"进行了说明，但究竟何种标准符合"中性和客观"的要求似乎并不明确。实践中，美国曾在"土耳其某些焊接碳钢管和焊接碳钢管线案"中将"中性和客观标准"解释为受补贴地区之间的一种非歧视性。[2]

"土耳其某些焊接碳钢管和焊接碳钢管线案"涉及土耳其地区补贴的性质界定。具体而言，土耳其为促进地区发展，搜集了各

① See Certain Pasta from Italy, 61 Federal Register, 30288, 1996.
② See Certain Welded Carbon Steel Pipes and Tubes and Welded Carbon Steel Line Pipe from Turkey, 18 August 1997.

类客观、中性的经济数据，并使用"主成分分析（Principal Compo-nent Analysis）"统计模型，将全国各省份划定为不同发展与贫困程度的地区。在兼顾其他发展政策、目标以及消除地区差异必需的情形下，土耳其大国民议会将对"主成分分析"确定的地区进行适当的调整。美国认为，土耳其实施区域发展计划的贫困地区并非依据"中性和客观标准"划定，理由是"主成分分析"排名较低的一些省份被列为正常发展区域，而"主成分分析"排名较高的一些省份却被列为优先发展区域，并且土耳其大国民议会做出相关调整时所考虑的发展政策和目标的"中性和客观"证据无从核实。

然而，扭曲地区市场资源配置的，是受补贴企业之间的歧视性而非受补贴企业所处的地区之间的歧视性。换言之，地区补贴不可以干扰受补贴企业之间的市场竞争。就此而言，虽然中国的相对贫困治理不得不依赖政府补贴，但却不应对落后地区的市场机制造成不当干扰。联系脚注 32 中"补贴的分配应足够广泛和平均，以避免某些企业主要使用补贴或给予其不成比例大量补贴"的要求，政府提供地区补贴应避免扭曲地区市场竞争，是政府以"中性和客观标准"甄别落后地区的应有之意。质言之，落后地区的甄别需要在地区补贴有效性与地区市场竞争公平性之间实现有机协调。

三、中国在 WTO 中恢复落后地区补贴的策略

中国建立既发挥地区补贴有效性，又享有 SCM 协定豁免的地区补贴机制，应补足落后地区划定条件的疏漏，推动在 WTO 中恢

复落后地区补贴。

（一）设计多维度的落后地区测量指标

一般而言，不同发展水平的经济体及同一经济体的不同地区之间，均存在不同程度的发展差距，并且不同地理空间和层次的落后地区，通常具有不同的经济和社会表征，所以世界各经济体均采用不同的标准，划定域内的落后地区。比如，欧盟将人均国内生产总值不及相关地区平均水平 75% 及属于标准地域统计单元 2 类的地区划定为落后地区；[①] 墨西哥采用地理信息系统技术，考虑地理毗邻、种族和文化身份及地理经济特征划定落后地区；印度直接将东北部地区指定为落后地区；加拿大使用一个包括失业率占 50%、个人收入占 40% 及地区财政能力占 10% 的发展指数，将全国 15% 的地区划定为落后地区。与上述经济体使用清晰准确的标准不同，英国在划定落后地区时，仅仅考虑目标地区的就业与失业状况、人口变化、移民和政策目标等实际或预期的背景。[②]

基于落后地区是一个相对概念，不能采用单一指标识别全世界各类经济体内落后地区，而应增加其他具有发展因子的社会指标，联合国开发计划署为衡量联合国各成员经济社会发展水平而创设的人类发展指数可以提供有益的参考。人类发展指数是以"预期寿命、

---

① 参见蔡玉梅、黄宏源、王国力等：《欧盟标准地域统计单元划分方法及启示》，《国土与自然资源研究》2015 年第 1 期。
② 参见王勤花、熊永兰、张志强：《欠发达地区发展国际战略计划与主要研究方向分析》，《世界地理研究》2011 年第 2 期。

教育水平和生活质量"为基础变量，按照一定方法计算出的一个综合指数，其既包括经济考量，又兼顾社会选择，并且能测量人类发展的基本内涵。尤其是，这一指数包括有限的变量，便于计算，易于管理，更有充分可信的数据来源作为保证，已成为当前世界范围内公认的评价发展程度的重要指标。在根据全球和各经济体发展现状和时代需求予以适当改进和完善的基础上，人类发展指数可以作为既有单一经济指标衡量体系的有益补充。[①]

此外，为了扩大欠发达经济体利用不可诉落后地区补贴的空间，还可以考虑世界银行检测各国相对贫困状况所采用的社会贫困线。社会贫困线是基于极端贫困与各国依消费中位数而异的福利维度指示，除了收入或消费这一传统依据，计算指标还包括受教育机会和水电等基本公共服务，并随平均收入水平的增长而增长，因此是较为稳健的货币性衡量标准。在贫困不限于货币贫困的意义上，囊括了社会贫困涵义的世界银行贫困线标准，可以兼顾欠发达经济体的农村贫困问题。尤其是，在发达经济体纷纷提高社会贫困线的情形下，[②] 欠发达经济体更应借助这一标准，加大对落后地区的补贴幅度。

考虑到拓展落后地区的识别指标，除了需要各成员方达成共识之外，还需要协调 WTO 与联合国或世界银行的关系。因此，倘若

[①] 参见黄敏、任栋：《中国人类发展指数体系创新与区域比较》，《经济社会体制比较》2020 年第 1 期。

[②] 参见程蹊、陈全功：《较高标准贫困线的确定：世界银行和美英澳的实践及启示》，《贵州社会科学》2019 年第 6 期。

这一方案被搁置，中国可退而求其次地主张构建梯度化的落后地区量化基准。

（二）构建梯度化的落后地区量化基准

如前所述，SCM 协定第 8.2 条（b）（iii）规定的落后地区判断基准，是人均收入或人均家庭收入，或人均国内生产总值，不高于有关地区平均水平的 85%；或失业率不低于有关地区平均水平的 110%。由于这一标准的适用门槛较高，导致欠发达经济体不能有效利用落后地区补贴，因此需要适当降低或取消上述规定中的最高限额或基准。

需要说明的是，降低或取消落后地区的最高限额或基准，应遵循特殊与差别待遇原则。① 因为落后地区补贴旨在修正的，是市场失灵的根源，而非市场失灵造成的不利后果。在明确界定落后地区的基础上，赋予欠发达经济体提供地区补贴的充分自主权，旨在扩大其解决落后地区市场失灵的政策空间和工具范围，从而有助于此类经济体完善落后地区的市场机制。除此之外，欠发达经济体在提供不可诉补贴方面的能力差距，也表明需要赋予其更为宽泛的补贴权利。②

因此，遵循特殊与差别待遇原则，落后地区判断基准的调适，

---

① See The Continued Relevance of Special and Differential Treatment in Favor of Developing Members to Promote Development and Ensure Inclusiveness, WT/GC/W/765/Rev.2, 1 March 2019.

② See United Nations Conference on Trade and Development, WT/MIN(99)/ST/136, 30 November 1999.

可根据 WTO 成员方的发展水平，分为以下三个层次。第一，发达经济体在界定落后地区时，完全适用既有基准。第二，最不发达经济体在界定落后地区时，完全不受上述基准的限制。第三，发展中经济体在界定落后地区时，需要适当降低上述基准，即将人均收入或人均家庭收入，或人均国内生产总值不高于有关地区平均水平的比例，提升到超过 85% 的比例，比如 100% 或更高；同时将失业率不低于有关地区平均水平的比例，降低至低于 110% 的水平，比如60% 或更低。至于这一上限或下限比例的具体确定，需要谈判小组通过搜集各类经济体的相关信息进行具体测算。

（三）设置确定性的落后地区甄别标准

落后地区补贴旨在修正或弥补落后地区的市场失灵，这包括两个层面的意思：第一，修正或弥补应尽可能有效；第二，修正或弥补不应对市场机制造成不当干扰。在无法对落后地区补贴进行分类识别的情形下，规定明确的落后地区界定标准，是实现地区补贴有效性的次佳方法。就此而言，欧盟界定落后地区的标准，由于既能实现地区补贴的有效性，又能在最大限度上保护市场竞争的公平性，从而可为廓清 SCM 协定第 8.2 条（b）（ii）中的"中性和客观"标准提供参考。

欧盟界定落后地区的标准主要有两个。首先，人均国内生产总值和失业率是主要标准；其次，人口密度和地理位置是重要标准。根据这两个标准，欧盟将落后地区进一步细分为 A 类地区和 C 类地区。A 类地区主要强调经济显著低下、严重失业及地理劣势因素；

C 类地区则侧重关注人口密度和地区补贴的必要与否。原则上，地区补贴强度与地区经济发展水平呈反比，并兼顾各个地区的差异度，因此 A 类地区的补贴强度总体上高于 C 类地区。值得关注的是，欧盟确定补贴强度的合格成本，或采取投资成本标准，或采取预计创造的工作岗位的工资成本标准，从而符合 SCM 协定脚注 32 的要求。此外，对于落后地区内的中小企业，补贴强度可以酌情提高，而大企业和大额投资，仅在例外情形下可以获得补贴。[①]

遵循上述标准，欧盟委员会多次以促进地区发展为由，豁免政府向特定地区提供的经济和社会补贴，这方面的典型案例是"英国坎布里亚案"。该案所涉英格兰西部经济发展署，为了确保北兰开夏郡和坎布里亚郡的公民和企业也能享有英国人口稠密、经济发达地区的宽带网络服务，遂向前述目标区域提供网络服务。欧盟委员会认为，尽管英格兰西部经济发展署提供的补贴不合法，但由于该计划旨在促进农村地区的网络服务发展，因此可予豁免。[②]

此外，欧盟委员会还在《2013 年宽带指导方针》中，通过平衡检测豁免特定地区的宽带补贴。[③] 所谓平衡检测，指欧盟委员会主要通过权衡补贴的积极影响和消极影响，在确证补贴的正当性之余，将其对市场竞争造成的扭曲降至最低限度。为此，欧盟委员会

[①]　参见白明：《欧盟内国家地区补贴制度的设置》，《中国发展观察》2015 年第 3 期。

[②]　See Commission Decision N282/2003 on United Kingdom for Cumbria Broadband Project Access–Advancing Communication for Cumbria and Enabling Sustainable Services.

[③]　See Communication from the Commission to the European Parliament, the Council, the European Economic and Social Committee and the Committee of the Regions COM (2010) 245.

特别创设了"颜色代码方法",即借助白、黑和灰三种颜色,评估目标地区是否存在市场失灵。其中,"白色地区"是指目前无法获得网络服务、而且私人投资者在未来三年也不打算提供网络服务的区域。无疑,"白色地区"是市场失灵区域,政府在此区域提供补贴具有正当性。"黑色地区"是指至少存在两个网络服务提供者的地区,并且这些网络服务提供者能够在市场竞争条件下提供网络服务。由此,"黑色地区"是市场运行良好的区域,政府无需提供补贴。"灰色地区"介于"白色地区"和"黑色地区"之间,指仅仅依靠扭曲竞争的措施,该地区的人民才能以负担得起的价格获得网络服务。"灰色地区"的特殊性意味着,政府在特定条件下可以提供补贴。① 质言之,"灰色地区"存在的事实垄断导致的市场竞争不完全,是政府补贴具有正当性的主要原因。

就甄别落后地区的标准而言,欧盟根据地区人均收入水平、失业率、就业率、就业人口或工作岗位、特定地区占全国经济总量的比重、地理位置及人口多寡等因素来界定落后地区,并且补贴水平根据地区发展水平而有所差别。尤其是,欧盟将补贴限定在经济落后、位置偏远且人口稀少的地区,限缩落后地区内大企业和大额投资获得补贴的条件和程序,并特别提高中小企业的补贴水平,既能有效促进落后地区内中小企业的投资和发展,又可以将补贴对竞争和贸易的消极影响将至最低限度,从而符合落后地区补贴旨在修正

---

① See Koenig Christian, Fechter Sonja, "The European Commission's Hidden Asymmetric Regulatory Approach in the Field of Broadband Infrastructure Funding", *European State Aid Law Quarterly*, 2009.

或弥补落后地区市场失灵的初衷。

　　"中性和客观标准"进一步表明，即使补贴具有正当性，政府仍应采取必要的措施，尽可能降低补贴对市场竞争产生的影响。通过评估补贴的消极影响来划定补贴的适当边界，欧盟委员会的相关实践表明，尽管为了应对市场失灵，政府可以提供补贴，但其尚不能取代市场竞争。换言之，补贴仅在公平竞争的基础上，发挥弥补市场失灵的作用。这一理念与实践无疑既实现了政府追求公共利益的社会目标，又能在最大限度上维护落后地区市场的开放和竞争。

参考文献

一、专著

（一）中文专著

1. 曹建明、贺小勇：《世界贸易组织》，法律出版社 2004 年版。

2. 甘瑛：《国际货物贸易中的补贴与反补贴规则》，法律出版社 2005 年版。

3. 王传丽：《补贴与反补贴措施协定条文释义》，湖南科学技术出版社 2006 年版。

4. 韩立余：《既往不咎——WTO 争端解决机制研究》，北京大学出版社 2009 年版。

5. 刘敬东：《WTO 法律制度中的善意原则》，社会科学文献出版社 2009 年版。

6. 张乃根：《WTO 法与中国涉案争端解决》，上海人民出版社 2013 年版。

7. 韩逸畴：《WTO 贸易政策灵活性机制研究》，法律出版社 2018

年版。

8.杨国华：《世界贸易组织争端解决规则与程序的谅解》，北京大学出版社 2019 年版。

9.单一：《规则与博弈——补贴与反补贴法律制度与实务》，北京大学出版社 2021 年版。

10.张军旗：《WTO 补贴规则与我国产业补贴政策的变革》，上海财经大学出版社 2021 年版。

11.[比] 彼得·范德博思、单文华：《世界贸易组织法原理》，尚宽、贺艳译，法律出版社 2020 年版。

12.[美] 斯蒂格利茨：《公共部门经济学》，郭庆旺等译，中国人民大学出版社 2005 年版。

13.[美] 托达罗·史密斯：《发展经济学》，余向华、陈雪娟译，机械工业出版社 2009 年版。

14.[美]约翰·H.杰克逊：《国家主权与WTO变化中的国际法基础》，社会科学文献出版社 2009 年版。

（二）外文专著

1. Marc Benith, *The Law of Subsidies under the GATT/WTO System*, Kluwer Law International, 1998.

2. Marc L. Busch, *Trade Warriors: States, Firms, and Strategic-Trade Policy in High-Technology Competition*, Cambridge University Press, 1999.

3. John H. Jackson, William J. Davey, Alan O. Sykes, *Legal Problems of International Economic Relations: Cases, Materials and Text*, Thomson West, 2008.

4. Luca Rubini, *The Definition of Subsidy and State Aid*, Oxford University Press, 2009.

5. Elsig Manfred, Bernard M. Hoekman, *Assessing the World Trade Organization: Fit for Purpose?* Cambridge University Press, 2017.

二、论文

（一）中文论文

1. 余敏友、陈喜峰：《论解决 WTO 法内部冲突的司法解释原则》（上），《法学评论》2002 年第 5 期。

2. 余敏友、陈喜峰：《论解决 WTO 法内部冲突的司法解释原则》（下），《法学评论》2002 年第 6 期。

3. 林平：《反垄断中的必需设施原则：美国和欧共体的经验》，《东岳论丛》2007 年第 1 期。

4. 祁欢：《欧共体竞争法"基础设施原则"司法实践研究》，《广西民族大学学报（哲学社会科学版）》2007 年第 9 期。

5. 吕晓杰：《SCM 协定中补贴的专向性要件》，《法学》2008 年第 9 期。

6. 李剑：《反垄断法中核心设施的界定标准》，《现代法学》2009 年第 3 期。

7. 毛杰：《论 WTO〈补贴与反补贴措施协定〉中"某些企业"的法律界定与解释》，《国际经济法学刊》2010 年第 1 期，北京大学出版社 2010 年版。

8. 林惠玲：《美国反补贴法中的专向性标准及其使用问题》，《世界贸易组织动态与研究》2010 年第 1 期。

9. 苟大凯：《美国对华实施"双反"之违法性分析》，《法学》2010 年第 3 期。

10. 毛杰：《SCM 协定中财税措施地区专向性特别规定初探——兼评美国对华反补贴调查的相关案例及我国的对策》，《时代法学》2010 年第 4 期。

11. 毛杰、邹日强：《SCM 协定中"某些企业"的法律界定与解释——兼评美国对华反补贴调查中专向性认定方面的若干争议点》，《法学》2010 年第 4 期。

12. 廖诗评：《中美双反措施案中"公共机构"认定问题研究》，《法商研究》2011 年第 6 期。

13. 龚柏华：《国有企业是否当然为〈补贴与反补贴协定〉第 1.1 条意义上"公共机构"辨析——兼评美国对来自中国某些产品最终反倾销和反补贴税措 WTO 争端案》，《国际商务研究》2010 年第 6 期。

14. 姚保松：《反垄断法中的基础设施条款探析》，《西南政法大学学报》2014 年第 4 期。

15. 林民旺：《印度对"一带一路"的认知及中国的政策选择》，《世界经济与政治》2015 年第 5 期。

16. 吴峻：《网络中立理论及其对世界贸易组织框架下互联网政策的影响》，《国际法研究》2015 年第 6 期。

17. 陈婉玲：《基础设施产业 PPP 模式独立监管研究》，《上海财经大学学报》2015 年第 6 期。

18. 王明国：《"一带一路"倡议的国际制度基础》，《东北亚论坛》2015 年第 6 期。

19. 李仲平：《反补贴中"一般基础设施"的法律判断标准探析——

基于公共物品理论的视角》，《法学家》2015 年第 6 期。

20. 李仲平：《"一带一路"战略下中国对外投资基础设施的法律风险与对策——基于〈补贴与反补贴措施协定〉的视角》，《中国软科学》2017 年第 5 期。

21. 李仲平：《欧共体实践对"一带一路"倡议下中国合规补贴网络基础设施的启示》，《中国行政管理》2018 年第 7 期。

22.《WTO〈反补贴协定〉框架下"不成比例"之事实专向性——"中国式"产能过剩面临的新挑战与应对》，《国际经济法学刊》2019 年第 4 期。

（二）英文论文

1. Lehmann Christoph, "The Definition of Domestic Subsidy under United States Countervail -ing Duty Law", *Texas International Law Journal*, 1987.

2. Alexander Pieter Matthijs, "The Specificity Test under U.S. Countervailing Duty Law", *Michigan Journal of International Law*, 1989.

3. Koenig Christian, Haratsch Andreas, "The Logic of Infrastructure Funding under EC State Aid Control", *European State Aid Law Quarterly*, 2004.

4. Koenig Christian, Susanne Keifer, "Public Funding of Infrastructure Projects under ECSate Aid Law", *European State Aid Law Quarterly*, 2005.

5. Styliadou Meni, "Public Funding and Broadband: Distortion of Competition or Recogniti- on of Policy Failure", *Journal of Network Industries*, 2005.

6. Ryan E. Lee, "Dogfight: Criticizing the Agreement on Subsidies and Countervailing Measures Amidst the Largest Dispute in World Trade Organization History", *North Carolina Journal of International Law and Commercial Regulation*, 2006.

7. Lynskey Orla, "The Application of Article 86（2）EC to Measures Which Do Not Fulfil the Altmark Criteria; Institutionalising Incoherence in the Legal Framework Governing State Compensation of Public Service Obligations", *World Competition*, 2007.

8. Koenig Christian, Wetzel Julia, "The Relevance of EC State Aid Control for PPP Infrastructure Funding", *European Public Private Partnership Law Review*, 2007.

9. Nicolaides Phedon, Kleis Maria, "Where Is the Advantage", *European State Aid Law Quarterly*, 2007.

10. Gustavo E. Luengo Hernandez De Madrid, "Conflicts between the Disciplines of EC State Aids and WTO Subsidies: Of Books, Ships and Aircraft", *European Foreign Affairs Review*, 2008.

11. Koenig Christian, Trias Ana, "A New Sound Approach to EC State Aid Control of Airport Infrastructure Funding", *European State Aid Law Quarterly*, 2009.

12.Kekelekis Mihalis, "Recent Developments in Infrastructure Funding: When Does It Not Constitute State Aid", *European State Aid Law Quarterly*, 2011.

13.Simon Lester, "The Problem of Subsidies as a Means of Protectionism: Lessons from the WTO EC-Aircraft Case", *Melbourne Journal of International Law*, 2011.

14.Jan Bohanes, "Case Note on Panel Report in US- Boeing", *Global Trade and Customs Journal*, 2011.

15.James Flett, "From Political Pre-Occupation to Legitimate Rule against Market Partitioning: Export Subsidies in WTO Law after the Appellate Body

Ruling in the Airbus Case", *Global Trade and Customs Journal*, 2012.

16.Shadikhodjaev Sherzod, "How to Pass a Pass-Through Test: The Case of Input Subsidies", *Journal of International Economic Law*, 2012.

17.Bernhard von Wendland, "Public Funding for Research Infrastructures and EU State Aid Rules-Key Issues, Case Examples and State Aid Reform", *European State Aid Law Quarterly*, 2013.

18.Kliemann Annette, Stehmann Oliver, "EU State Aid Control in the Broadband Sector- The 2013 Broadband Guidelines and Recent Case Practice", *European State Aid Law Quarterly*, 2013.

19.Brian D. Kelly, "The Pass-Through of Subsidies to Price", *Journal of World Trade*, 2014.

三、WTO 争端解决报告

1. Brazil Export Financing Programme for Aircraft（Complainant: Canada）, WT/DS46/R, 14 April 1999.

2. Brazil Export Financing Programme for Aircraft（Complainant: Canada）, WT/DS46/AB/ R, 2 August 1999.

3. Indonesia Certain Measures Affecting the Automobile Industry（Complainant: European Communities）, WT/DS54/R, 2 July 1998.

4. Indonesia Certain Measures Affecting the Automobile Industry（Complainant: Japan）, WT/DS55/R, 2 July 1998.

5. Indonesia Certain Measures Affecting the Automobile Industry（Complainant: United States）, WT/DS59/R, 2 July 1998.

6. European Communities Customs Classification of Certain Computer

Equipment (Complainant: United States), WT/DS62, 8 November 1996.

7. Indonesia Certain Measures Affecting the Automobile Industry (consultations by Japan), WT/DS64/1, 2 July 1998.

8. Canada Measures Affecting the Export of Civilian Aircraft (Complainant: Brazil), WT/DS70/R, 14 April 1999.

9. Canada Measures Affecting the Export of Civilian Aircraft (Complainant: Brazil), WT/DS70/AB/R, 2 August 1999.

10. Canada Measures Affecting the Importation of Milk and the Exportation of Dairy Products (Complainant: United States), WT/DS103/R, 17 May 1999.

11. Canada Measures Affecting the Importation of Milk and the Exportation of Dairy Products (Complainant: United States), WT/DS103/AB/R, 13 October 1999.

12. United States Tax Treatment for Foreign Sales Corporations (Complainant: European Communities), WT/DS108/R, 8 October 1999.

13. United States Tax Treatment for Foreign Sales Corporations (Complainant: European Communities), WT/DS108/AB/R, 24 February 2000.

14. Australia Subsidies Provided to Producers and Exporters of Automotive Leather (Complainant: United States), WT/DS126/R, 25 May 1999.

15. United States Imposition of Countervailing Duties on Certain Hot-Rolled Lead and Bismuth Carbon Steel Products Originating in the United Kingdom (Complainant: European Communities), WT/DS138/R, 23 December 1999.

16. United States Imposition of Countervailing Duties on Certain Hot-Rolled Lead and Bismuth Carbon Steel Products Originating in the United King-

dom（Complainant: European Communities）, WT/DS138/AB/R,10 May 2000.

17. Canada Certain Measures Affecting the Automotive Industry（Complainant: Japan）WT/DS139/R, 11 February 2000.

18. Canada Certain Measures Affecting the Automotive Industry（Complainant: Japan）WT/DS139/AB/R, 31 May 2000.

19. Canada Certain Measures Affecting the Automotive Industry（Complainant: European Communities）, WT/DS142/R, 11 February 2000.

20. Canada Certain Measures Affecting the Automotive Industry（Complainant: European Communities）, WT/DS142/AB/R, 31 May 2000.

21. United States Sections 301-310 of the Trade Act 1974（Complainant: European Communities）, WT/DS152, 27 January 2000.

22. United States Section 211 Omnibus Appropriations Act of 1998（Complainant: European Communities）, WT/DS176, 8 July 1999.

23. United States Section 211 Omnibus Appropriations Act of 1998（Complainant: European Communities）, WT/DS176/AB/R, 2 January 2002.

24. United States Measures Treating Export Restraints as Subsidies（Complainant: Canada）, WT/DS194/R, 29 June 2001.

25. United States Anti-Dumping and Countervailing Measures on Steel Plate from India（Complainant: India）, WT/DS206/R, 28 June 2002.

26. United States Countervailing Measures Concerning Certain Products from the European Communities（Complainant: European Communities）, WT/DS212/R, 31 July 2002.

27. United States Countervailing Measures Concerning Certain Products from the European Communities（Complainant: European Communities）, WT/DS212/AB/R, 9 December 2002.

28. United States Countervailing Duties on Certain Corrosion-Resistant Carbon Steel Flat Products from Germany（Complainant: European Communities）, WT/DS213/R, 3 July 2002.

29. United States Countervailing Duties on Certain Corrosion-Resistant Carbon Steel Flat Products from Germany（Complainant: European Communities）, WT/DS213/AB/R, 28 November 2002.

30. United States Continued Dumping and Subsidy Offset Act of 2000（Complainants: Australia; Brazil; Chile; European Communities; India; Indonesia; Japan; Republic of Korea; Thailand）, WT/DS217/R, 16 September 2002.

31. United States Continued Dumping and Subsidy Offset Act of 2000（Complainants: Australia; Brazil; Chile; European Communities; India; Indonesia; Japan; Republic of Korea; Thailand）, WT/DS217/AB/R,16 January 2003.

32. United States Section 129（c）（1）of the Uruguay Round Agreements Act（Complainant: Canada）, WT/DS221/R, 5 July 2002.

33. Canada Export Credits and Loan Guarantees for Regional Aircraft（Complainant: Brazil）, WT/DS222/R, 28 January 2002.

34. United States Continued Dumping and Subsidy Offset Act of 2000（Complainants: Canada; Mexico）, WT/DS234/R,16 September 2002.

35. United States Continued Dumping and Subsidy Offset Act of 2000（Complainants: Canada; Mexico）, WT/DS234/AB/R,16 January 2003.

36. United States Preliminary Determinations with Respect to Certain Softwood Lumber from Canada（Complainant: Canada）, WT/DS236/R, 27 September 2002.

37. United States Final Countervailing Duty Determination with respect to certain Softwood Lumber from Canada（Complainant: Canada）, WT/DS257/R,

29 August 2003.

38. United States Final Countervailing Duty Determination with respect to certain Softwood Lumber from Canada (Complainant: Canada), WT/DS257/AB/R, 19 January 2004.

39. European Communities Export Subsidies on Sugar (Complainant: Australia), WT/DS265/ R, 15 October 2004.

40. European Communities Export Subsidies on Sugar (Complainant: Australia), WT/DS265 /AB/R, 28 April 2005.

41. European Communities Export Subsidies on Sugar (Complainant: Brazil), WT/DS266/R, 15 October 2004.

42. European Communities Export Subsidies on Sugar (Complainant: Brazil), WT/DS266/ AB/R, 28 April 2005.

43. United States Subsidies on Upland Cotton (Complainant: Brazil), WT/DS267/R, 8 September 2004.

44. United States Subsidies on Upland Cotton (Complainant: Brazil), WT/DS267/AB/R, 3 March 2005.

45. Republic of Korea Measures Affecting Trade in Commercial Vessels (Complainant: European Communities), WT/DS273/R, 7 March 2005.

46. United States Investigation of the International Trade Commission in Softwood Lumber from Canada (Complainant: Canada), WT/DS277/R, 22 March 2004.

47. European Communities Export Subsidies on Sugar (Complainant: Thailand), WT/DS 288/R, 15 October 2004.

48. European Communities Export Subsidies on Sugar (Complainant: Thailand), WT/DS288/AB/R, 28 April 2005.

49. Mexico Definitive Anti-Dumping Measures on Beef and Rice (Complainant: United States), WT/DS295/R, 6 June 2005.

50. Mexico Definitive Anti-Dumping Measures on Beef and Rice (Complainant: United States), WT/DS295/AB/R, 29 November 2005.

51. United States Countervailing Duty Investigation on Dynamic Random Access Memory Semiconductorsfrom Korea (Complainant: Republic of Korea), WT/DS296/R, 21 February 2005.

52. United States Countervailing Duty Investigation on Dynamic Random Access Memory Semiconductorsfrom Korea (Complainant: Republic of Korea), WT/DS296/AB/R, 27 June 2005.

53. European Communities Countervailing Measures on Dynamic Random Access Memory Chips from Korea (Complainant: Republic of Korea), WT/DS299/R, 17 June 2005.

54. European Communities Measures Affecting Trade in Commercial Vessels (Complainant: Republic of Korea), WT/DS301/R, 22 April 2005.

55. European Communities and Certain Member States Measures Affecting Trade in Large Civil Aircraft (Complainant: United States), WT/DS316/R, 30 June 2010.

56. European Communities and Certain Member States Measures Affecting Trade in Large Civil Aircraft (Complainant: United States), WT/DS316/AB/R, 18 May 2011.

57. Japan Countervailing Duties on Dynamic Random Access Memories from Korea (Complainant: Republic of Korea), WT/DS336/R, 13 July 2007.

58. Japan Countervailing Duties on Dynamic Random Access Memories from Korea (Complainant: Republic of Korea), WT/DS336/AB/R, 28 Novem-

ber 2007.

59. China Measures Affecting Imports of Automobile Parts（Complainant: European Communities）, WT/DS339/R, 18 July 2008.

60. China Measures Affecting Imports of Automobile Parts（Complainant: European Communities）, WT/DS339/AB/R, 15 December 2008.

61. China Measures Affecting Imports of Automobile Parts（Complainant: United States）, WT/DS340/R, 18 July 2008.

62. China Measures Affecting Imports of Automobile Parts（Complainant: United States）, WT/DS340/AB/R,15 December 2008.

63. Mexico Definitive Countervailing Measures on Olive Oil from the European Communities（Complainant: European Communities）, WT/DS341/R, 4 September 2008.

64. China Measures Affecting Imports of Automobile Parts（Complainant: Canada）, WT/DS 342/R, 18 July 2008.

65. China Measures Affecting Imports of Automobile Parts（Complainant: Canada）, WT/DS 342/AB/R, 15 December 2008.

66. United States Customs Bond Directive for Merchandise Subject to Anti-Dumping/ Countervailing Duties（Complainant: India）, WT/DS345/R, 29 February 2008.

67. United States Customs Bond Directive for Merchandise Subject to Anti-Dumping/Countervailing Duties（Complainant: India）, WT/DS345/AB/R, 16 July 2008.

68. United State Continued Existence and Application of Zeroing Methodology（Complainant: European Communities）, WT/DS350/R, 1 October 2008.

69. United States Continued Existence and Application of Zeroing Method-

ology（Complainant: European Communities）, WT/DS350/AB/R, 4 February 2009.

70. United States Measures Affecting Trade in Large Civil Aircraft-Second Complaint（Complainant: European Communities）, WT/DS353/R, 31 March 2011.

71. United States Measures Affecting Trade in Large Civil Aircraft-Second Complaint（Complainant: European Communities）, WT/DS353/AB/R,12 March 2012.

72. United States Definitive Anti-Dumping and Countervailing Duties on Certain Products from China（Complainant: China）,WT/DS379/R, 22 October 2010.

73. United States Definitive Anti-Dumping and Countervailing Duties on Certain Products from China（Complainant: China）, WT/DS379/AB/R, 11 March 2011.

74. United States Certain Country of Origin Labelling Requirements（Complainant: Mexico）, WT/DS386/R, 18 November 2011.

75. United States Certain Country of Origin Labelling Requirements（Complainant: Mexico）, WT/DS386/AB/R, 29 June 2012.

76. Republic of Korea Measures Affecting the Importation of Bovine Meat and Meat Products from Canada（Complainant: Canada）, WT/DS391/R, 3 July 2012.

77. United States Certain Measures Affecting Imports of Poultry from China（Complainant: China）, WT/DS392/R, 29 September 2010.

78. China Measures Related to the Exportation of Various Raw Materials（Complainant: United States）, WT/DS394/R, 5 July 2011.

79. China Measures Related to the Exportation of Various Raw Materials (Complainant: United States）, WT/DS394/AB/R, 30 January 2012.

80. China Measures Related to the Exportation of Various Raw Materials (Complainant: European Communities）, WT/DS395/R, 5 July 2011.

81. China Measures Related to the Exportation of Various Raw Materials (Complainant: European Communities）, WT/DS395/AB/R, 30 January 2012.

82. Philippines Taxes on Distilled Spirits (Complainant: European Communities）, WT/DS 396/R, 15 August 2011.

83. Philippines Taxes on Distilled Spirits (Complainant: European Communities）, WT/DS 396/AB/R, 21 December 2011.

84. European Communities Definitive Anti-Dumping Measures on Certain Iron or Steel Fasteners from China (Complainant: China）, WT/DS397/R, 3 December 2010.

85. European Communities Definitive Anti-Dumping Measures on Certain Iron or Steel Fasteners from China (Complainant: China）, WT/DS397/AB/R, 15 July 2011.

86. China Measures Related to the Exportation of Various Raw Materials (Complainant: Mexico）, WT/DS398/R, 5 July 2011.

87. China Measures Related to the Exportation of Various Raw Materials (Complainant: Mexico）, WT/DS398/AB/R, 30 January 2012.

88. United States Measures Affecting Imports of Certain Passenger Vehicle and Light Truck Tyres from China (Complainant: China）, WT/DS399/R, 13 December 2010.

89. United States Measures Affecting Imports of Certain Passenger Vehicle and Light Truck Tyres from China (Complainant: China）, WT/DS399/AB/R, 5

September 2011.

90. European Communities Measures Prohibiting the Importation and Marketing of Seal Products（Complainant: Canada）, WT/DS400/R, 25 November 2013.

91. European Communities Measures Prohibiting the Importation and Marketing of Seal Products（Complainant: Canada）, WT/DS400/AB/R,22 May 2014.

92. European Communities Measures Prohibiting the Importation and Marketing of Seal Products（Complainant: Norway）, WT/DS401/R, 25 November 2013.

93. European Communities Measures Prohibiting the Importation and Marketing of Seal Products（Complainant: Norway）, WT/DS401/AB/R, 22 May 2014.

94. United States Use of Zeroing in Anti-Dumping Measures Involving Products from Korea（Complainant: Republic of Korea）, WT/DS402/R, 18 January 2011.

95. Philippines Taxes on Distilled Spirits（Complainant: United States）, WT/DS403/R, 15 August 2011.

96. Philippines Taxes on Distilled Spirits（Complainant: United States）, WT/DS403/AB/R, 21 December 2011.

97. United States Anti-dumping Measures on Certain Shrimp from Viet Nam（Complainant: Viet Nam）, WT/DS404/R, 11 July 2011.

98. European Union Anti-Dumping Measures on Certain Footwear from China（Complainant: China）, WT/DS405/R, 28 October 2011.

99. United States Measures Affecting the Production and Sale of Clove

Cigarettes（Complainant: Indonesia）, WT/DS406/R, 2 September 2011.

100. United States Measures Affecting the Production and Sale of Clove Cigarettes（Complainant: Indonesia）, WT/DS406/AB/R, 4 April 2012.

101. Canada Certain Measures Affecting the Renewable Energy Generation Sector（Complainant: Japan）, WT/DS412/R, 19 December 2012.

102. Canada Certain Measures Affecting the Renewable Energy Generation Sector（Complainant: Japan）, WT/DS412/AB/R, 6 May 2013.

103. China Certain Measures Affecting Electronic Payment Services （Complainant: United States）, WT/DS413/R, 16 July 2012.

104. China Countervailing and Anti-Dumping Duties on Grain Oriented Flat-rolled Electrical Steel from the United States（Complainant: United States）, WT/DS414/R, 15 June 2012.

105. China Countervailing and Anti-Dumping Duties on Grain Oriented Flat-rolled Electrical Steel from the United States（Complainant: United States）, WT/DS414/AB/R, 18 October 2012.

106. Dominican Republic Safeguard Measures on Imports of Polypropylene Bags and Tubular Fabric（Complainant: Costa Rica）, WT/DS415/R, 31 January 2012.

107. Dominican Republic Safeguard Measures on Imports of Polypropylene Bags and Tubular Fabric（Complainant: Guatemala）, WT/DS416/R, 31 January 2012.

108. Dominican Republic Safeguard Measures on Imports of Polypropylene Bags and Tubular Fabric（Complainant: El Salvador）, WT/DS418/R, 31 January 2012.

109. United States Anti-Dumping Measures on Shrimp and Diamond Saw-

blades from China（Complainant: China），WT/DS422/R, 8 June 2012.

110. China Definitive Anti-Dumping Duties on X-Ray Security Inspection Equipment from the European Union（Complainant: European Union），WT/DS425/R, 26 February 2013.

111. Canada Measures Relating to the Feed-in Tariff Program（Complainant: European Union），WT/DS426/R, 19 December 2012.

112. Canada Measures Relating to the Feed-in Tariff Program（Complainant: European Union），WT/DS426/AB/R, 6 May 2013.

113. China Anti-Dumping and Countervailing Duty Measures on Broiler Products from the United States（Complainant: United States），WT/DS427/R, 2 August 2013.

114. United States Anti-Dumping Measures on Certain Frozen Warmwater Shrimp from Viet nam（Complainant: Vietnam），WT/DS429/R, 17 November 2014.

115. India Measures Concerning the Importation of Certain Agricultural Products from the United States（Complainant: United States），WT/DS430/R, 14 October 2014.

116. China Measures Related to the Exportation of Rare Earths, Tungsten and Molybdenum（Complainant: United States），WT/DS431/R, 26 March 2014.

117. China Measures Related to the Exportation of Rare Earths, Tungsten and Molybdenum（Complainant: United States），WT/DS431/AB/R, 7 August 2014.

118. China Measures Related to the Exportation of Rare Earths, Tungsten and Molybdenum（Complainant: European Union），WT/DS432/R, 26 March

2014.

119. China Measures Related to the Exportation of Rare Earths, Tungsten and Molybdenum (Complainant: European Union) , WT/DS432/AB/R, 7 August 2014.

120. China Measures Related to the Exportation of Rare Earths, Tungsten and Molybdenum (Complainant: Japan) , WT/DS433/R, 26 March 2014.

121. China Measures Related to the Exportation of Rare Earths, Tungsten and Molybdenum (Complainant: Japan) , WT/DS433/AB/R, 7 August 2014.

122. United States Countervailing Measures on Certain Hot-Rolled Carbon Steel Flat Products from India (Complainant: India) , WT/DS436/R, 14 July 2014.

123. United States Countervailing Measures on Certain Hot-Rolled Carbon Steel Flat Products from India (Complainant: India) , WT/DS436/AB/R, 8 December 2014.

124. United States Countervailing Duty Measures on Certain Products from China (Complainant: China) , WT/DS437/R, 14 July 2014.

125. United States Countervailing Duty Measures on Certain Products from China (Complainant: China) , WT/DS437/AB/R, 18 December 2014.

126. Argentina Measures Affecting the Importation of Goods (Complainant: European Union) , WT/DS438/R, 22 August 2014.

127. Argentina Measures Affecting the Importation of Goods (Complainant: European Union) , WT/DS438/AB/R,15 January 2015.

128. China Anti-Dumping and Countervailing Duties on Certain Automobiles from the United States (Complainant: United States) , WT/DS440/R, 23 May 2014.

129. Argentina Measures Affecting the Importation of Goods（Complainant: United States）, WT/DS444/R,22 August 2014.

130. Argentina Measures Affecting the Importation of Goods（Complainant: United States）, WT/DS444/AB/R, 15 January 2015.

131. Argentina Measures Affecting the Importation of Goods（Complainant: Japan）, WT/DS445/R, 22 August 2014.

132. Argentina Measures Affecting the Importation of Goods（Complainant: Japan）, WT/DS445/AB/R, 15 January 2015.

133. United States Countervailing and Anti-dumping Measures on Certain Products from China（Complainant: China）, WT/DS449/R, 27 March 2014.

134. United States Countervailing and Anti-dumping Measures on Certain Products from China（Complainant: China）, WT/DS449/AB/R, 7 July 2014.

135. India Certain Measures Relating to Solar Cells and Solar Modules（Complainant: United States）, WT/DS456/R, 22 February 2016.

136. India Certain Measures Relating to Solar Cells and Solar Modules（Complainant: United States）, WT/DS456/AB/R, 16 September 2016.

137. United States Anti-Dumping and Countervailing Measures on Large Residential Washers from Korea（Complainant: Republic of Korea）, WT/DS464/R, 11 March 2016.

138. United States Anti-Dumping and Countervailing Measures on Large Residential Washers from Korea（Complainant: Republic of Korea）, WT/DS464/AB/R, 7 September 2016.

139. Brazil Certain Measures Concerning Taxation and Charges(Complainant: European Union）, WT/DS472/R, 30 August 2017.

140. Brazil Certain Measures Concerning Taxation and Charges(Complain-

ant: European Union）, WT/DS472/AB/R, 13 December 2018.

141. European Union and its Member States Certain Measures Relating to the Energy Sector（Complainant: Russian Federation）, WT/DS476/R, 10 August 2018.

142. European Union Countervailing Measures on Certain Polyethylene Terephthalate from Pakistan（Complainant: Pakistan）, WT/DS486/R, 6 July 2017.

143. European Union Countervailing Measures on Certain Polyethylene Terephthalate from Pakistan（Complainant: Pakistan）, WT/DS486/AB/R, 16 May 2018.

144. United States Conditional Tax Incentives for Large Civil Aircraft（Complainant: European Union）, WT/DS487/R, 28 November 2016.

145. United States Conditional Tax Incentives for Large Civil Aircraft（Complainant: European Union）, WT/DS487/AB/R, 4 September 2017.

146. United States Anti-Dumping and Countervailing Measures on Certain Coated Paper from Indonesia（Complainant: Indonesia）, WT/DS491/R, 6 December 2017.

147. European Union Cost Adjustment Methodologies and Certain Anti-Dumping Measures on Imports from Russia（Complainant: Russian Federation）, WT/DS494/R, 24 July 2020.

148. Brazil Certain Measures Concerning Taxation and Charges（Complainant: Japan）, WT/DS497/R, 30 August 2017.

149. Brazil Certain Measures Concerning Taxation and Charges（Complainant: Japan）, WT/DS497/AB/R, 13 December 2018.

150. United States Countervailing Measures on Super-calendered Paper

from Canada（Complainant: Canada）, WT/DS505/R, 5 July 2018.

151. United States Countervailing Measures on Super-calendered Paper from Canada（Complainant: Canada）, WT/DS505/AB/R, 6 February 2020.

152. United States Certain Measures Relating to the Renewable Energy Sector（Complainant: India）, WT/DS510/R, 27 June 2019.

153. United States Countervailing Measures on Certain Pipe and Tube Products（Complainant: Turkey）, WT/DS523/R, 14 September 2017.

154. United States Countervailing Measures on Softwood Lumber from Canada（Complainant: Canada）, WT/DS533/R, 24 August 2020.

155. United States Anti-Dumping and Countervailing Duties on Certain Products and the Use of Facts Available（Complainant: Republic of Korea）, WT/DS539/R, 21 January 2021.

156. India Export Related Measures（Complainant: United States）, WT/DS541/R, 31 October 2019.

后　记

中国于 2006 年遭遇第一起反补贴调查，我曾撰写《"美国对华铜版纸案"述评——基于反补贴申诉的考察》一文，比较详细地介绍了美国此次对华反补贴调查的程序与内容，该文发表于《法商研究》，后被《中国社会科学文摘》转载两个版面以上，并被人大复印资料《国际法学》全文转载，由此可见学界高度重视政府在WTO 框架下使用补贴的权利边界问题。此后，中国一直是国际社会采取反补贴措施以及被诉至 WTO 争端解决机构的主要目标体之一，我的研究也一直聚焦 SCM 协定下补贴实体规则的解释与运用，因而有幸见证了我国政府十几年间在如何实现补贴有效性与 SCM协定合规性之间的有机平衡所作出的不懈努力和适应性调整。

作为多边贸易体制的维护者、建设者和贡献者，中国政府始终忠实履行加入世贸组织的承诺，试图将产业补贴限定在 SCM 协定所允许的框架和范围之内。当然不得不承认的是，由于政策惯性和政府偏好，某些战略性新兴产业补贴仍有构成 SCM 协定中补贴的潜在风险。在美国、日本及欧盟三方联合试图强化补贴规则以应对中国"扭曲市场"的补贴的现实下，在世纪疫情叠加俄乌战争导致"慢全球化"进一步放缓的现阶段，中国政府一方面利用补贴促进产业发展，另一方面最大限度地契合 SCM 协定补贴实体规则要求的基本策略，是实施不具有专向性的补贴机制。

实施不具有专向性的补贴机制，不仅旨在降低中国产业补贴的国际争端风险，而且也是产业发展必须尊重市场规律的客观要求。世界主要经济体补贴光伏产业的实践证明，无视政府与市场的分界，甚至试图用政府补贴取代市场运行的做法，既无助于受补贴产业的发展，又浪费了本就稀缺的政府资源。而在新一轮世界贸易组织改革中，中国为了以符合 SCM 协定补贴实体规则要求的方式实施产业补贴，还可以积极主张恢复或重新激活业已失效的研发补贴与落后地区补贴。

党的二十大提出"稳步扩大制度型开放"，令每一位国际经济法学人倍感鼓舞与振奋。中国对外开放的步伐从未停歇过。复杂国际变局下的制度型开放，或许可以从战略性新兴产业补贴机制的深化调整开始。

我们拭目以待，且信心满怀。